THE MAKING OF
THE EUROPEAN AGE
근대 유럽의 형성

지은이 **J. M. 로버츠**

저명한 역사학자 J. M. 로버츠는 1928년 영국 바스에서 태어났다. 그는 �톤턴과 옥스퍼드를 졸업했고, 이후 1953년부터 1955년까지 미국에서 커먼웰스 재단의 특별연구원으로 활동하다 다시 옥스퍼드로 돌아와 1979년까지 머튼 칼리지에서 학생들을 가르쳤다. 1979년 사우스햄튼 대학교의 부총장이 되었고, 1985년 머튼으로 돌아가 거기서 학장을 역임하다가 1994년 은퇴했다. 퍼넬 출판사의 『20세기 역사』의 편집책임자였던 로버츠는 수많은 역사서를 출간했다. 그가 출간한 역사서 가운데 『서양의 승리』는 BBC 방송의 시리즈로 제작되었고, 그 프로그램에 그가 직접 출연하여 해설을 맡기도 했다. 1967년부터 1978년까지는 『영국 역사개관』의 편집에 참여했고, 두 개의 총서 『옥스퍼드 간추린 현대사』와 『뉴 옥스퍼드 영국사』의 편집책임을 맡았다. 가장 최근 작품으로 『유럽의 역사』가 있다.

옮긴이 **윤미연**

부산에서 태어나 부산대학교 불어불문학과 및 동대학원을 졸업하고 프랑스 캉 대학에서 공부했다. 현재 전문번역가로 활동하고 있으며, 옮긴 책으로는 『피카소』, 『뒤피』, 『옥소도시』, 『불타는 세계』, 『제2의 순수』, 『가면을 쓴 과학』 외 다수가 있다.

THE MAKING OF THE EUROPEAN AGE

All Rights Reserved

Copyright ⓒ Editorial Debate SA 1998

Text Copyright ⓒ J.M.Roberts 1976, 1980, 1983, 1987, 1988, 1992, 1998

Artwork and Diagram Copyright ⓒ Editorial Debate SA 1998

(for copyright in the photographs and maps see acknowledgements pages which are to be regarded as

an extension of this copyright)

Korean Translation Copyright ⓒ 2007 by ECLIO Publishing Co.,Ltd.

Korean Translation published by arrangement with Duncan Baird Publishers Ltd

through Imprima Korea Agency

이 책의 한국어판 저작권은 Imprima Korea Agency를 통해

Duncan Baird Publishers Ltd와의 독점 계약으로 이끌리오에 있습니다.

저작권법에 의해 한국 내에서 보호를 받는 저작물이므로

무단전재와 무단복제를 금합니다.

히스토리카 세계사

VOLUME 6

근대 유럽의 형성

THE MAKING OF THE EUROPEAN AGE

J. M. 로버츠

이른아침

차례 **Cont**

1 새로운 유형의 사회 – 초기 근대 유럽 _ 10

ㅣ 통계의 시대 ㅣ _ 11
통계자료의 한계

ㅣ 유럽의 인구 동향 ㅣ _ 14
출생률과 평균수명

ㅣ 촌락과 도시 ㅣ _ 15
유럽의 불안정한 인구 성장

ㅣ 농업의 발달 ㅣ _ 17
영국의 농경 기술 ㅣ 사라진 기근 ㅣ 신세계로의 이주

ㅣ 새로운 상업 세계 ㅣ _ 21
근대 자본주의 ㅣ 최초의 상업적 생명보험

ㅣ 국제무역 ㅣ _ 25

ㅣ 흑인 노예 ㅣ _ 26
노예 노동력 ㅣ 유럽의 기계공학 기술

ㅣ 산업의 발전 ㅣ _ 28
인플레이션

ㅣ 새로운 사회계층 ㅣ _ 31
영국의 귀족계급 ㅣ 유럽 지배계층의 변화 ㅣ 귀족에 대한 존경심 ㅣ 계층 간의 갈등 ㅣ 유럽의 선진국가들
지배적인 북서부의 국가들 ㅣ 동유럽 국가들의 모습 ㅣ 유럽의 여성들 ㅣ 유럽사회의 확고부동한 면모

2 권위와 도전자들 _ 42
국가의 권위 ㅣ 기본법에 대한 이의 제기 ㅣ 절대군주제의 출현 ㅣ 르네상스 국가 ㅣ 세금

ㅣ 이단과 인문주의 ㅣ _ 49
에라스무스의 사상 ㅣ 마틴 루터

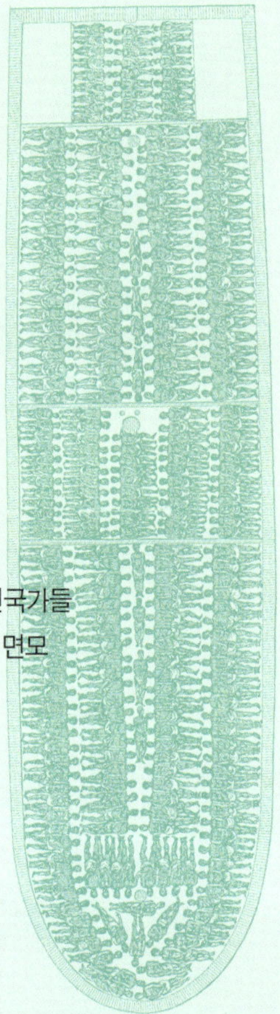

| 종교개혁 | _ 52
칼뱅주의 | 종교개혁이 낳은 결과

| 영국 교회 | _ 56
영국과 유럽의 정치와 교회 | 종교개혁과 영국 의회 | 프랑스의 종교전쟁

| 반종교개혁 | _ 60
예수회

| 로마 가톨릭 국가, 스페인 | _ 61
스페인의 펠리페 2세

| 네덜란드의 반란 | _ 64
'침묵 공', 윌리엄 | 새로운 네덜란드 연방공화국

| 영국의 혼란과 변화 | _ 66
영국의 내전과 공화정 수립 | 청교도주의 | 영국의 왕정복고 | 리슐리외 추기경 치세 하의 프랑스
르네상스 국가와 사회 동요 | 토머스 홉스 | 입헌군주국 영국 | 명예혁명

| 루이 14세 | _ 75
절대군주제의 최전성기

| 계몽 전제주의 | _ 78
동유럽의 절대왕정

| 합스부르크 제국 | _ 80
합스부르크 제국의 개혁 | 프랑스의 개혁에 대한 저항 | 국가권력의 성장

3 위대한 힘의 새로운 세계 _ 84
새로운 외교 체제 | 왕조주의 | 국민국가를 향하여

| 합스부르크 왕가의 야망 | _ 87
카를 5세의 제국주의적 야심 | 이탈리아 전쟁 | 카를 5세의 퇴위 | 네덜란드인들의 반란 | 30년 전쟁
식민지 쟁탈전

| 루이 14세 치하의 프랑스 | _ 96
프랑스의 침략 행위 | 스페인의 왕위계승 전쟁 | 서유럽의 정치적 국경선 확립 | 국가 정치의 시대

| 오스만 제국의 위협 | _ 101
오스만제국의 쇠퇴 | 유럽에서 후퇴한 오스만 제국

| 폴란드의 영욕 | _ 103
폴란드의 사회구조

| 러시아의 세력과 폭군 이반 | _ 106
이반 4세의 아시아 영토 확장 사업 | 러시아와 서유럽 | 로마노프 왕조와 교회 길들이기 | 러시아 제국의 전제정치
러시아의 귀족계급

| 표트르 대제 | _ 112
표트르 대제 치하에서의 영토 확장 | 러시아의 서구화 | 러시아의 농노제도 | 인구와 경제 | 산업화
표트르 대제의 후계자들

| 예카테리나 여제 | _ 122
경직되어 가는 러시아의 사회구조 | 예카테리나 여제의 유산

| 프로이센 왕국 | _ 124
프리드리히 2세 | 크림반도 지역의 혼란 | 폴란드 분할 | 새 시대의 시작

4 세계를 향한 유럽의 맹공격 _ 130
유럽, 세계로 눈을 돌리다 | 해외 영토 확장의 본질적인 이유 | 선박과 대포 | 유럽의 자신감

| 포르투갈의 영토확장주의 | _ 135
포르투갈의 무역 독점권 | 포르투갈의 약점 | 네덜란드의 무역

| 인도에서의 영국인들 | _ 141
무굴 제국의 붕괴 | 영국과 프랑스의 경쟁 | 카르나티크의 식민지 쟁탈전 | 영국의 초기 인도 지배

| 아메리카의 스페인 정복자들 | _ 148
코르테스와 피사로

| 스페인 제국 | _ 151
스페인 제국의 경제 | 원주민들에 대한 위협

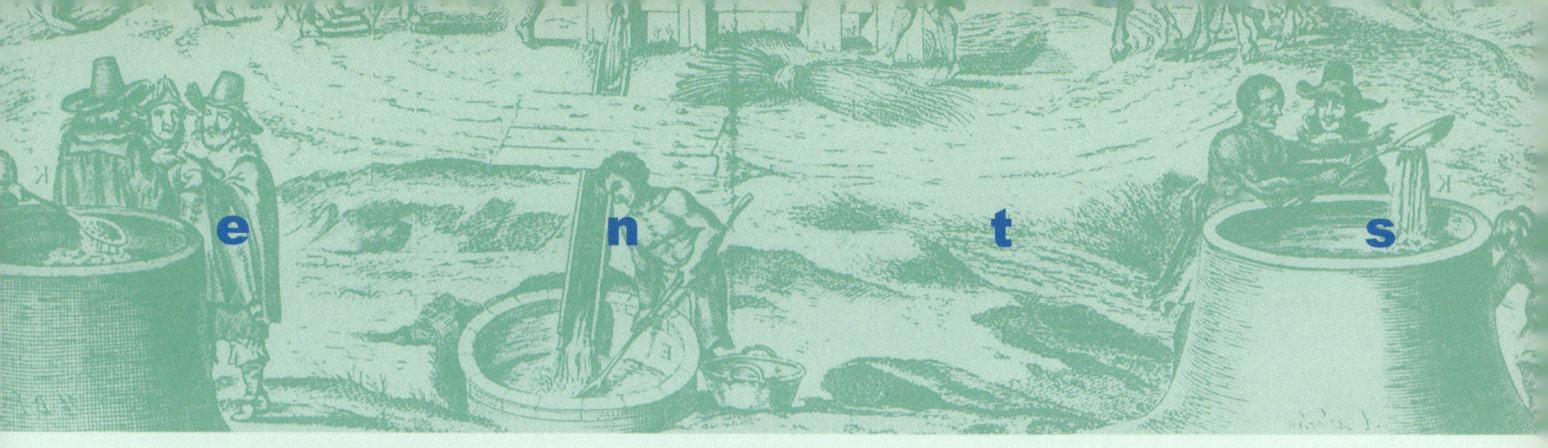

|신세계에서의 가톨릭교 | _ 153

가톨릭 교회의 지배 | 카리브 해 지역의 농업 | 영국의 식민지 정착 | 설탕과 노예

|북아메리카로 향한 식민지 이주 | _ 158

유럽의 식민지 정착 | 영국의 성공적인 식민지 정착 | 캐나다의 기원 | 초기 식민지의 사회생활
식민지 경제와 정부 | 식민지 정책의 결과들 | 영국이 식민지에 남겨 놓은 유산

5 새로운 모습의 세계 역사 _ 168

대서양 유럽 국가들의 제국주의 | 해외 식민지로 인한 외교상의 문제들

|무역 전쟁 | _ 170

영국과 네덜란드 간의 무역 전쟁 | 영국과 프랑스의 충돌 | 세계적인 무력 충돌

|대영제국의 시작 | _ 174

상선 | 해양 기술의 발달 | 영국의 해군력 | 세계 경제의 도래 | 유럽 사회에서 일어난 여러 가지 변화

|유럽이 세계에 미친 영향 | _ 181

|노예의 경제적 효용 | _ 182

잔인성과 파괴 | 노예 무역을 지지한 유럽 국가들 | 노예 무역과 가톨릭 선교사들 | 식민지의 개신교 선교사들
유럽이 식민지에 이식한 것들 | 생태학적 변화 | 식민지 정부의 문제들 | 오스트레일리아에 도착한 유럽인들

연대표 _ 194

색인 _ 196

도판 출처 _ 198

근대 유럽의 형성

약 1500년 이후부터 세계 역사에서 새로운 시대가 시작된다는 것을 알리는 많은 징후들이 나타났다. 그중 어떤 징후들은 그 이전부터 이미 나타나고 있었는데, 아메리카의 발견과 유럽의 아시아 진출도 그런 징후에 속한다. 이런 징후를 통해 새로운 시대에 두 가지 특징이 나타난다는 사실을 엿볼 수 있다. 하나는 진정한 세계사가 펼쳐지기 시작한 시대라는 사실이며, 또 하나는 인류 역사에 나타난 많은 문명들 가운데 하나인 유럽 문명이 놀라운 성공을 거두면서 지배적인 위치에 올라선 시기였다는 사실이다.

이 두 가지 사실은 하나의 공통된 과정 속에서 이루어진 결과이다. 각각의 국가에서 발생하는 사건들이 국제적으로 점점 더 자주 서로 밀접하게 연관되어 갔다. 그러나 그런 현상은 자연발생적인 것이 아니라, 유럽인의 노력에 의한 결과였다. 유럽인은 점차 세계를 이끌어 가는 주요 세력이 되어 갔고, 때때로 그들 스스로도 깨닫지 못하는 가운데 자국의 지배권을 이용하여 세계를 하나로 만들었다. 그 결과, 지난 200~300년 동안 세계의 국가들은 서로 간에 동질성이 점점 더 커져 갔다.

정치 문제들과 영토 확장주의, 군사력의 팽창은 당시의 상황에는 극히 작은 일부분에 불과했다. 세계의 경제적 통합은 그 과정의 또 다른 부분이었다. 그보다 더 중요한 것은, 공통의 전제와 이념이 국가들 사이에 널리 확산되었다는 사실이다. 그 결과, '하나의 세계'가 탄생하게 되었다. 물론 이 말이 완벽하게 들어맞는 것은 아니지만, 불완전하나마 '하나의 세계'가 탄생한 것은 사실이다. 그리고 독립적이거나 거의 독립적인 문명들의 시대는 막을 내리게 되었다.

국가적·문화적·인종적 차이는 무시무시한 충돌을 줄기차게 불러일으켰다. 1500년 이래 수백 년간의 역사는 주로 일련의 전쟁들과 격렬한 싸움들로 이루어졌다고 할 수 있다. 그리고 오늘날 다양한 국가에 소속된 사람들은 몇 백 년 전 그들의 선조들이 그랬던 것보다 서로를 훨씬 더 싫어하고 있다. 하지만 현대인들은 가령 10세기에 살던 선조들보다 훨씬 더 서로 닮아 있다. 외모에서부터 생계비를 버는 방식이나 사회를 조직하는 형태에 이르기까지 수많은 측면에서 그 사실을 확인할 수 있다. 이 책에서 앞으로 이야기할 내용의 대부분은 바로 세계가 이렇게 변화하게 된 기원과 범위와 한계에 관한 것이다.

우리는 이러한 변화의 결과를 두고 때때로 '근대화'라고 부른다. 그리고 그 변화 과정은 지금도 많은 곳에서 여전히 진행되고 있다. 여러 세기 동안 근대화를 통해 문화들 간의 차이는 점차 사라졌다. '근대화'라는 용어는 세계사의 점진적인 통합을 가장 깊이 있게 근본적으로 표현하는 말이다. '근대화'를 달리 표현하자면, 세계가 '유럽화'된 것이라고 말할 수도 있다. 왜냐하면 근대화는 무엇보다도 유럽인의 사상과 기술의 발달에 그 기원을 두고 있기 때문이다. 하지만 '근대화'와 '유럽화'가 동일한 것이냐 아니냐 하는 것은 또 다른 논쟁의 여지를 남길 수 있다. 그러나 그것은 어떤 표현을 선호하느냐에 좌우되는 문제일 뿐이다. 분명한 것은, 유럽의 근대화와 더불어 세계사의 통합 작업이 시작되었다는 사실이다. 유럽이 구축이 되어 큰 변화의 물결을 일으키면서 근대의 역사가 시작되었다.

THEA
TRVM
ORBIS
TERRA
RVM

1572년 앤트워프에서 출간된 오르텔리우스의 지도책 『세계의 무대』의 표지. 여기서 맨 위에 있는 여성은 유럽을 표현하는 것으로 오른손에는 세계의 힘을 상징하는 봉을, 그리고 왼손에는 기독교를 의미하는 십자가로 장식된 구체를 쥐고 왕좌에 앉아 있다. 유럽 아래에는 세 명의 여성적 인물들이 나타나 있는데, 유럽은 이세 인물들을 지배한다. 이 세 여성들 중, 정교한 드레스를 입은 여성은 아시아를, 반나체의 여성은 아프리카를, 그리고 완전한 나체의 여성은 아메리카를 상징한다. 아메리카가 남자의 잘려진 머리를 들고 있는 것은 16세기 브라질과 그 주변 지역의 식인 풍습을 상징한다.

1 | 새로운 유형의 사회 — 초기 근대 유럽

'근대사'라는 용어는 우리에게 익숙하지만, 항상 같은 의미로 사용된 것은 아니다. 근대사라는 용어가 유대인, 그리스인, 로마인에 대한 이야기가 주를 이루는 '고대사' 이후에 일어난 역사를 지칭했던 시기가 있었다. 예를 들어, 중세시대를 포함한 역사를 정의할 때 과거의 기록을 그대로 이어받아 여전히 근대사라는 용어를 사용하기도 했다. 하지만 이제 근대사는 엄연히 중세사와 구분된다. 뿐만 아니라 근대사 내에서도 점점 더 자세한 구분이 이루어지고 있다. 그래서 역사가들은 근대사를 다시 세분화해 때때로 '초기 근대'라는 용어를 사용하기도 한다. 이러한 구분은 한 시대가 변화하는 과정에 대해 좀 더 자세한 관심을 가지게 한다. 왜냐하면 지배적인 전통을 가지고 있고, 농경적이고 미신적이며 제한적인 중세시대의 서양 기독교 세계로부터 근대의 대서양 세계가 출현한 한 시대를 '초기 근대'로 명명하고 있기 때문이다.

초기 근대화가 발생한 시기 역시 나라마다 각기 다르다. 영국에서는 초기 근대화가 아주 이른 시기에 일어났지만 스페인은 1800년까지도 초기 근대화가 아직 완성되지 못한 상태였다. 그런가 하면 동유럽의 많은 지역이 그로부터 한 세기가 지난 후까지도 여전히 초기 근대화와는 거리가 멀었다. 초기 근대화는 이처럼 불규칙하게 나타났지만, 근대화 과정은 분명히 일어났다. 바로 이 점이 근대사에서는 매우 중요하다. 근대화를 통해 유럽 세계는 패권을 장악하는 기초를 마련했기 때문이다.

여기에는 하나의 진실이 밑바탕에 깔려 있다. 인류 역사에서 사람들은 대체로 자신과 자기 가족들에게 삶의 거처와 충분한 음식을 제공할 수 있는 방법을 스스로 선택할 수 없었고, 주어진 운명대로 살아갈 수밖에 없었다는 것이다. 이러한 간단하고도 분명한 진실을 알고 있으면 근대화의 과정을 더욱 쉽

금속으로 만든 이 계산기는 프랑스의 수학자이자 물리학자, 저술가, 신학자로 알려진 블래즈 파스칼(1623~1662)이 만들어 1647년에 특허권을 얻은 것이다. 그는 자기 아버지의 회계 업무를 돕기 위해 이 기계를 발명했다.

10 근대 유럽의 형성

게 이해할 수 있을 것이다. 오늘날에는 자신의 삶을 스스로 개척할 수 있는 가능성이 과거에 비해 매우 높아졌다. 가장 힘없는 소수 집단조차 희망을 가질 수 있는 사회가 된 것이다. 하지만 인간이 스스로 삶을 개선할 수 있는 가능성을 가지게 된 것은 그리 오래되지 않았다. 초기 근대 유럽, 대체로 엘베 강 서쪽의 경제에 변화가 이루어지면서 비로소 많은 사람들이 그 가능성을 현실적인 것으로 받아들이기 시작했다.

네덜란드 화가 히에로니무스 보슈(약 1453~1516)가 그린 '광기의 돌 해부'라는 제목의 그림. 이 그림에서 그는 미신, 종교, 지식, 원시적 수술 방법이 공존하던 15세기 사회를 익살스럽게 표현하고 있다.

| 통계의 시대 |

그 시대에는 경제적으로도 많은 변화가 있었는데, 특히 통계자료가 발달한 덕분에 많은 것을 알 수 있다. 합리적이고 지속적인 통계자료가 등장하기 시작한 것이 바로 이 시기이며, 따라서 이후 시대의 경제적 변화에 관해서는 비교적 자세하게 알 수 있다.

지난 400~500년 동안의 역사에 관해서 특히 유익한 증거자료들을 많이 구할 수 있다. 이때부터 역사적 증거자료들은 통계적으로 매우 잘 정리되었기 때문에, 그 시대의 사회상을 더욱 쉽고 확실하게 짐작할 수 있다.

새로운 통계자료를 만든 것은 대체로 정부였다. 여러 가지 이유로 인해 각 국가의 정부는 자신들이 마음대로 이용할 수 있는 자원이나 잠재적인 자원에 관해 점점 더 자세히 알고 싶어 했다. 개인적인 기록들 역시 합리적으로 이뤄지기 시작했다. 특히 사업상의 회계 장부 같은 것들은 1500년 이후로 훨씬 더 정확하게 수치로 제시되어 있다. 종이와 인쇄술의 발달로 인해 복사본을 훨씬 더 쉽게 이용할 수 있게 되었을 뿐만 아니라, 그 자료들은 이전과는 비교할 수 없을 정도로 오랫동안 보존할 수 있었다. 더욱이 자료를 책으로 만들어 판매용으로 출간하기까지 했다. 예를 들어, 선박의 이동이나 물가 동향에 대한 보고서를 책으로 만든 게 그런 경우에 속한다.

역사가들이 그 당시의 상업적 기술을 세분화하여 구분 지었듯이 책으로 출간된 자료들 덕분에 당시 사업가들은 불과 몇 년 전보다 훨씬 큰 성공을 거두어들였다. 그러다 보니 불충분하거나 단편적인 자료들까지도 마구 쏟아져 나오게 되었다.

통계자료의 한계

그 당시에 나온 모든 통계자료는 초기 근대 유럽의 변화 과정 그리고 변화의 규모나 형태 등에 관한 많은 정보를 제공했다. 하지만 그것들로부터 얻은 정보를 무조건 믿을 수는 없다.

믿을 만한 통계자료들을 수집하는 것은 오랫동안 매우 어려운 일이었다. 가령, 어떤 장소에 누가 살고 있었는지 같은 아주 기본적인 조사조차 최근까지 정확하게 파악하기가 대단히 어려웠다. 그러나 18세기의 계몽주의

16~18세기의 인구 증가

초기 근대의 인구통계학에 관해 연구하는 역사가들에게는 지역 행정 기구에 남아 있는 출생과 사망에 관한 기록들이 가장 중요한 증거자료였다. 16세기와 17세기에 유럽의 인구성장률은 완만하고 불규칙적이었다. 그러나 짧은 수명, 만혼, 높은 유아사망률에도 불구하고, 18세기 후반기에 유럽 인구는 분명 빠르게 증가하기 시작했다.

이런 현상이 나타난 것은 여러 가지 요인들 때문이었다. 18세기 중반에 농업과 축산의 발전 덕분에 영양 공급이 나아졌고 굶주림으로 사망하는 사람들의 수도 줄어들었다. 곡물 보급에 중요한 역할을 맡고 있던 운송기관 역시 이 시기에 크게 발전했다.

16세기 중반부터 해부학에 관한 그림책이 수없이 많이 출간되었다. 이는 부분적으로는 르네상스 시대 화가들이 해부학에 큰 관심을 가졌기 때문이기도 했는데, 결과적으로 그것은 의학 지식을 발전시키는 데 크게 기여했다.

17세기 말에 이르러서는 구루병, 당뇨병, 통풍, 결핵 등과 같은 질병의 원인과 증상을 정확하게 밝혀냈고, 혈액순환 과정도 알 수 있게 되었다. 그러나 자격증을 갖고 있는 의사에게 치료를 받는 사람들은 극소수에 불과했고, 소작농들은 여전히 지역의 돌팔이 의사나 떠돌이 치료사에게 의존했다.

1713년에 마지막으로 악성 전염병인 흑사병[*]이 대대적으로 발생한 이후로 전염병은 지역적으로만 나타났다. 항구마다 감염을 특히 조심하고 검역소와 방역선을 도입하는 등, 이제까지의 경험을 통해 전염병을 사전에 예방하는 방법들을 알게 되면서 전염병 발병을 막을 수 있기 때문이다. 그러나 장티푸스, 천연두, 결핵, 디프테리아, 말라리아는 계속적으로 대혼란을 일으켰다.

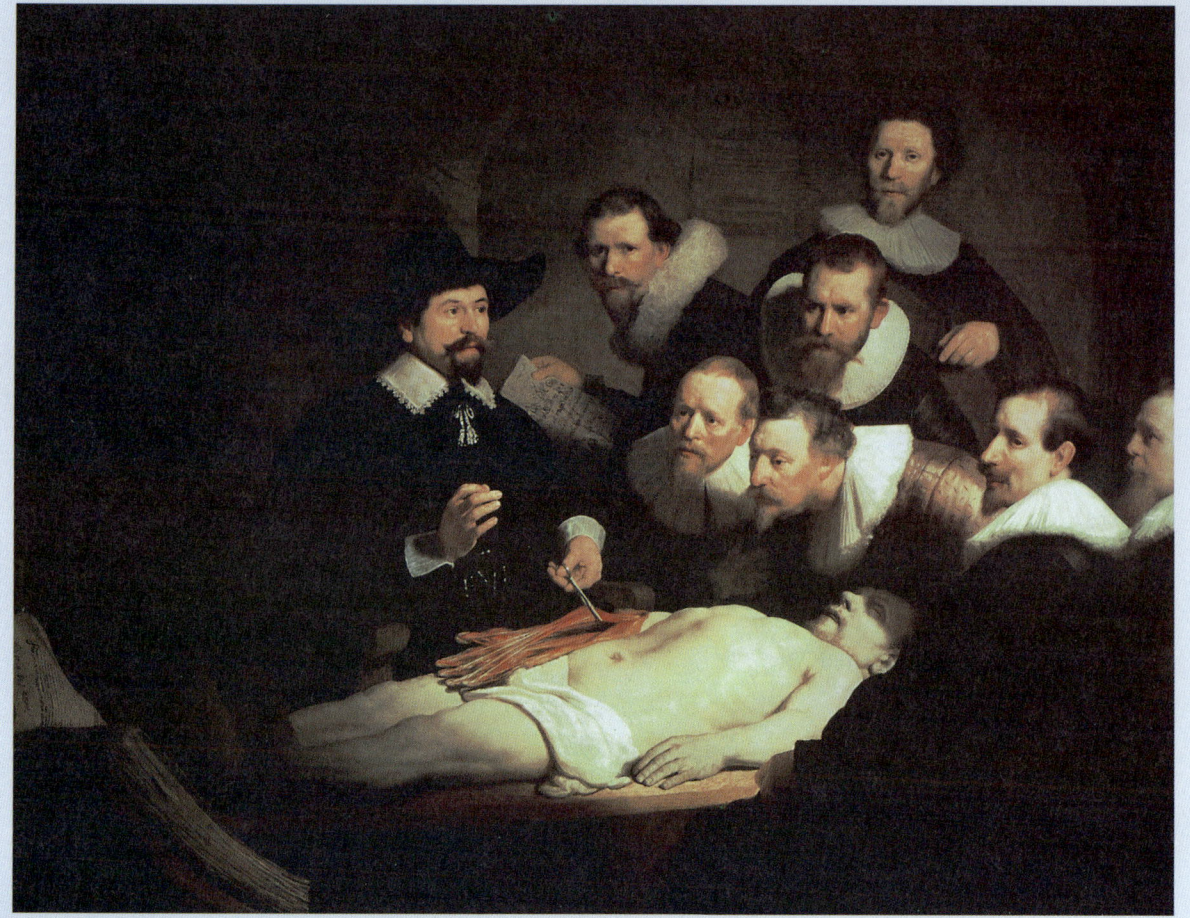

1632년 네덜란드 화가 렘브란트(1606~1669)가 그린 '해부학 강의'. 해부학 연구는 의학 발전을 이끌었고, 의학의 진보는 유럽인의 평균 수명을 향상시키는 데 기여했다.

프랑스 화가 루이 르냉(약 1593~1648)과 그의 형제들인 앙투안과 마티유는 농부들의 삶을 사실적으로 묘사한 그림들을 많이 그렸다. '집에서의 농부 가족' 같은 작품을 통해 17세기 농부들의 생활을 들여다볼 수 있다.

군주들은 비교적 정확한 토지조사를 시도했다. 조금 더 정확히 말한다면, '지적조사'를 통해 토지대장을 만들고 그와 더불어 인구조사도 실시해, 자신이 소유한 토지와 백성의 수를 파악하려는 것이 그들의 목적이었다.

영국에서는 1801년이 되어서야 비로소 인구조사가 최초로 실시되었다. 그것은 중세시대 영국 최초의 토지대장인 『둠즈데이 북』이 나온 이후로 거의 800년이 지난 후의 일이었다. 프랑스는 1876년까지 공식적인 인구조사가 나오지 않았고, 러시아제국 역시 1897년에야 비로소 인구조사가 실시되었다. 인구조사가 그처럼 지연된 것은 사실 놀랄 일이 아니다.

인구조사와 같은 통계자료를 만들기 위해서는 소신을 갖고 체계적으로 일을 추진할 만한 강력한 행정기관이 필요하다. 전국적인 조사를 실시하는 것은 국민들의 강한 반발을 불러 올 수도 있다. 정부가 뭔가 새로운 정보를 얻기 위한 조사를 실시하고 나면 으레 새로운 세금이 뒤따르기 때문이다. 더욱이 많은 사람들이 문맹이었던 근대사 유럽의 대부분 지역에서는 조사하는 데 많은 어려움이 있었다.

새로운 통계자료는 역사를 밝히는 데 많은 도움을 주기도 하지만 오히려 많은 문제를 불러일으키기도 한다. 그런 자료들은 일반적으로 인정하기 어려운 당시의 온갖 별 필요없는 현상들까지 들추어냄으로써 혼란을 일으킬 수도 있기 때문이다. 가령 18세기 프랑스 소작농 계급에 관해서 알아본다고 할 때 통계자료들 때문에 사실을 파악하기가 오히려 훨씬 더 어려운 경우가 있다. 조사를 하다 보면 가려져 있던 다양한 사실들이 드러나기 때문이다. 어쩌면 프랑스에 소작농 계층 같은 것은 아예 없었을지도 모른다는 의문이 제기될 수도 있다.

통계는 여러 가지 사실들을 밝혀낼 수는 있지만 그 원인은 전혀 밝혀내지 못할 수도 있

*흑사병
중세시대 유럽 전역을 휩쓸었던 급성 전염병의 일종. 페스트균에 의한 감염으로 발병하며, 전염이 잘 된다. 사망률이 높아 유럽 인구가 대폭 줄어들기도 했다. 사람들은 오랫동안 이러한 질병을 신의 징벌이라고 생각했다.

새로운 유형의 사회 **13**

다. 그럼에도 불구하고 1500년 이후로 인류는 점점 더 통계자료에 의지하는 세계에서 살아가고 있다.

| 유럽의 인구 동향 |

인구통계학적 역사는 비교적 확신을 가지고 이야기할 수 있는 분명한 분야 중 하나다. 15세기에 유럽은 인구의 40%를 죽음으로 몰고 간 흑사병의 공포로부터 차츰 벗어나기 시작

1500~1800년의 유럽 인구

17세기 내내 스페인, 이탈리아 남부의 여러 지역들 그리고 독일 중부에서 인구 감소를 불러오는 사건들이 계속 일어났음에도 불구하고, 1500년부터 1700년 사이에 유럽 인구는 40%가량

증가했다. 그러나 이러한 인구 성장은 18세기 동안 일어난 인구 증가에 비하면 절반에도 미치지 못하는 수치다. 아래 도표는 이 시기 유럽 인구를 추정한 것이다(단위는 1백만 명).

	1500	1600	1700	1800
스페인과 포르투갈	9,3	11,3	10	14,6
이탈리아	10,5	13,3	13,3	18,1
프랑스(로렌과 사부아 지방 포함)	16,4	18,5	21	26,9
베네룩스 3국	1,9	2,9	3,4	5,2
영국	4,4	6,9	9,3	15,9
스칸디나비아 나라들	1,5	2,4	2,8	3,2
독일	12	15	15	24,5
스위스	0,8	1	1,2	1,8
러시아	9	15,5	17,5	
유럽 총계	65,8	86,7	92,5	110,2(러시아를 제외한 수치)

말레와 맬서스의 도표

스위스의 의사 E. 말레와 영국의 경제학자 토머스 맬서스(1766~1834)가 실시한 연구 결과를 보면 아래 도표처럼 16세기 중반부터 18세기까지의 평균수명이 약간씩 차이가 난다.

평균 수명이 짧게 나타난 것은 여성들과 아이들의 사망률이 높았던 것과 관계가 있다. 그것은 자연적인 재난이나 인위적 재난뿐만 아니라 열악한 위생 상태와 영양 결핍 때문이기도 했다.

평균 수명

	말레	맬서스
16세기 중반	21세 2개월	18세 6개월
17세기	25세 8개월	23세 4개월
18세기	32세 9개월	32세 3개월

했다. 15세기 말에 이르러 유럽의 인구 성장은 안정 궤도에 들어섰고, 그 후로 계속 증가 추세를 보였다.

1500년 이후 유럽의 양상을 두 단계로 분류해 볼 수 있다. 첫 번째 단계는 꾸준한 인구 증가다. 18세기 중반 무렵까지 대체로 전체 유럽 인구는 완만하면서도 꾸준히 증가했다. 이러한 인구 증가 추세는 초기 근대 세계의 특징 중 하나다.

두 번째 단계는 인구가 급증하기 시작한 것이다. 그에 따라 큰 변화들이 일어났다. 하지만 우리가 주목해야 할 것은 첫 번째 단계다. 바로 그 단계에서 근대 유럽이 어떤 식으로 형성될 것인지가 결정되었기 때문이다.

초기 근대 단계에서 일어난 일들은 분명한 사실로 믿어도 큰 문제가 되지 않을 것이다. 여전히 어림짐작에 근거한 것들이 많긴 하지만, 그래도 사실을 뒷받침하는 통계수치들은 그 이전 시대보다 훨씬 더 확실하게 만들어진 것들이기 때문이다. 17세기 초부터 사람들이 인구 문제에 지속적인 관심을 가진 것도 그러한 이유에서다. 그리하여 17세기 말, 영국인을 주축으로 하여 통계과학, 즉 '통계학'의 기초가 마련되었다. 영국인의 시도는 추측과 추론이 난무하는 세계에서 비교적 정확한 방법을 이용한 아주 미미한 결과를 제공했을 뿐이지만, 그럼에도 그들의 연구 작업은 주목할 만한 것이었다.

그들이 제시한 통계수치들은 비교적 신뢰할 만한 자료다. 1500년에 유럽 인구는 약 8천만 명이었고, 그로부터 200년 후인 1700년에는 1억 5천만 명 미만이었으며, 1800년에는 2억 명이 조금 못 되었다. 유럽 인구는 1700년 무렵까지 이미 세계 인구의 약 5분의 1의 비율을 유지하면서 꾸준히 성장했으며 1800년에 이르러서는 세계 인구의 약 4분의 1에 달하게 되었다.

출생률과 평균수명

그 후로 유럽의 인구증가율은 다른 대륙들에 비해 뚜렷하게 높았다. 이와 같은 인구증가율의 놀라운 지역별 차이는 인류 역사상 오랫동안 찾아볼 수 없던 현상이었다. 유럽과 비유럽의 인구증가율의 차이에 비추어, 다른 측면에서도 1800년 이후로 엄청난 차이가 나타났다고 생각해도 무방할 것이다.

예를 들어, 1800년 이전까지 유럽인의 평균수명은 오늘날보다 훨씬 낮았다. 18세기 프랑스 농부의 평균수명은 약 22세였고, 유아생존율은 대략 4명에 1명꼴이었다. 그 수치는 1950년대의 인도 농부나 로마제국시대 이탈리아인의 평균수명이나 유아생존율과 거의 비슷했다. 40세가 넘게 사는 사람들은 아주 드물었다. 그리고 그들은 현대인들에 비해 영양섭취가 부족했기 때문에 같은 연령대의 현대인들보다 훨씬 더 늙어 보였을 것이고, 아마 키도 더 작고 건강 상태도 나빴을 것이다. 중세시대에도 여자는 남자보다 더 일찍 사망했다. 그래서 많은 남자들이 두 번 또는 세 번까지 결혼을 했다. 하지만 그것은 오늘날처럼 이혼 때문이 아니라 결혼 후 얼마 지나지 않아 아내가 죽는 경우가 빈번했기 때문이었다. 평균적으로 유럽의 부부들은 결혼하여 함께 사는 기간이 아주 짧았다.

발트 해에서 아드리아 해까지 이르는 서쪽 지역의 부부들은 동쪽 지역의 부부들보다 함께 사는 기간이 훨씬 더 짧았다. 서쪽 지역에 사는 사람들은 20세 후반에 첫 결혼을 하는 경향이 있었기 때문이다. 그리고 이런 풍습은 오랫동안 동쪽과 서쪽의 인구 분포에 큰 영향을 미쳤다.

하지만 일반적으로, 부유한 유럽인들은 대가족을 이룰 수 있었다. 반면에 가난한 사람들은 부유층에 비해 가족 수가 훨씬 적었다. 그런데 17세기에 어떤 지역에서는 가족 수를 제한하는 관행이 실시되고 있었다. 가족 수를 제한하기 위해 낙태와 유아 살해 등 여러 가지 끔찍한 일이 벌어졌다는 사실을 알려주는 증거들이 있다. 이런 현상을 이해하기 위해서는 무엇보다 당시의 문화 및 경제적 상황을 먼저 알아야 할 것이다.

하지만 인구의 대부분이 문맹이었던 사회에서 일어난 일들을 오늘날 우리가 꿰뚫어본다는 것은 거의 불가능한 일이다. 당시 사회의 산아제한을 정확하게 확인할 수 있는 실질적인 자료는 거의 찾아볼 수 없기 때문이다. 그리고 혹시라도 초기 근대 유럽인의 산아제한에 어떤 숨겨진 의미가 있었다면, 그에 관해서는 더더욱 자신 있게 말하기가 어렵다. 그들이 자신들에 관해, 그리고 자신들의 생명을 스스로 관리하는 것에 관해 어떤 식으로 생각했는지 현재의 우리로서는 정확히 알 수가 없기 때문이다.

| 촌락과 도시 |

농업이 계속 경제의 중심을 차지하고 있었다는 사실은 인구통계학적 자료들을 통해 알 수 있다. 오랜 세월 동안 농업 생산량은 필요한 양보다 조금 더 많은 수준이었고, 그래서 서서히 불어나는 인구가 간신히 굶지 않고 살아갈 수 있었다. 1500년에도 유럽은 여전히 생활수준이 아주 낮은 농촌이 대부분을 차지하고 있었다. 현대의 시각으로 보면 그들은 대단히 빈곤했다.

영국은 유럽 대륙에 비해 인구밀도가 비교적 높았다. 하지만 1800년의 영국 인구는 오늘날 영국 인구의 약 5분의 1밖에 되지 않았다. 동유럽에는 사람이 살지 않는 어마어마한 땅이 그대로 방치되어 있었기 때문에 통치자들은 자국민을 그 지역으로 이주시키기 위해

새로운 유형의 사회 15

유럽의 도시화

유럽 도시들의 괄목할 만한 성장은 전통적인 경제 활동 분야의 확대와 새로운 분야의 발달 덕분에 이루어졌다. 항구, 시장, 제조업과 광업 중심지 그리고 정부나 교회 실권자들의 활동 본거지를 중심으로 도시가 번성했다. 1600년 이후로는 무역과 금융 중심지 주변으로도 사람들이 몰려들면서 꾸준히 인구가 증가했다. 온천 도시들이 생겨나기 시작했고, 해군기지들과 보다 규모가 큰 요새화된 도시들이 건설되었다.

그러나 당시 도시 중심지의 규모는 현대의 도시와 크게 달랐다. 1600년경에는 전체 인구의 약 5%만이 2만~3만 명 정도의 주민들로 이루어진 대도시에서 살았다. 유럽인 열 명 중 일곱 명이 시골 지역에 살았고, 두 명 정도만이 군소 도시에서 살았다.

지도상에 나타난 유럽 도시 중심지들의 인구 분포는 고르지 못했다. 북해 연안의 평야지대에 건설된 도시들에 인구가 가장 많이 집중되어 있었다.

범례			
1500	1600	1700	인구
■	■	■	40,000명 이하
□	□	□	40,000~50,000명
▲	▲	▲	50,000~100,000명
●	●	●	100,000~150,000명
+	+	+	150,000명 이상

온갖 방법을 동원하면서 이민을 장려했다.

촌락들과 도시들은 인구분포와 규모의 측면에서 전체적으로 그럭저럭 성장해 나갔다. 그리고 그중 어떤 곳들은 놀랄 만큼 급격하게 성장했다. 18세기에 암스테르담의 인구는 약 20만 명에 달했다. 파리는 1500년부터 1700년 사이에 도시 규모가 두 배로 커지고, 인구도 50만 명을 약간 밑돌 정도로 증가한 것으로 추측된다. 약 12만 명 정도였던 런던의 인구는 그와 비슷한 시기에 70만 명 가까이 불어나면서 파리를 앞질렀다. 물론 프랑스보다 인구가 훨씬 적은 영국에서 그런 현상이 발생한 것은 도시로 이주하는 인구가 훨씬 더 많아졌기 때문이었다. 그 때문에 '도시근교'라는 단어가 새로 생겨나 사용되기 시작했다.

그러나 중간 크기의 촌락과 보다 작은 촌락에 관해서는 정확하게 말하기가 어렵다. 그 중 대부분은 1700년에도 여전히 인구가 2만 명 이하로 규모가 매우 작았다. 그러나 1500년에 유럽의 도시들 중에서 인구가 10만 명 이상인 곳은 아홉 곳뿐이었지만, 그로부터 200년이 지난 후에는 그런 도시들이 적어도 두 배 이상으로 늘어났다. 하지만 비슷한 기간에 다른 대륙에도 대도시들이 많이 있었기 때문에 도시화의 측면에서 유럽이 특별히 더 발달했다고 말할 수는 없었다. 예를 들어 16세기에 멕시코시티의 인구는 30만 명으로, 유럽의 모든 도시들을 능가했다.

유럽의 불안정한 인구 성장

유럽에서 도시화나 인구성장률은 지역마다 큰 차이가 있었다. 프랑스는 당시 서유럽에서 가장 큰 국가였다. 1700년에 프랑스의 인구는 약 2천 1백만 명이었고, 잉글랜드와 웨일스는 불과 6백만 명이었다. 그러나 지역에 따라 전해지는 내용이 어떤 곳은 좀 더 확실하고 어떤 곳은 매우 불확실한 차이가 있는 데다가, 시대에 따라 국경도 자주 바뀌었기 때문에 현재 사용하고 있거나 알고 있는 지명들을 당시의 지역들과 동일한 것이라고 확신하기는 어렵다. 따라서 당시 지명들을 기

이탈리아의 도시국가들은 16세기에 지중해 지역에서 가장 번성했다. 이 국가들은 무역과 제조 산업 분야에서 활발한 경제 활동을 펼쳤고, 서아시아 및 서유럽 지역들과 상업적인 유대관계를 맺고 있었다. '카르타 델라 카테나'로 알려진 이 작품은 플로렌스 시의 모습을 묘사한 풍경화로, 1480년에 제작된 것이다.

준으로 그 시기의 지역 간 인구 비교를 하는 것은 무리가 있다.

어떤 지역들은 17세기에 일어난 여러 재앙들 때문에 인구 성장이 멈추거나 퇴보했다. 스페인, 이탈리아, 독일에서는 1630년대에 갑작스럽게 전염병이 돌았다. 1665년 런던에서 발생한 대역병, 즉 흑사병을 비롯해 각 지역별로 무시무시한 전염병들이 발생했다. 그리고 기근 역시 각 지역에서 산발적으로 발생하면서 인구 성장을 방해했다. 독일에서는 17세기 중반에 엄청난 기근이 들어 사람들이 인육을 먹었다는 이야기까지 전해진다. 흉년이 들면 부족한 식량과 그로 인한 영양실조와 면역력 결핍 때문에 끔찍한 피해를 입었고, 그에 뒤이어 경제마저 무너지면서 사회는 재앙의 구렁텅이에 빠지곤 했다.

그런 상황에서 전쟁까지 겹쳐지면 그 결과는 상상을 초월하는 대재앙으로 이어질 수밖에 없었다. 당시 중앙유럽에서는 전쟁이 끊이질 않았다. 군대가 휩쓸고 지나간 지역에는 기근과 질병이 발생해 인구가 급격하게 감소했다. 그런데 전쟁이 벌어져 불과 몇 km 떨어진 지점에 있는 촌락이 완전히 초토화되는 동안에도 그 주변의 촌락은 전혀 피해를 입지 않을 수도 있었다. 이런 현상은 당시의 사회 구조가 여전히 봉건제도로 지방 분권화

되어 있었다는 사실을 말해 준다.

어쨌든 그 당시 유럽은 출산율 증가로 인구 성장률이 만회되기 전까지, 항상 불안정한 상황에 놓여 있었다.

| 농업의 발달 |

농업의 생산성에 있어서도 나라들마다 각기 다른 양상을 보이고 있었다. 15세기 중반에 이르러 농업 생산성은 회복세를 보이기 시작했다. 14세기에 인구 감소로 인해 황폐하게 버려졌던 땅들도 이때부터 다시 경작되기 시작했다. 그러나 농경지 회복은 1550년 이전까지 몇몇 지역을 제외하고는 그다지 큰 진척을 보이지는 않았고, 이후로도 오랫동안 일정한 지역에만 국한되어 있었다. 하지만 주로 노동력을 이용한 농경, 다시 말해 노동 집약적인 농업으로 토지의 생산성을 향상시키는 중요한 기술적 진보가 그 무렵에 이미 이루어지고 있었다.

그러나 중세시대의 잔재가 오래도록 남아 있던 농촌 지역에서는 발전된 농경 기술의 영향을 찾아보기 힘들었다. 거의 자급자족하는 경제 상태에 머물러 있던 공동체에서는 화폐의 등장마저 더뎠다. 그리고 유럽의 많은

새로운 유형의 사회 **17**

16세기에 대부분의 유럽인은 주기적으로 반복되는 큰 종교 축제들과 농사 일정을 통해 시간의 흐름을 파악했다. 한 해의 가장 중요한 활동 가운데 하나는, 이 그림에서 묘사한 것처럼 6월의 건초 만들기 작업이었다. 이 그림은 대 피터 브뤼겔(약 1520~1569)의 '7월의 건초 만들기'이다.

프랑스의 『기도서』(1520년 경)에 실린 이 판화는 8월의 옥수수 수확 장면을 묘사하고 있다. 당시의 사람들은 수확기에 빚을 청산하고 세금을 지불했으며, 시장과 장터에서 물물교환을 하고, 겨울을 나기 위한 준비를 했다. 그러나 흉작인 경우에는 불가피하게 재난이 뒤따랐다.

지역에서 농노제도가 점차 사라지고 있는 동안 동유럽에서는 오히려 농노제도가 확대되고 있었다.

그러나 주도적인 몇몇 국가들을 중심으로 유럽 전체를 조망해 볼 때, 1800년 무렵 유럽에서 경제적으로 가장 뚜렷한 발전을 보인 두 분야는 농업과 상업이었다. 그리고 농업은 인구가 계속적으로 증가하도록 돕는다는 사실이 증명되었다. 농업의 발전과 함께 인구는 꾸준히 늘어났다. 처음에는 그 증가 속도가 아주 느렸지만 갈수록 점점 더 빨라졌다.

농업의 진보는 점차적으로 시장 형성과 기술 혁신이라는 두 가지 주요 형태를 띠게 되었다. 그리고 그 두 가지는 서로 연결되어 있었다. 주변 지역에 인구가 많다는 것은 곧 시장성이 풍부하다는 것을 의미했다. 따라서 이런 지역에서는 더 많은 생산을 위해 기술을 향상시키려는 의욕이 높아졌다.

북해 연안의 저지대인 플랑드르 지역, 즉 지금의 벨기에, 룩셈부르크, 네덜란드에 살고 있던 사람들은 15세기에 이미 집약적 농경 기술을 이용하기 시작했다. 목초지로 이르는 관개 시설을 만들어 더 좋은 환경에서 더 많은 가축을 기르기 시작한 것도 이 지역의 농민들이었다. 비교적 많은 인구가 거주하고 있던 또 다른 지역은 포 강 계곡이었다. 이탈리아 북부에는 새로운 농작물들이 아시아에서 유럽으로 유입되었다. 예를 들어, 15

세기에 아르노 강과 포 강 지역에 쌀이 등장하여 유럽의 새로운 저장 식량이 되었다.

하지만 유럽으로 건너온 새로운 농작물들이 처음부터 성공을 거둔 것은 아니었다. 가령 미국에서 유럽으로 건너온 감자는 여러 효능에 대해 선전하면서 대대적으로 장려했음에도 불구하고, 영국, 독일, 프랑스의 일반 가정에서 식탁에 자연스럽게 오르기까지는 약 200년의 세월이 걸렸다.

영국의 농경 기술

영국 동부 지역은 그동안 농업 분야에서 별다른 발전을 보이지 못했다. 그러나 16세기에 접어들면서 북해 연안 저지대의 발달된 농업 기술이 점차 보급되기 시작했고, 17세기에 이르러 런던은 주요 곡물 수출항이 되었다. 급기야 이웃 나라에서 농경 기술을 배우기 위해 영국으로 건너올 정도에 이르렀다.

18세기로 넘어오면서 농업과 축산 기술은 비약적으로 발전했다. 그 덕분에 당시로서는 상상도 할 수 없는 좋은 품질의 육류를 풍부하게 얻을 수 있었다. 농촌의 풍경과 농촌에 사는 사람들의 모습도 달라졌다. 그동안 반복적인 경험에 의지해 오던 농업은 기초과학, 즉 실험, 관찰, 기록을 통해 더 빠르고 확실하게 자연환경을 조절하여 생산량을 증가시킬 수 있게 되었다.

과학 기술의 진보는 큰 농장들에 토지개혁을 불러왔고, 특별히 유리한 농지를 가지고 있는 일부 자영 농민들을 제외한 대부분의 중소 농민들은 대토지 소유자들에게 토지를 팔고 농촌을 떠나게 되었다. 자영 농민의 수가 감소한 대신, 보수를 받고 일하는 노동자가 늘어났으며 창고, 배수로, 기계설비 등에 중점적으로 자본이 투입되었다. 하지만 그러한 변화는 단기간 내에 이루어진 것이 아니었다.

영국의 중세에서 근대로 이행하는 변화 과

이 시기의 유럽 대륙은 대부분 농촌으로 이뤄져 있었다. 대다수의 유럽인은 농촌에서 살았고, 대부분의 경제 활동은 농경과 연관된 것이었다. 이것은 16세기 필사본의 삽화로, 농부들이 밀 수확기에 들판에서 일하고 휴식하는 모습이 묘사되어 있다.

정에서 가장 큰 영향을 미친 것은 '인클로저 운동'*이다. 인클로저 운동은 부자들이 빈민들을 대상으로 실시한 혁명이라고 할 수 있다. 전통적인 촌락에서 부자들은 공동 소유지를 차지하기 위해 빈민들로부터 공유지 사용권을 박탈하고, 이제까지 빈민들이 자신들의 집이라고 생각해 오던 가옥들을 허물어 버렸다. 그러나 이 인클로저 운동 역시 단기간에 완성된 것이 아니라, 오랜 기간에 걸쳐 진행되었다. 18세기 말과 19세기 초에는 그와 유사한 수탈, 즉 지주가 국가의 공유지를 사유지로 만들어 개인 재산으로 귀속시키는 일이 더욱 빈번해졌다. 이런 일들은 법원의 판결로 정당화되었다.

그 후 시장경제와 농업이 완전히 결합되어 토지를 하나의 상품으로 취급하게 된 것은 19세기가 되어서였고, 세계 농업의 선두 주자 역할을 해 오던 영국도 이 시기에 이르러서야 곡물을 해외로 수출하기 시작했다.

이러한 상황에서 무엇보다 분명한 사실은, 18세기부터 미래를 향한 변화가 시작되고 있었다는 것이다.

*인클로저 운동
근세 초기의 유럽, 특히 영국에서 대지주가 토지의 종류와 목적 등에 따라 미개간지나 공동방목장과 같은 공유지를 사유지로 만든 현상. 15~16세기의 제1차 인클로저와 18~19세기의 제2차 인클로저로 농민의 실업과 이농현상, 농가의 황폐 같은 문제를 낳았다.

새로운 유형의 사회 19

토머스 게인즈버러(1727~1788)가 1748년에 그린 '앤드류 부부'. 이 그림에서 부유한 지주계층의 부와 사회적 지위를 엿볼 수 있다. 부유한 지주 부부의 뒤쪽 배경에 담으로 둘러쳐진 들판이 보인다. 이것은 영국 농경이 꾸준히 발전했음을 보여 준다.

사라진 기근

전반적인 농업의 발전과 변화 덕분에, 주기적으로 발생하던 기근이 마침내 사라졌다. 기근은 아주 오랫동안 인구 증가를 방해해 왔다. 유럽은 끊임없이 자원과 식량 부족에 시달렸는데, 이러한 위협은 16세기 말까지 계속 이어진 듯하며, 때때로 이는 14세기의 흑사병과 같은 대재앙과 맞먹을 정도로 심각한 것이었다. 그 후로도 한동안 어려운 시기

를 보낸 후, 17세기 중반 20~30년 동안에 영국과 네덜란드는 최악의 상황에서 벗어났다. 유럽 전역에서 일어나던 기근과 식량 부족은 이제 점차 부분적으로 일어났다. 여전히 굶주림으로 인한 대규모의 인구 감소가 일어날 가능성이 있었지만, 수입 식량을 이용할 기회가 점차 많아지면서 그러한 가능성은 점점 줄어들었다.

1708~1709년에 프랑스는 흉작으로 인해

플랑드르 화가 대 피터 브뤼겔(약 1520~1569)의 '결혼 피로연'. 이 그림에서 묘사한 것과 같은 풍요로운 식사는 유럽 농민들의 일상적인 삶에서는 거의 찾아볼 수 없는 것이었다.

20 근대 유럽의 형성

전국이 마치 '대형 종합병원'처럼 만신창이가 되었다. 그러나 가장 큰 원인은 사실 전쟁 때문이었다. 18세기 후반에 지중해의 몇몇 나라는 발트 해의 섬들로부터 수입한 밀가루에 전적으로 의존했다. 하지만 수입한 곡물이 확실한 자원으로 이용되기 시작한 것은 그보다 훨씬 후의 일이었다. 운송 문제를 비롯해 많은 걸림돌이 있었기 때문이다. 특히 육로를 통해 수송해야 하는 곳들은 수입이 원활히 이루어지지 못했다.

프랑스와 독일의 일부 지역들은 19세기에도 식량 부족을 겪어야 했다. 18세기에 프랑스의 인구는 식량 생산량보다 더 빠르게 증가했고, 그래서 많은 프랑스인의 생활수준이 실제로 퇴보했다. 하지만 18세기 영국에서는 황금시대가 열린 특정한 한 시기가 있었다. 당시 영국의 농촌 노동자들은 넉넉한 밀빵과 심지어 육류까지도 매일 식탁에 올려놓고 먹을 수 있었다.

신세계로의 이주

16세기 후반기에 식량 생산량은 아주 더디게 증가하는 반면, 인구는 눈에 띄게 팽창해 가고 있었다. 식량난에 대한 두려움을 느낀 국가들은 이 문제를 해결하기 위해 이민을 적극적으로 장려하기 시작했다. 1800년 무렵, 유럽 국가들은 해외의 미개척지로 자국민을 이주시킴으로써 그 황무지를 개척하는 데 크게 기여했다. 그러나 그 미개척지들 중에서 아직도 이주자들이 건너갈 기미를 보이지 않는 신세계가 있었다. 하지만 후일 이곳은 인구통계학적 역사에서 반드시 언급해야 할 중요한 곳이 되었다.

1751년에 한 미국인은 북아메리카에 영국 혈통의 인구가 1백만 명에 달한다고 추산했다. 오늘날 계산한 결과에 의하면, 17세기에는 약 25만 명의 영국인 이주자들이 신세계로 건너갔고, 18세기에는 150만 명이 신세계로 이주했다. 그곳에는 이미 약 20만 명 정도의 독일인들이 거주하고 있었고, 캐나다에는 프랑스인들이 이주해 살고 있었다. 1800년경에는 약 2백만 명의 새로운 유럽인들이 미국의 리오그란데 북부로 이주했다. 이곳에는 약 10만 명의 스페인인들과 포르투갈인들도 정착해 살고 있었다.

| 새로운 상업 세계 |

자신들이 살고 있는 나라에 식량난이 일어날지도 모른다는 두려움 때문에 시작된 대대적인 이주는, 결과적으로 경제 활동의 근간은 뭐니 뭐니 해도 농업이라는 생각을 계속 갖게 만들었다.

약 300년간 유럽 경제에서 모든 주요 분야의 구조와 규모에 중요한 변화들이 있었던 것은 사실이다. 그러나 상업과 산업이 크게 진보된 가장 큰 서양 국가인 프랑스와 영국에서조차 1500년대와 마찬가지로 1800년대에도 여전히 농업 분야가 우위를 차지하고 있었다. 유럽의 모든 국가에서 농업과 완전히 무관한 산업에 참여하는 사람들은 극소수에 불과했다. 맥주 양조업자, 직공, 염색공도 모두 농업에 의존했다. 그리고 곡물을 재배하거나 토지를 경작하는 많은 사람들 역시 농산물과 함께 섬유를 가공해 실을 만들거나 직물을 짜서 시장에 내다 팔았다.

농업 분야를 제외하면, 현재 우리가 당시의 개괄적인 변화를 관찰해 볼 수 있는 것은 상업 분야뿐이다. 15세기 후반부터 상업의 발전 속도가 눈에 띄게 빨라졌다. 유럽은 13세기에 처음으로 나타났던 상업을 기반으로 한 경제적 호황을 회복하고 있었다. 그것은 상업의 규모, 기술 수준, 거래 지역 등에서 증명

17세기 영국과 프랑스의 가난한 사람들이 생선을 저녁 상에 올리려면 하루 수입의 80% 이상을 써야 했다. 어떤 농촌 지역에서는 물물교환이 여전히 지배적이었으나, 상하기 쉬운 상품들은 주말 시장에서 사고파는 경우가 점점 더 많아졌다. 파리, 그랑 오귀스탱 연안의 노천 시장 풍경을 묘사한 이 그림은 1660년경에 제작된 것이다.

*길드
중세 유럽의 각 도시에서 발달한 동업자 조직. 상인과 수공업자들이 서로의 이익 증진을 위해 결성했다. 이러한 조직은 이후 정치에도 많은 영향을 미쳤다.

*환어음
어음 발행인이 자기와 거래관계에 있는 제3자에게 정해진 일정금액을 특정일에 그 권리자에게 지급할 것을 위탁하는 증서.

되었다. 이런 현상은 도시의 성장과 연관성이 있었다. 상업과 도시가 모두 번창하기 위해서는 전문가의 도움이 필요했고, 상업과 도시는 그들에게 경제적 수단을 제공했다.

중세의 큰 장터과 시장은 여전히 존속했다. 중세의 길드* 조직과 고리대금에 대한 중세의 법 역시 계속 적용되었다. 그러나 1800년 이전에, 완전히 새로운 상업 세계가 모습을 드러냈다.

새로운 상업 세계가 나타날 조짐을 보인 것은 16세기부터였다. 16세기에 상업이 세계화되기 시작한 후, 전쟁으로 인해 잠시 중단되었던 때를 제외하고 1930년까지 상업 활동은 실질적으로 멈추지 않고 계속 확장되어 갔다. 그리고 세계대전 이후 상업은 다시 세계적인 규모로 확장되기 시작했다. 세계 경제의 무게중심이 유럽 남부에서 북서부로, 지중해에서 대서양으로 옮겨 가면서 상업은 더욱 확장되어 나갔다.

여러 가지 정치적 혼란과 16세기 초에 이탈리아를 무너뜨린 전쟁과 같은 큰 사건들이 이런 변화에 원인을 제공했다. 그 외에, 포르투갈의 유대인 박해같이 일부 지역에서 일어난 일시적이지만 결정적인 영향력을 미친 사건들도 변화의 원인으로 작용했다. 포르투갈의 유대인 박해로 인해 전문적인 상업 기술을 갖춘 많은 상인들이 거의 비슷한 시기에 북해 연안 저지대로 이주해 갔던 것이다.

16세기에 상업적으로 가장 큰 성공을 이룬 곳은 앤트워프였다. 그러나 이 항구 도시는 정치적·경제적 재난을 겪다가 몇 십 년 후 붕괴되고 말았다. 18세기에 이르러 앤트워프를 능가하는 번영을 누린 것은 암스테르담과 런던이었다. 이 도시들은 인구가 많은 내륙 지역에 거점을 둔 제조업, 서비스업, 금융업 등을 통해 많은 이익을 거두었다. 금융업에서 차지하고 있던 중세 이탈리아 도시들의 오랜 패권은 16세기에 처음 플랑드르와 독일의 은행가들에게로 넘어갔고, 그 후에는 네덜란드와 런던으로 넘어갔다. 암스테르담 은행과 영국 은행은 17세기에 이미 국제적인 경제력을 소유하고 있었다. 이들 은행의 주위로 다른 은행들은 물론 신용대출이나 융자거래를 담당하는 금융회사들이 몰려들었고, 이자율은 점차 하락했다. 그에 따라 중세에 처음 등장한 환어음*이 이 시기에 폭발적으

22 근대 유럽의 형성

로 이용되기 시작하면서 국제 무역에서 가장 중요한 금융 수단이 되었다.

근대 자본주의

환어음의 중요성이 점점 커지면서, 금화나 은화 대신 지폐가 점점 더 많이 이용되기 시작했다. 18세기 유럽에서 지폐와 수표가 최초로 발행되었다. 공동 자본으로 설립된 회사들은 또 다른 형태의 유가증권, 즉 주식을 만들었다. 17세기에 영국의 정치, 문학, 사회의 중심지이자 상인들의 집합지이기도 했던 런던 '커피하우스'들에서 이러한 유가증권들의 시세가 매겨지기 시작했다. 그 후 런던 증권거래소가 창설되면서 그 역할을 본격적으로 담당했다.

1800년경에는 다른 많은 나라에도 그와 유사한 단체가 생겨났다. 런던, 파리, 암스테르담 등을 중심으로 자본을 유통하고 적절히 이용하기 위한 새로운 시도들이 많이 나타났다. 복권과 톤틴식 배당* 역시 그러한 것으로 동시에 붐을 일으켰다. 그리고 엄청나게 파괴적인 투자 기획들 역시 유행을 탔는데, 그중에서 가장 악명 높은 투기 사건은 영국의 '남해포말 사건'*이었다. 1711년에 설립된 남해회사는 국채 1,000파운드를 인수하여 정부의 재정적 부담을 경감시키는 대신, 그 대가로 남아메리카 및 태평양 제도와의 무역 독점권을 얻어 냈다. 이처럼 무역회사가 투자 대상이 되자 국민의 투기 열풍은 한층 고조되었고, 남해회사를 모방한 유명무실한 회사들이 나타나 무리한 투기를 일삼았다. 이로 인해 결국 파산자들이 속출하면서 영국의 경제와 사회에 대혼란이 일어났다.

이런 와중에도 세계는 점점 더 상업화되어 갔고, 돈으로 돈을 번다는 생각이 사람들 사이에 점점 더 익숙해지면서 근대 자본주의의 발판이 마련되고 있었다.

17세기 후반기부터 각 국가들은 외교 협상을 벌일 때마다 상업적인 문제에 큰 관심을 보일 수밖에 없었고, 국가들은 상업적 이권을 놓고 서로 맞서 싸울 준비가 되어 있었다. 가장 먼저 분쟁이 터진 것은 1652년에 벌어진 영국과 네덜란드의 무역 전쟁이다. 이것을 시작으로 프랑스와 스페인도 무역 문제들을 둘러싸고 지루한 전쟁을 되풀이했다.

각 국가의 정부들은 자국의 이익을 위해 직접 무역 전쟁에 나서서 자국의 상인들을 보호했을 뿐만 아니라, 상업적 경제 활동에 여러 가지 방식으로 개입했다. 그중 하나가 정부가 특허 형식으로 한 회사에게 무역독점권을 주는 것이었다. 그리고 그 회사는 그에 대한 보답으로 정부가 발행한 채권을 매입했다.

그러나 마침내 사람들은 주식회사에 투자하는 것이 경제적인 이익을 얻을 수 있는 안전하고 유익한 최고의 방법은 아니라는 생각을 하게 되었고, 그래서 그런 회사들의 인기는 하락했다. 그렇지만 그런 회사들은 정치세력과 유착되어 있었기 때문에 자신들의 이익을 위해 국가정책과 법을 마음대로 이용했다.

*톤틴식 배당
일정기간 계약을 지속한 계약자에게만 배당금을 지급하는 방법.

*남해포말 사건
1720년 영국 남해회사의 주가를 둘러싼 투기사건. 분별 없는 투자로 같은 해 9월 시장이 붕괴되면서 12월에 남해회사의 주가가 폭락했으며, 많은 투자가들이 파산했다.

16세기에는 화폐가 그 어느 때보다 다양한 상거래에 널리 이용되었다. 어음, 신용장, 환어음이 통용되었기 때문에 외상으로 거래하는 양이 많아졌다. 마리누스 반 레이메르슈바일레가 그린 '환전업자와 그의 아내'(약 1540)에 묘사된 이 인물들처럼 전문적인 환전상들이 크게 번창했고, 투기와 사기가 자주 발생했다.

새로운 유형의 사회 23

최초의 상업적 생명보험

상업 발달 과정과 사회가 상호적으로 어떤 영향을 주고받았는지 살펴보면, 때때로 새로운 변화 속에 숨겨진 의미를 발견할 수도 있다. 18세기에 영국의 한 금융업자가 최초로 대중에게 생명보험을 선보인 것이 그 대표적인 예다. 물론 개인의 생명에 대한 연금보험 판매는 그 이전부터 이미 실시되었다. 새로운 점은, '통계학'의 수치들을 보험 상품에 적용했다는 점이다. 인간의 사망에 관한 문제는 그때까지 불확실하고 비합리적으로 막

연한 운에 맡겨졌지만, 이제 사망 시기를 합리적으로 계산해 내는 것이 가능해졌다. 이런 계산이 점점 정밀해짐에 따라, 좀 더 광범위한 영역에서 각종 재난에 대한 보험 상품들이 쏟아져 나왔다. 물론 그것들은 고가의 상품이었다. 한편 이러한 보험 상품들은 더 많은 투자를 위한 거액의 유통이 일어나게 하는 아주 중요한 또 하나의 수단이 되었다.

'이성의 시대'라고 불리기도 했던 한 시대의 출발점에서 등장한 생명보험은, 경제적 변화가 먼 미래에까지 영향을 미친다는 인식

도매업이 증가하고 보다 복잡해짐에 따라, 대리인과 중개인의 활동이 더욱 활발해졌다. 그들은 전문성을 발판으로 지역사회나 소속 회사에서 일하면서 명성을 쌓아갔다. 이 그림은 소 한스 홀바인(1497~1543)이 그린 '상인 게오르그 기체의 초상'이다.

을 심어 주었다. 생명보험은 다가오는 세계가 종교에서 분리되어 세속화되는 데에 작은 원인을 제공했고, 세속화 현상을 상징하기도 했다.

| 국제 무역 |

유럽의 상업 발달에서 가장 인상적인 변화는 18세기 후반부터 해외 무역의 중요성이 새롭게 부각되었다는 점이다. 1500년 이전부터 경제 활동 무대가 지중해에서 유럽 북부로 옮아 가기 시작했는데, 해외 무역이 중요한 위치를 차지하게 된 것도 바로 이런 변화 과정의 한 부분이었다.

17세기 후반에 대서양 건너편에 식민지를 갖게 된 스페인과 포르투갈이 대서양 무역을 독점하고 있긴 했지만, 해외 무역의 대부분은 네덜란드와 그 주변 국가들이 장악하고 있었고, 영국도 점차 새로운 경쟁 세력으로 부상하고 있었다.

네덜란드는 유럽 전역에 소금에 절인 청어를 공급하기 위해 방향 전환이 쉽고 움직임이 빠른 '평저선'을 개발해 무역에 이용하면서 해상 무역의 강자로 급부상했다. 그와 함께 네덜란드는 중요한 발트 해의 패권을 장악함으로써 마침내 유럽 최고의 해운업 국가가 되었

다. 17세기 후반기에 이르러 점차 영국에게 그 자리를 내주었지만, 그래도 여전히 네덜란드는 광범위한 식민지를 갖고 있었고, 특히 동아시아 지역에 무역거래소를 여럿 갖고 있었다.

영국이 해상 무역을 장악한 주요 활동 무대는 대서양이었다. 대서양은 어업으로도 상당한 수익을 올릴 수 있는 곳이었다. 영국인들은 뉴펀들랜드 앞바다에서 최상품의 대구를 잡아 소금에 절여 말린 후, 육류를 먹지 않는 금요일 금식을 철저하게 지키던 지중해 주변 국가 사람들에게 값비싸게 팔았다. '바칼라오'라고 불리는 대구포는 오늘날에도 해안 관광지에서 멀리 떨어진 포르투갈과 스페인 남부 지방의 식탁에서 여전히 찾아볼 수 있다.

네덜란드와 영국은 해상 영역을 점차 넓혀 나가면서 해운업을 발달시켰고 거래하는 물품의 종류도 다양해졌을 뿐만 아니라, 직접 상거래를 하기도 했다. 프랑스도 이 경쟁 대열에서 빠지지 않았다. 프랑스의 해외 무역은 17세기 초에 두 배로 증가했다. 그동안 인구가 증가했던 프랑스는 곡류를 중심으로 한 국제 무역의 기반을 서서히 확립할 수 있었다. 해상 운송이 육로 운송보다 비용이 저렴해 안정된 물류 운송이 가능해졌기 때문이었다.

조선업의 발달은 발트 해 무역의 주요 품목이자 훗날 북아메리카의 중요한 수출 품목이 된 수지, 아마섬유, 목재 같은 물품들의 안정

대서양 연안의 항구들은 교역량과 교역 품목의 다양성에서 발트 해나 지중해의 항구들과 대등했을 뿐만 아니라, 대양을 횡단하는 무역선의 출발 지점이기도 했다. 무역선들이 출발하는 모습은 그 시대의 가장 화려하고 장엄한 풍경이었다. 이 그림은 16세기의 리스본 항구를 묘사한 것이다.

이 그림에서 묘사한 세빌 항구는 리스본 항구와 더불어 유럽과 아메리카 간의 교역에서 중요한 역할을 했다. 이 항구는 또한 귀금속 운송의 중심지이기도 했다. 귀금속은 세빌 항구에서 유럽과 세계 전역으로 퍼져 나갔다.

적인 운송을 가능하게 만들었다. 이러한 모든 변화는 점점 성장해 가는 식민지 제국들을 바탕으로 일어났다.

18세기에는 세계 전역을 대상으로 상거래를 하는 해상 경제 단체와 국제 무역 단체가 이미 존재하고 있었다. 그리고 상거래 과정에서 싸움과 음모가 빈번하게 발생했다.

| 흑인 노예 |

새로운 세계 경제 구조에서 노예들은 점점 중요한 비중을 차지하게 되었다. 노예들은 대부분 1444년에 유럽으로 끌려와 리스본에서 팔려 나갔던 아프리카 흑인들이었다. 일부 유럽인들이 여전히 아랍과 투르크인의 노예 상인들로부터 노예를 사서 부리고 있긴 했지만, 전체적으로 유럽에서는 그 무렵 노예 제도가 거의 사라진 상태였다. 하지만 이때부터 다른 대륙에서는 노예 제도가 급속히 확산되었다.

포르투갈인들은 2~3년 만에 1,000명이 넘는 흑인을 노예로 팔아 넘겼다. 포르투갈인들은 서아프리카에 상설 노예 시장을 만들기도 했다. 노예 무역이 황금시장이 될 수 있다는 사실을 아마도 포르투갈인들이 가장 먼저 알

아차렸던 것 같다. 하지만 이후로 어떤 엄청난 일들이 전개되었는지는 정확히 알 수가 없다. 그러나 분명하게 드러난 것은, 돈벌이를 위한 만행이 저질러졌다는 사실과 그런 만행에 아프리카인들이 가담했다는 사실이다. 예를 들어 포르투갈인들은 아이들을 먼저 붙잡아 놓으면 대개 그 부모들이 쉽게 붙잡혀 고분고분 말을 잘 듣는다는 것을 알아차리고는 이런 점을 이용해 흑인들을 잡아들였다. 그들은 노예를 찾아 점점 더 깊은 오지로 들어갔고, 아프리카의 지역 유지나 권력가들과 손을 잡기 시작하면서 보다 쉽게 더 많은 흑인들을 붙잡아 대규모로 팔아 넘길 수 있었다.

서아프리카에서 붙잡혀 온 노예들은 한동안 대부분 유럽과 포르투갈, 스페인이 정복한 대서양의 식민지 섬들로 공급되었다. 하지만 16세기 중반부터 아프리카 노예들은 배를 타고 대서양을 건너 브라질, 카리브 해의 섬들, 북아메리카 등지로 끌려갔다. 그 시점부터 노예 무역은 아주 오랫동안 대규모로 성장했다. 노예 무역 성장 시기의 인구통계학적 · 경제적 · 정치적 변화들은 오늘날까지도 우리에게 여전히 영향을 미치고 있다. 아프리카 노예들은 결코 근대사에서만 중요한 존재가 아니며, 유럽인들만이 노예를 부리거나 팔았던 것은

17세기에 제작된 '흑인 노예들의 춤'. 브라질 대농장의 흑인 노예들을 묘사한 그림이다.

아니었다.

포르투갈인, 영국인, 네덜란드인, 프랑스인이 아프리카인을 아메리카의 다른 유럽인에게 팔아 넘기는 방식으로 이뤄졌던 흑인 노예 매매는, 오늘날의 터키인 오스만 제국의 투르크인이 유럽인 포로를 노예로 만들거나 아랍인이 아프리카인을 노예로 만든 것보다 훨씬 더 인류 역사에 깊은 영향을 미쳤다. 아메리카 식민지를 개척하고 발전시킬 수 있었던 것은 흑인 노예들의 노동력이 있었기 때문에 가능했다. 그러나 노예 노동력이 각 분야에 균일하게 분포되지는 않았다. 대다수의 흑인 노예는 농장의 일꾼이나 개인 가정의 하인으로 일했고, 기술자나 공장의 기능공 같은 전문적인 기술을 요하는 분야에서는 흑인을 찾아보기 힘들었다.

노예 노동력

노예 무역은 상업적으로도 매우 중요했다. 노예 무역을 통해 노예 상인들은 막대한 수익을 올릴 수 있었다. 당시에 유럽인들이 흑인을 인간이 아닌 화물로 취급해 노예선이 터질 정도로 억지로 쑤셔 넣어 전염병이 발생하게 만든 것도 바로 그런 이유 때문이었다. 노예선은 한 번 운항할 때마다 사망률이

10% 이하인 경우가 드물었고, 때로는 수송 중이던 노예들이 한꺼번에 떼죽음을 당하는 경우도 빈번하게 발생했다.

노예 무역은 일확천금을 얻을 수 있는 사업인 것처럼 세간에 알려졌다. 하지만 노예 무역을 통해 얻을 수 있는 이익은 사실상 그렇게 크지 않았다. 그럼에도 불구하고 200년에 걸쳐 크고 작은 외교 분쟁을 끊임없이 불러일으키면서 노예 무역은 계속되었다. 많은 나라들이 노예 무역에 손을 대거나 독점하려고 했기 때문에 전쟁까지 일어났다. 이것은 노예 무역의 경제적 가치를 떠나서 당시의 정치가들이 노예 무역을 정치적인 관점에서 대단히 중요시했다는 사실을 말해 준다.

유럽의 기계공학 기술

한때, 많은 사람들은 노예 무역으로 얻은 이익 덕분에 유럽의 산업이 발전할 수 있었다고 생각했다. 그러나 오늘날 대부분의 사람들은 그런 견해를 그다지 타당하게 받아들이지 않는다.

유럽의 산업은 아주 천천히 발전해 왔다. 1800년 이전에 유럽의 몇몇 나라에서 산업 기술을 집중적으로 연구한 사례들이 있긴 했지만, 그래도 그때까지 제조업과 광업 두 분

야 모두 완전히 새로운 방법과 기술보다는 숙련된 기능공들에게 여전히 의존하면서 소규모 생산을 하고 있었고, 따라서 얼마나 많은 숙련공을 확보하느냐가 그 분야에서의 성공을 좌우했다.

1500년 무렵, 유럽에는 숙련된 기능공이 엄청나게 많았고, 그러한 풍부한 인적 자원을 새로운 방법과 기술을 연구하는 데 이미 활용하고 있었다. 200년 사이에 화약제조 방법이 비약적으로 발전하면서 유럽의 채광과 야금 기술은 최고조에 달했다. 중세시대에 발명된 과학 도구들과 기계식 시계는 정밀 제품의 제조 기술을 크게 발전시키면서 널리 보급되었다.

그런 이점을 바탕으로 초기 산업시대의 방향이 결정되었고, 얼마 지나지 않아 아시아와의 전통적인 무역 관계가 역전되기 시작했다. 여러 세기 동안 동양의 공예가는 뛰어난 품질과 예술성으로 유럽인을 압도하고 있었다. 당시 아시아의 섬유와 도자기의 우수성은 오늘날 유럽의 일상용어 속에도 여전히 살아 있다. 도자기를 의미하는 차이나, 그리고 모슬린, 캘리코, 산둥 같은 직물의 이름은 지금도 유럽에서 일상적으로 쓰이고 있다.

14세기와 15세기에 접어들면서 유럽은 아시아를 뛰어넘었다. 특히 기계와 공학 기술에 있어서 유럽은 세계 최고가 되었다. 아시아의 상인들은 유럽 각지로 사람들을 보내 기능이 뛰어난 기계의 제작 기술을 배워 오게 했다. 그들은 심지어 유럽의 장터에서 쉽게 볼 수 있는 기계 장치 장난감들을 수집하기까지 했다. 그처럼 입장이 완전히 뒤바뀐 것은, 유럽이 장인 제도에 기초하여 지속적으로 기술을 발전시켜 새로운 분야를 개척해 나갔기 때문이었다.

유럽의 장인들은 대체로 수요가 많은 곳을 찾아 이곳저곳을 떠돌아다녔다. 그러다가 기계공학에 대한 유럽 상류층의 관심이 커지면서 이들은 새롭게 대우받기 시작했다. 기계공학에 대한 당시의 열광은 르네상스시대의 건축가나 금은 세공만큼이나 중요한 의미를 지니는 것이었다. 그처럼 기계공학에 열광하는 특이한 현상은 유럽 이외의 지역에서는 일어나지 않았다.

| 산업의 발전 |

유럽의 초기 산업은 농업과 밀접한 연관이 있는 기존의 산업, 즉 섬유제조업이나 양조업 같은 산업을 중심으로 공생하면서 성장했다. 다시 말해 이런 전통적인 산업들은 보조 기술 산업의 발달을 가져왔다. 벨기에 북부의 앤트워프는 영국의 직물 제품들이 집결되어 유럽으로 빠져나가는 큰 항구였다. 그래서 그 항구를 통해 수출되는 상품의 품질을 향상시키고 상품 가치를 높이기 위해 마무리 공정 작업과 염색 작업을 하는 공장들이 항구 주변에 생겨났다. 양모 상인들은 필요한 직물 원료를 구하기 위해 영국 농촌 지역의 방적공들과 직공들에게 하청을 주었는데, 그

1600년경 덴마크의 한 목공이 조각한 부조 작품으로 기계식 시계를 제작하는 숙련된 시계 제조공들의 모습을 표현했다.

1801년의 작품으로, 영국의 콜브룩데일 제철소의 야간 제철 작업을 묘사한 그림이다. 영국의 제철 발명가 에이브러햄 다비(약 1678~1717)가 처음으로 제철용 용광로의 연료로 코크스를 이용하여 철을 녹이는 기술을 완성시킴으로써 제철 산업에 일대 혁명을 가져왔다. 그와 이름이 같은 그의 손자 에이브러햄 다비(1750~1791)는 1779년에 콜브룩데일 제철소에서 세계 최초의 주철 다리인 아이언브리지를 설계하고 제작했다.

것이 초기 산업 성장의 기틀이 되었다. 천연 광물 산업 역시 또 다른 형태의 지역 하청 산업이었다. 채광과 야금은 농업과 무관한 산업 가운데 가장 중요한 산업 분야였다.

그러나 산업은 때로는 침체되거나 붕괴될 수도 있었다. 이탈리아에서 바로 그런 일이 일어난 듯하다. 중세 동안 산업에서 앞서가던 이탈리아는 16세기에 이르러 그 자리를 빼앗겼다. 그런 반면, 플랑드르의 북해 연안 저지대 국가들과 독일 서부와 남부 지역은 이후로 한 세기 동안 산업에서 선두 자리를 차지했다. 그러나 마침내 영국, 네덜란드, 스웨덴이 새로운 산업의 주역이라는 사실이 명확해지기 시작했다. 18세기에 러시아의 채광 산업도 그 목록에 덧붙일 수 있을 것이다.

그 무렵 또 다른 요인들이 경제 발전에 영향을 미치기 시작했다. 과학 기술이 산업에 영향을 미치기 시작했고, 국가 정책이 알게 모르게 산업의 운명을 결정했다.

인플레이션

전반적인 발전과 성장을 장기적인 안목으로 바라보는 것은 쉬운 일이 아니다. 발전과 성장의 이면에 사회 혼란이 끊임없이 일어나기 때문이다. 극적인 사회 변동은 19세기에도 종종 일어났다. 가령 흉작으로 인해 은행에 맡겨 둔 돈을 찾아가는 사람들이 급증하고 상품의 수요가 크게 줄어들면서 불경기라고 불릴 만한 상황이 발생하기도 했다. 이것은 크게 바라보면 경제가 점점 발전해 가고 통합되어 가고 있다는 것을 의미했다. 하지만 그런 현상은 새로운 형태의 빈곤을 야기할 수도 있었다.

예를 들어 1500년에 접어들면서 물가가 유례없이 큰 폭으로 상승하기 시작했다. 어떤 지역에서는 1년 사이에 물가가 두 배로 치솟기도 했다. 그처럼 물가가 급격하게 상승하는 현상이 한 곳에서 지속적으로 계속되었던 적은 없었지만, 전반적으로 유럽의 물가는 100년 동안 네 배 정도 상승했던 듯하다. 오늘날의 인플레이션* 비율로 생각한다면, 그것은 그다지 충격적인 상승률이라고 생각되지 않을 수도 있다. 하지만 그 당시로서는 그것은 보지도 듣지도 못한 전혀 새로운 현상이었고, 그래서 대단히 심각한 반응을 불러일으켰다. 그런 기형적인 물가 상승으로 인해 어떤 이들은 이득을 보았고, 또 어떤 이들은 고통을 겪었다.

*인플레이션
화폐의 가치가 하락하여 물가가 지속적으로 상승하는 현상. 대체로 통화가 과다하게 팽창했거나 총 수요가 총 공급보다 많을 경우에 발생한다.

새로운 유형의 사회 **29**

지주 중에 어떤 이들은 물가가 상승한 만큼 토지 임대료를 올려 인플레이션에 대처했고, 반면에 어떤 지주들은 토지를 처분해야만 했다. 이런 의미에서 인플레이션은 사회적 신분 이동을 초래했다. 가난한 사람들은 대체로 인플레이션으로 인해 극심한 고통을 겪어야만 했다. 농산물 가격은 턱없이 뛰어올랐지만 임금은 그 가격에 맞춰 오르지 않았기 때문이다. 따라서 실제 임금은 낮아졌다. 이런 현상은 때때로 지역적 요인들로 인해 더욱 악화되었다. 예를 들어 영국의 경우, 양모가 대단히 비싼 값으로 팔리는 것을 본 지주들은 공유지에 울타리를 설치하고 그곳에 양떼를 놓아기르기 위해 소작농들을 내쫓았다. 소작농들은 살 터전을 잃었고, 소규모 목축업자들은 가난에 시달리다가 굶어 죽었다. 당시에 유행하던 말대로 "양이 사람을 잡아먹는다"는 끔찍한 상황이 벌어졌던 것이다.

그 세기의 중반기에는 어디서나 민중 폭동이 일어났고 무질서 상태가 계속되었다. 그런 현상은 당시 상황이 얼마나 가혹했는지, 민중들이 얼마나 무지했는지를 동시에 드러낸 것이었다. 그 극단적인 위기 속에서, 모든 사회계층이 인플레이션으로 인해 심각한 고통을 겪어야 했다. 가난한 사람들은 가난과 굶주림으로 고통을 겪어야 했고, 왕이나 영주들은 평민들보다 더 많은 소비를 해야 했기 때문에 고통을 겪었다.

후대의 역사가들은 그 세기 동안 내내 계속된 물가 상승의 원인을 밝혀 내기 위해 많은 연구를 했다. 하지만 당대에 기록된 자료들에서 만족할 만한 해답을 찾을 수가 없었다. 당시의 비평가들은, 물가 상승의 근본적인 원인은 스페인 사람들이 신세계, 즉 미국에서 금광을 개발해 금괴를 유럽으로 들여왔기 때문이라고 설명했다. 하지만 인플레이션은 미국의 금괴가 유럽으로 유입되기 이전부터 이미 시작되고 있었다. 물론 그 금이 그 후에 상황을 더욱 악화시켰을 수는 있다. 그러나 아마도 근본적인 원인은 생산성을 획기적으로 향상시키지 않은 상태에서 인구가 증가했기 때문일 것이다. 물가 상승은 17세기가 시작될 때까지 계속되었다. 그 후 물가 상승으로 인해 때때로 사회 붕괴의 조짐마저 보였고, 1700년경에 이르러서야 물가 상승이 천천히 둔화되기 시작했다.

플랑드르 화가 소 다비드 테니르스(1610~1690)가 17세기 후반기에 그린 '선술집의 농부들'이다. 국제 무역이 발달함에 따라 식료품 종류가 다양해지고 풍부해졌지만, 모든 사람들이 그 식품을 이용할 수는 없었다. 농부들의 식사는 여전히 충분하지 않았고 그들이 먹는 음식의 종류도 제한되어 있었으며 육류는 식탁에서 찾아보기 힘들었다. 그러나 포도주, 맥주, 사과주, 증류주는 여가 시간과 허기를 달래기 위해 많은 사람들이 애용했다.

1594년경에 카라바지오 (1571~1610)가 그린 '점쟁이'. 16세기 유럽은 세계에 대한 지식이나 이성적인 교양이 넓어졌고 과학이 크게 진보했지만, 사람들은 여전히 미신을 많이 믿었다.

| 새로운 사회계층 |

오늘날 우리는 경제가 변화하면 곧이어 사회 변화가 일어날 수 있다는 사실을 잘 알고 있다. 그리고 사회 형태와 제도는 계속적으로 변화한다는 것을 믿고 있다. 하지만 300년 전에는 대부분의 사람들이 사회 형태와 제도는 신이 내린 불변하는 것이라고 믿었다. 그래서 설사 인플레이션이나 그밖에 다른 많은 요인에 의해 사회 변화가 일어난다고 해도, 전통적인 형식을 고수함으로써 그 변화가 밖으로 드러나지 않도록 단단히 가리고 물리적인 힘을 동원해 억눌렀다. 그래서 외관상으로 볼 때 약 1500년에서 1800년까지 유럽 사회의 모습은 크게 달라진 게 없었다. 그러나 그 이면의 경제적 현실은 상당히 변해 있었다.

몇몇 나라에서 농촌 생활은 이미 1500년 이전에 변화를 보이기 시작했다. 물론 다른 이유도 많았지만 특히 농업이 점점 더 상업과 관련을 맺었기 때문에, 전통적인 농촌 사

회는 변화하지 않을 수 없었다. 그러나 기존의 사회 형식은 대체로 보존되었고, 따라서 사회 형식과 현실은 점점 더 조화를 이루지 못하게 되었다.

1780년대에도 프랑스에는 봉건 제도가 그대로 유지되고 있었다. 그러나 그 무렵 프랑스의 봉건 제도는 사회적 주종관계라기보다는 하나의 경제적 장치에 불과했다. '영주'는 자기 소유의 영지에 살고 있는 소작인들을 한 번도 만나 보지 않았을 수도 있었고, 귀족 혈통이 아닌 경우도 있었다. 또한 영주들은 봉건 영지 내에서 생산되는 총 수익 외에는 소작인들의 노동 시간이나 생산 방법 등에 관해 전혀 간섭하지 않았으며 그럴 권리도 없었다.

반면에 동쪽의 국가들에서는 기존의 봉건적인 주종관계가 여전히 뚜렷하게 존속하고 있었다. 유럽 서부와 동부의 인구가 점점 증가하는 가운데, 통치자들과 귀족들이 손을 잡고 곡류와 목재를 대량생산하여 새로운 시

새로운 유형의 사회 31

장에서 이익을 얻으려고 했기 때문이었다. 그들은 토지를 담보로 농민들을 가혹하게 착취했다. 러시아에서는 농노 제도가 사회의 가장 근본적인 토대가 되었다.

영국의 귀족계급

프랑스에는 경제적인 장치로 변질된 봉건 제도가 존속하고 있었지만, 영국에서는 그것마저 1800년이 되기 훨씬 전에 이미 사라지고

16세기 판화. 영국 여왕 엘리자베스 1세가 의회 모임을 주관하고 있는 장면이다. 하원의원들은 이미 이때부터 왕과 귀족 의원들이 결정한 정책들의 정당성을 문제 삼기 시작했다.

없었다. 그리고 영국의 귀족계급은 상원의원에 선출될 수 있는 권한 이외에는 어떤 법적 특권도 부여받지 못했다. 또한 국왕 조지 3세 치하의 대부분 신민들과 마찬가지로 하원의원 선거에서 투표권을 행사할 수 없었다. 영국의 귀족계급은 아주 작은 소수집단에 불과했다. 18세기 말까지 영국 상원에서 세습 의원의 수는 200명을 넘지 않았다. 그리고 그들은 자신의 지위를 한 명의 직계 가족에게만 물려줄 수 있었다. 따라서 영국의 귀족은 평민과 크게 차이 나는 뚜렷한 법적 특권을 누리지 못했다.

프랑스의 경우, 프랑스 대혁명이 일어나기 직전 귀족의 수는 약 25만 명 정도였던 것으로 추정된다. 그들은 모두 상당한 법적 특권과 공식적 권한을 갖고 있었다. 하지만 영국에서 그만 한 특권을 누릴 수 있는 사람들의 수는 옥스퍼드 대학 강당에 전부 모아 놓아도 자리가 남을 정도였고, 따라서 그들이 가진 권한 역시 대단하지 않았을 것이다.

반면에 영국 지주들의 부와 사회적 영향력은 어마어마했다. 귀족계급 아래에는 분명하게 정의 내리기가 애매한 계급인 '젠트리', 즉 신사계급이 있었다. 신사계급은 귀족 가문 출신에서부터 귀족 가문의 후예는 아니지만 사회적으로 존경받는 부유한 농민이나 상인에 이르기까지 다양한 계층이 포함되어 있었다.

경제적으로 부유하거나 직업적으로 저명하거나 개인적인 공로를 인정받으면 누구라도 신사계급이 될 수 있었다. 신사계급의 본질은 공통된 행동 규범에 있었다. 그들의 행동 규범은 여전히 '명예'라는 귀족적인 개념을 반영했지만, 계급의 배타성이나 특권의식 그리고 법적 특권을 없앴다는 측면에서 상당히 민주적이었다. 신사계급의 그러한 개방성과 융화 정신은 영국 사회의 결속력과 신분 이동을 촉진하는 데 지대한 영향력을 미쳤

32 근대 유럽의 형성

다. 17세기와 18세기에 '신사'라는 개념은 영국 역사에 가장 중요한 영향력을 미친 요인 가운데 하나였다.

유럽 지배계층의 변화

사회계층의 변화 과정은 각 나라마다 달랐다. 그렇지만 1700년경 많은 나라들에서 기존 형식에 타격을 가하는 사회 변화 추세가 명백하게 나타난 것만큼은 사실이다.

진보의 선두에 선 국가들에서는 사회계층을 규정하는 것은 무엇이며 그것이 어떻게 승인되어야 하는가에 관한 새로운 사상들이 나타났다.

아직 완벽하지는 않았지만, 국민의 권리와 기대치를 규정하는 데 있어서 개인적인 측면보다는 시장적인 측면을 더 강조하게 되었고, 사회에 대한 집단적인 시각보다는 개인주의적인 시각을 더 중시하게 되었다. 그러한 현상은 이 시기 네덜란드 지역에 등장한 네덜란드 연방공화국에서 가장 분명하게 나타났다.

네덜란드 연방공화국은 사실상 상인계급, 특히 네덜란드의 중심부이자 이 나라에서 가장 부유한 지방인 암스테르담의 상인들이 통치했다. 이 연방에서 지주 귀족계급은 결코 상인계급이나 도시의 소수 유력자들만큼 중요한 영향력을 가지지 못했다.

귀족에 대한 존경심

영국과 네덜란드 연방에서 일어난 것과 같은 사회 변화는 1789년이 되어서야 유럽의 다른 지역에서도 일어나기 시작했다. 전통적인 신분제도에 대해 의문을 제기하는 일은 당시 그 밖의 다른 지역에서는 거의 생각조차 하지 않고 있었다.

18세기에 발표되어 큰 인기를 누린 프랑스 희극의 주인공인 피가로는 자신의 주인인 귀족을 조롱하면서, 그 귀족은 태어날 때 고통을 겪는 것 이외에는 그 같은 특권들을 누릴 만한 일을 전혀 한 적이 없다고 했다. 당시 이것은 기존 질서를 어지럽히는 위험한 생각으로 여겨졌다. 하지만 대중에게는 그다지 새롭고 충격적인 생각이 아니었다.

유럽은 여전히 귀족사회라는 틀 안에 깊이 갇혀 있었다. 그리고 1800년 이후까지도 여전히 그런 상태였다. 계급에 따른 배타성의 정도는 각 나라마다 각기 달랐지만, 귀족과 평민 간의 구분은 여전히 엄격했다. 귀족들은 혹시라도 왕이 평민들과 손을 잡고 자신들에게 대항하지나 않을까 불안해했지만, 어떤 나라의 왕도 최후의 수단으로라도 그렇게 할 생각을 하지 않았다. 왕 역시 귀족계급이었기 때문이다.

프랑스에서 대혁명이 일어나고 나서야 상황이 많이 달라졌다. 그러나 18세기 말이 되

베네치아 총독은 베네치아 공화국을 이끌기 위해 선출된 공작이었다. 베네치아 총독은 무역과 산업에 큰 연관을 맺고 있는 귀족들로 구성된 10인 위원회의 위협에 시달려야 했다. 17세기에 제작된 이 그림의 제목은 '베네치아 총독의 승선'이다.

새로운 유형의 사회 33

＊공리주의
행복을 증진시키는 것은 옳은 행위이며, 그 반대는 그른 행위라고 보는 가치관. 여기서 말하는 행복은 행위의 영향을 받는 모든 사람의 행복을 뜻한다. 이기주의에 반대되며, 윤리이론과도 대립한다.

기 전까지 프랑스 외의 다른 나라들에서는 별다른 변화가 없었다. 19세기가 시작되었을 때도, 대부분의 유럽인은 여전히 귀족 혈통을 존경하고 있는 것처럼 보였다. 변화한 것이라고는, 이전처럼 신분계층을 당연한 것으로 받아들이면서도 아주 많은 사람들이 그러한 신분 구분이 법에도 적용되어야 하는 것은 아니라는 생각을 갖게 되었다는 것뿐이었다.

사람들은 법적으로 뚜렷하게 차이 나는 권리와 의무를 가지고 있는 계층의 관점에서 사회를 묘사하는 것은 더 이상 현실에 맞지 않는다고 생각하기 시작했을 뿐만 아니라, 종교가 특별한 사회계층을 지지한다는 이전의 믿음 역시 더 이상 고수하지 않았다.

오랜 세월 동안 사람들은 다음의 글과 같은 믿음을 간직해 왔다.

그의 성 안에 있는 부자
그의 문 앞에 있는 가난한 자
신이 그들을 만들었다네, 고귀하고 비천하게.
그리고 신은 그들의 신분을 정해 주었네.

이것은 19세기에 북아일랜드 얼스터 지방의 한 여자가 쓴 것으로 계층 구분은 신의 뜻에 의한 것이라는 과거의 생각이 나타나는 글이다. 그러나 1800년 무렵에도 아버지의 지위를 그대로 물려받기보다는 자기 힘으로 성공한 부자들이 있었고, 이들은 신의 현명한 가르침을 증명한 사람들이기 때문에 신이 더욱 좋아한다고 여겨지기도 했다.

18세기 아일랜드 태생의 정치가 에드먼드 버크는 "정부는 인간의 욕망을 충족시키기 위해 인류의 지혜로 발명해 낸 장치다"라고 말했다. 하지만 그 역시 보수적인 인물이었다.

공리주의＊는 점점 더 많은 사람들에게 선진국의 제도와 자기 나라의 사회적 제도를 평가하는 방법으로 자리 잡고 있었다.

계층 간의 갈등
경제적으로 신분 상승의 기회가 많아지고, 도시들이 발전하면서 시장경제가 형성되고, 새로운 상업 분야들이 등장하며, 글을 읽고 쓸 줄 아는 사람들이 많아짐에 따라 사회를 새롭게 바라보는 시각이 널리 확산되었다.

프랑스의 경우, 16세기는 절망적인 시기였다. 프랑스 정부의 재정은 완전히 바닥이 났고, 인플레이션은 하늘 높이 치솟았으며, 나라 안에는 종교적 내란으로 인한 테러와 잔학 행위가 만연했다. 그러나 이 그림에서 볼 수 있듯이, 프랑스 궁정의 사치스러운 의식과 호화로운 축제는 계속되었다. 1581년에 제작된 이 그림은 앙리 3세 시대에 왕궁에서 열린 무도회를 묘사한 것이다.

34 근대 유럽의 형성

국내와 국제 무역의 중심지였던 런던은 무역 활동을 통해 상당한 번영을 누렸다. 이 그림은 영국 화가 윌리엄 말로(1740~1813)의 작품으로, 런던 다리 근처 부두의 활발한 모습을 담고 있다.

그리고 그로 인해 기존의 계급제도에 대한 반발이 일어나게 되었다. 이런 관점에서 유럽 각 지역의 상황을 대략적으로 다음과 같이 세 가지로 분류해 볼 수 있다.

첫째, 유럽 동부 지역의 경우, 러시아를 비롯해서 폴란드, 동 프로이센, 헝가리 같은 국가에서는 아직까지 새로운 산업 발전이 농경 사회를 위협하지 않았고, 그래서 18세기 말까지도 전통적인 사회 형태가 그대로 유지되었다. 바다와 접해 있는 유럽 지역들은 상업 발전으로 인해 기존 질서가 위협받을 가능성이 컸던 반면, 육지로 둘러싸여 있는 나라들에서는 전통적인 지배계층들이 기존의 지위를 계속 유지했을 뿐만 아니라, 실제적으로 특권들을 더욱 확대시켜 나갔다.

둘째, 일부 국가들에서는, 이와 달리 경제적 계층과 사회적 계층 간의 충돌이 드러나면서 기존 질서에 변화가 요구되었다. 만약 정치적 환경이 뒷받침되었더라면, 그 국가들에서는 큰 사회 변화가 일어났을 것이다. 그러나 아직까지는 그런 시도를 할 수 없는 상황이었다. 이런 나라의 대표적인 국가는 프랑스였다. 그리고 게르만 국가들 중 몇몇 나라와 벨기에, 이탈리아의 몇몇 지역에서도 그와 같은 갈등의 징후들이 나타나고 있었다.

셋째, 영국, 네덜란드 그리고 영국령 북아메리카같이 비교적 개방적인 국가들에서는 부나 재능에 의한 계층 구분이 공식적인 사회계층 구분보다 더 중요했고, 법적 권한이나 경제적 신분 상승의 기회가 많은 이들에게 열려 있었다. 그래서 특히 경제력에 따라 사회적 지위가 판가름되는 현상이 매우 두드러졌다.

16세기에도 영국 사회는 다른 유럽 국가들에 비해 신분 이동이 훨씬 자유로운 편이었다. 그리고 18세기에 북아메리카인들은 자체적으로 새 헌법을 만들고, 개인에게 작위를 수여하지 못하게 했다. 이 국가들에서 개개

새로운 유형의 사회 35

인은 법이나 관습, 그 외에 신분 상승의 기회에 제약을 가하는 제도에 그다지 속박되지 않고 자유롭게 활동할 수 있었다.

유럽의 선진국가들

하지만 이 같은 설명은 당시의 상황들을 지나치게 단정적으로 평가한 것일 수도 있다. 대략적으로 세 종류로 구분해서 설명했지만, 사실 그것은 당시의 상황을 크게 얼버무려 놓은 것에 불과하다. 유럽 사회의 각 나라들은 깜짝 놀랄 만큼 서로 대조적인 측면들이 많았다. 그러므로 어느 한 특징을 가지고 전부 동질적인 사회였다고 생각하는 것은 분명히 잘못된 판단이다. 당시의 선진국들 내에도, 오늘날 우리가 생각하기에 이상하게 여겨지는 시대에 뒤 처진 측면들이 여전히 많았다.

영국, 프랑스, 독일의 도시들은 대부분 한

정된 상인 계층의 유력자들이나 성공한 길드 조합원들, 대성당 참사회의 대표자들이 세도를 부리는 지방주의에 안주해 있었다. 프랑스의 도시인 샤르트르는 프랑스 경제의 중심지 역할을 담당했던 낭트나 보르도와 같은 지역에 속해 있었지만, 여전히 중세의 농촌 모습과 중세적인 전통이 지배하고 있었고, 18세기 당시의 인구 역시 500년 전과 비슷한 수준이었다. 그리고 19세기에 접어들어서도 그곳은 전혀 발전하지 않았다. 따라서 유럽의 모든 국가에 개인주의적이고 자본주의적인 성숙한 사회가 존재했다고 단정 짓기는 어렵다. 하지만 우리가 '선진국'이라고 부를 수 있는 나라들의 공통된 특징은, 다른 대다수 국가에 비해 좀 더 빠르고 좀 더 멀리 그러한 사회를 향해 앞서 나가고 있었다는 것이다.

스스로를 개혁주의자라고 자부하던 사람들은 선진국의 그러한 특징을 찬미하곤 했

1443년에 주스트 데 몸퍼가 그린 앤트워프의 분주한 시장과 세탁장. 앤트워프에서 개최된 지역 축제들과 전국적인 연중 축제들의 성공은 점점 성장해 가는 이 도시에 더 큰 부를 안겨 주었고, 많은 사람들이 이 도시로 이주해 옴으로써 인구가 증가하게 되었다.

다. 기존의 방식에 의문을 제기한 프랑스의 위대한 사상가 볼테르는 영국에서 이미 18세기 초부터 거상巨商들이 귀족만큼 사회적으로 높이 평가받고 존경받았다는 사실에 크게 놀랐다. 아마도 그것은 볼테르가 약간 과장해서 생각한 것일 수도 있을 것이다. 그리고 그는 분명히 영국의 중요하고도 미묘한 특징들을 간과했다고 볼 수도 있다.

그러나 18세기 영국의 지배계층은 지주들이었고, 따라서 영국 사회는 토지의 가치를 지나치게 부각시키고 과대평가하는 경향이 있었다. 이것은 영국이 세계적 강대국으로 부상하게 된 원인 중 하나이기도 했다. 하지만 주목할 만한 사실은, 영국의 지배계층이 런던 시민들의 지혜를 지침으로 삼아 자국의 상업적 이익을 지키기 위해 끊임없이 노력했다는 점이다.

그러나 사람들은 '금전에 의한' 이익과 '토지에 의한' 이익 간의 정치적 구분에 대해 계속 의견이 분분했고, 정책들은 오랫동안 지주계급 내에서의 이권 다툼 문제와 서로 충돌하는 관습 문제를 해결하기 위한 방법을 모색하는 데 치중하고 있었다. 그렇지만 다른 나라였다면 분명히 이런 문제로 인해 분쟁이 일어나고 그로 인해 심각한 혼란에 직면할 수도 있었겠지만, 영국은 계속 번영했다. 그 원인을 밝혀 내는 일은 대단히 복잡할 것이다. 가령, 영국의 농업이 상업화될 수 있었던 원인을 알아내기 위해서는 이전 세기의 역사를 자세히 되돌아봐야 할 것이다.

지배적인 북서부의 국가들

네덜란드와 영국의 사회적 진보가 경제 발전, 특히 상업적 성공과 맞물려 있다는 사실은 대단히 놀랍다. 과거에는 대체로 사회적 진보가 그들의 종교와 맞물려 있었기 때문이다. 그러나 급격한 사회 변화에 따라 기독교 국가들 내에서도 가톨릭교는 더 이상 사회와 종교계를 지배하지 못하게 되었다. 18세기 반교권주의자들과 20세기 사회학자들은 그러한 사회 발전과 상업 발전의 연관성을 연구하여 현실에 적용하고자 했다.

개신교가 자본주의의 윤리를 제공했다는 주장도 있다. 하지만 그런 논리는 더 이상 그럴 듯해 보이지 않는다. 첫 번째 이유로는, 개신교가 등장하던 당시에도 가톨릭 자본주의자들은 아주 많았고, 그들 대부분이 이미 성공했다는 점을 들 수 있다. 프랑스와 스페인은 18세기에도 여전히 중요한 무역 국가였고, 프랑스는 영국과 엇비슷한 성장률을 보이면서 많은 이익을 거둬들였던 듯하다.

프랑스와 스페인은 둘 다 대서양에 인접해 있었고, 그 덕분에 두 국가가 16세기 이래로 지속적인 경제 성장을 이룰 수 있었다고 생각할 수도 있다. 그러나 이것 역시 그럴 듯한 설명이 되지 못한다. 유럽 북부에 위치하고 개신교를 믿는 국가이며 대서양에 인접해 있는 스코틀랜드는 오랫동안 낙후되고 가난하고 봉건적인 상태에 머물러 있었기 때문이다.

지중해와 유럽 동부 지역을 북서부와 구분 짓게 하는 차이는 단순한 지형적 요인 이외에 다른 여러 요인에서 비롯된 것이었고, 각 지역마다 근대화의 속도가 각기 달랐던 것에도 여러 가지 요인이 있었다. 예를 들어 영국과 네덜란드에서 농업이 크게 발전한 것은 무엇보다도 그 두 나라가 상대적으로 토지가 부족했기 때문일 것이다.

동유럽 국가들의 모습

유럽의 동부 지역은 여전히 낙후된 상태로 머물러 있었다. 이 지역의 사회적·경제적 구조는 19세기까지 근본적으로 전혀 변하지 않았다. 동유럽은 서유럽에 비해 토양이 비옥하지 않았기 때문에 수확량이 매우 적고

네덜란드 델프트의 화가 얀 베르메르(1632~1675)의 '방문'. 깔끔하게 정돈된 방 안에 있는 중산층 인물들의 모습에서 17세기 네덜란드인들의 생활상을 엿볼 수 있다. 이 인물들과 같은 사회적 배경의 네덜란드인들은 최고급 직물이나 훌륭한 미술 작품, 우아한 가구들의 진가를 잘 알고 있었으면서도 검소함의 정신적 가치를 결코 잊지 않았다.

농산물의 품질도 떨어졌으며, 따라서 농경 발전에 매우 불리했다. 또한 그 지역에 이주하여 정착하려 했던 사람들은 오랫동안 중앙 아시아의 유목민족들로 인해 방해를 받아 왔다. 그리고 동유럽의 남쪽 지역은 오랜 세월 동안 무력 충돌, 침략, 산적들이 들끓었던 발칸 반도와 인접해 있었다. 오스만 제국과 경계를 이루고 있었던 헝가리 같은 지역은 오스만 제국의 지배로 인해 인구가 격감될 정도로 사정이 아주 나빴다. 그 지역을 다시 되찾은 유럽은 그 지역의 농민들을 농노로 만들어 지위를 급격히 낮추었다.

이 시기에 모스크바 대공국에서 출현한 러시아에서도 농노제를 정비하여 농노 인구가 크게 늘어났다. 지주들에게는 농노를 관리하는 데 필요한 보다 가혹한 법적 권한이 보장되었다. 프로이센을 비롯해 유럽 동부의 다른 나라들에서도 소작농에 대한 지주의 권한이 강화되었다. 그것은 세력을 휘두르고 있던 지주 귀족계급들을 그런 식으로 달래 주지 않을 경우 왕권에 대항하는 세력으로 돌변할 위험이 있었기 때문이었다. 그것은 또

한 경제 발전을 위해 고안해 낸 하나의 장치이기도 했다. 경제 발전이 사회적 불공평과 함께 진행된 것은 그것이 처음도 마지막도 아니었다. 다른 많은 나라들에서 다른 많은 시기에 실행된 강제 노동의 경우와 마찬가지로, 그러한 농노제도는 토지의 생산력을 높이기 위한 효과적인 수단이었기 때문이다.

그에 따른 여러 결과들 가운데 현재까지도 어느 정도 명백하게 드러나는 한 가지 사실은, 그로 인해 유럽이 엘베 강을 따라 대략적으로 구분되었다는 것이다. 엘베 강 서쪽에는 1800년경에 보다 개방적인 사회 형태로 서서히 발전해 나가는 나라들이 있었다. 그리고 엘베 강 동쪽에는 소수집단의 지주들이 농노들에게 강력한 권력을 행사하는 농경사회와 그 사회를 지배하는 독재적인 정부가 있었다. 서쪽의 도시들은 수백 년 동안 번영을 누렸지만, 동쪽의 도시들은 대체로 번영하지 못했다. 대부분 섬인 동쪽의 도시들은 농노 제도의 범위 때문에 필요한 노동력을 농촌 지역에서 끌어올 수 없었고, 게다가 지나치게 과중한 세금을 내야 했다.

유명한 저술가 볼테르의 비극 낭독회가 1775년 마담 조프랭의 응접실, 즉 살롱에서 열렸다. 프랑스의 귀부인들과 상류 부르주아 계층의 숙녀들은 토론회, 연주회, 과학 실험 등을 개최했고, 어떤 경우에는 자신들의 응접실을 아카데미 학회로 변형시켜 유명해지기도 했다.

폴란드와 러시아의 대부분 지역에서는 화폐 경제마저 거의 존재하지 않았다. 대부분의 후기 유럽 역사에는 동유럽과 서유럽의 이러한 차이가 밑바탕에 깔려 있었다.

유럽의 여성들

이러한 동과 서의 분리는 비공식적인 여러 제도들에서도 뚜렷이 드러났다. 예를 들어, 여성에 대한 대우에 있어서도 동서 간에 차이가 났다. 그러나 이 문제에서는 또 하나의 지역 간 구분이 드러날 수 있다. 지중해 유럽과 북유럽 간의 지역적 구분이 그것인데, 이는 머지않아 라틴아메리카와 북아메리카 간의 차이로까지 확장되었다.

형식적으로나 법적으로는 이 시기에 그 어느 곳도 거의 변하지 않았다. 여성들의 법적 지위는 과거 그대로였다. 이 시기가 끝날 무렵에야 비로소 여성의 법적 지위에 관해 의

문이 제기되었다. 그렇지만 보다 진보된 나라들에서는 여성의 실제적인 독립과 자유, 특히 상류층 여성의 지위가 크게 향상되었던 듯하다. 15세기에도 영국 여성은 제한적이긴 했지만 자유를 누렸다. 그 사실은 당시의 외국인들이 인정한 바 있었다. 그리고 그러한 선례는 이후로도 약화되지 않았던 듯하다. 그러나 18세기에 프랑스에서도 마침내 귀족 가문 태생의 여성들이 개성과 자유, 독립을 상당히 누렸다는 증거들이 있다.

이것은 부분적으로는 18세기 상류사회에 새로운 형태의 생활양식이 탄생했기 때문이었다. 상류사회에서는 왕궁의 사교 모임과는 다른 종류의 사교 모임을 가지기 시작했고 종교의식이나 가문의 모임과 점점 더 무관해지는 독립적인 모임들을 갖게 되었다. 17세기 말에, 런던의 남자들은 커피하우스에서 모임을 가졌는데, 여기서부터 최초의 클럽이

새로운 유형의 사회 39

유명한 프랑스 화가 프랑수아 부셰(1703~1770)가 그린 퐁파두르 부인(1721~1764). 루이 15세의 정부로 큰 영향력을 행사했던 퐁파두르 부인은 부셰의 후원자가 되어 그에게 수많은 그림을 의뢰함으로써 화가로서의 그의 경력에 큰 도움을 주었다. 그리고 부셰는 그 답례로 그녀의 초상화를 자주 그렸다.

생겨났다. 곧이어 한 귀부인의 응접실에서 지인들끼리 모이는 사교 모임인 살롱이 등장했다. 살롱은 특히 프랑스에서 최초로 시작되어 성행했다.

18세기의 어떤 살롱들은 지성의 중심지 역할을 했다. 살롱을 연 여성은 자신이 종교 이외의 다른 정신적인 것들에 관심을 갖고 있다는 것을 보여 줄 수 있었고, 그것은 곧 사교계의 유행이 되었다. 루이 15세의 정부였던 퐁파두르 부인은 화가 프랑수아 부셰에게 수많은 초상화를 의뢰했는데, 자신의 초상화 속에 몽테스키외의 사회학적 연구서인 『법의 정신』을 함께 그려 달라고 하기도 했다.

그러나 여자들이 블루 스타킹*을 갈망하지 않았던 시기에도, 왕궁 모임과 무관한 사교 모임이나 살롱의 출현은 여자들에게 가정의 구속으로부터 탈출할 수 있는 기회를 제공해 주었다. 또한 남자들에게도 당시 살롱은 기분전환과 오락을 즐길 수 있는 유일한 공간이었다.

유럽 사회의 확고부동한 면모

18세기 말, 유럽은 여류 화가와 여류 소설가의 시대, 그리고 독신 여성이라고 해서 반드시 수녀원에 은둔할 필요가 없다는 사실이 용인된 시대를 맞이했다. 하지만 그런 변화가 어디서 비롯된 것인지 알아보기는 쉽지 않다.

18세기 초에 이미, 영국 런던에서 간행된 일간지 「스펙테이터」는 남자뿐만 아니라 여성 독자에게도 호소할 만한 가치가 있다는 생각을 담고 있었다. 그러므로 여성의 위상 변화의 출발점에 대해 알아보기 위해서는 더 먼 과거까지 거슬러 올라가 살펴보아야 할 것이다. 어쨌든 그러한 여성들의 위상 변화로 인해 18세기에 막강한 정치적 영향력을 가진 여성들이 등장할 수 있었을 것이다. 영국 여왕과 오스트리아, 러시아의 여황제들은 다른 사람의 도움 없이 혼자서 국가를 통치했고, 성공적인 결과를 거두었다. 하지만 여성 해방이 이루어지기까지의 역사에 대해서는 아직까지 연구가 풍부하게 이루어지지 않았기 때문에, 이 문제에 대해서는 섣부르게 단언할 수 없다.

그리고 한 가지 덧붙여야 할 것은, 초기 근대 유럽에서 가장 진보된 사회에서도 이러한 현상들은 대다수 사람의 삶과는 무관한 것이었다는 사실이다. 그리고 대부분의 남성과 여성의 전통적인 삶을 확실하게 변화시켜 주는 직업들은 아직 나타나지 않은 상태였다.

1800년에도 유럽 전역에서 여성들의 지위는 전혀 달라지지 않았다. 폴란드의 미개한 마을들이나 무어인의 영향으로 인해 여성의 지위가 다른 지역보다 훨씬 더 심하게 종속적이었던 스페인 남부에서는 말할 것도 없었다.

*블루 스타킹
1750년경 런던의 문학토론 모임에서 여자 회원이 늘 푸른 스타킹을 신어서 조롱조로 그 모임을 블루 스타킹 모임이라고 불렀다. 이후로 '블루 스타킹'은 '문학이나 학문을 좋아하는 여자, 문학에 미친 여자'를 가리키는 말이 되었다.

새로운 유형의 사회 41

2 권위와 도전자들

＊카페 왕조
프랑스의 중세시대 왕조 중
하나. 987~1328년까지 직계
로 이어온 왕조를 뜻한다. 12
세기 말부터 13세기에 걸쳐
필리프 2세, 루이 9세 시대에
왕성한 국내외 활동을 펼쳤
고, 이후 필리프 4세 때 처음
으로 사실상의 통일국가가 이
루어졌다.

19세기에 들어서도 유럽인들은 국가와
사회 조직체에 대해 400년 전과 별로
다를 바 없는 사고방식을 고수하고 있었다.
이런 측면에서 '중세'는 여전히 계속되고 있
었다. 사회와 정부에 대한 '중세적인' 생각들
은 실질적으로 광범위한 지역에 여전히 남아
있었고, 여러 세기 동안 많은 사회적 현실들
이 그러한 중세적인 사고방식들과 서로 맞물
려 있었다.

구성원의 신분과 지위를 보장하는 법적 특
권을 가진 단체, 즉 '법인 조직'으로 불렸던
단체들은 19세기 유럽 대륙에서 여전히 지배
적인 힘을 발휘하고 있었다. 또한 앞에서 언
급했던 것처럼, 유럽의 중부와 동부 지대 중
많은 곳에서 농노제가 점점 더 확고하게 뿌
리를 내렸고 광범위하게 퍼져 나갔다.

정치 제도 역시 그 이전의 형태가 연속적으

로 이어졌다. 신성 로마 제국은 1800년대에
도 여전히 1500년대처럼 존속하고 있었다.
교황의 세속적인 권력 역시 마찬가지였다.
프랑스에서는 카페 왕조＊의 한 후손이 여전
히 왕으로 명맥을 유지하고 있었다. 물론 그
국왕은 카페 왕조의 직계 후손이 아니라 방
계인 부르봉 왕조 출신이었고, 사실상 망명
중이었다. 1820년 잉글랜드에서는 '챔피언'
이라 불리는 최정예 기사들이 조지 4세의 대
관식이 거행되는 웨스트민스터 대성당 안에
서 완전무장을 하고 돌아다녔다. 그곳에 참
석한 모든 사람들에게 그 세습 군주의 권위
와 힘을 과시하기 위해서였다.

대부분의 나라에서 신앙은 국가의 기본 토
대이며 종교와 사회는 뗄 수 없는 관계이고
교회의 권위는 법에 의해 확립된 것이라는
생각을 여전히 당연하게 받아들이고 있었다.

전쟁 장면을 묘사한 15세기
이탈리아 회화. 이 그림에서
는 제후가 직접 부하들을 이
끌고 전쟁에 나가 다른 파벌
의 병사들과 맞서 싸우는 모
습을 볼 수 있다. 그러나 이
시기 이후부터 왕과 제후들
은 대체로 장군들을 고용하
여 군대를 이끌도록 했다.

42 근대 유럽의 형성

마키아벨리의 실리주의적 정치사상

"두려움의 대상이 되는 것보다는 사랑받는 대상이 되는 것이 더 나을까, 아니면 사랑받는 대상이 되는 것보다는 두려움의 대상이 되는 게 더 나을까. 이 의문에 대한 대답은, 인간은 전자와 후자 둘 모두가 되고 싶어 한다는 것이다. 그러나 그 두 가지를 결합시키기는 어렵다. 그러므로 그 둘 모두가 될 수 없다면, 사랑받는 대상이 되기보다는 두려움의 대상이 되는 게 훨씬 더 낫다. 인간은 공포의 대상보다는 사랑받는 대상을 더 쉽게 해치거나 모욕한다. 비열한 피조물인 인간은 필요하다 싶으면 언제라도 사랑의 유대를 매정하게 잘라 버린다. 반면에 효과적인 징벌을 내리기만 하면 인간은 두려움의 대상을 더욱 두려워하게 된다.

그럼에도 불구하고, 군주는 사랑받는 존재까지는 아니라 해도 적어도 증오의 대상이 되지 않도록 하면서 자신을 두려움의 대상으로 만들어야 한다. 증오심이 없는 두려움은 얼마든지 있을 수 있기 때문이다.

군주는 신하와 백성들의 재산, 그리고 그들의 여자를 탐하지만 않는다면 절대로 증오의 대상이 되지 않을 것이다. 만약 누군가를 처형해야 할 경우 정당한 사유가 있기 전에는 절대로 처형해서는 안 되며, 처형할 때에도 반드시 그 사유를 알려야 한다. 그러나 무엇보다도 군주는 다른 이들의 재산을 빼앗아서는 안 된다. 사람들은 부모의 죽음은 쉽게 잊어버려도 재산을 빼앗긴 일은 절대로 잊어버리지 않기 때문이다."

니콜로 마키아벨리(1469~1527)의 『군주론』 중에서

이탈리아의 정치가이자 저술가인 니콜로 마키아벨리는 한때 플로렌스의 실질적 지배세력이었던 메디치가家의 조언자로 활동하기도 했다. 많은 이들이 그를 '목적은 수단을 정당화한다'는 무자비하고 냉혹한 실리주의적 정치사상의 창시자로 생각했다.

물론 그런 생각들은 많은 도전을 받았고, 어떤 나라에서는 쓰라린 변혁을 겪기도 했다. 다른 많은 문제들과 마찬가지로 국가의 권위 문제 역시 1800년대의 역사에서 여전히 엄청난 비중을 차지했다.

국가의 권위

유럽 역사가 정통성을 가지고 연속적으로 이어져 왔다는 것은 일반적으로 인정되는 사실이다. 그러나 1500년부터 1800년까지 300년 동안 유럽에서는 중세처럼 국가의 사회적·정치적 결속관계가 대체로 약화되거나 해체되는 경향이 나타났다. 그 대신 권력은 국가를 중심으로 중앙집권화되기 시작했고, 개인적인 종속 관계의 '봉건적인' 제도는 점점 사라져 갔다.

전문적인 용어로서 '봉건적'이라는 개념을 처음 만든 것은 17세기의 유럽인들이었다. '봉건적'이라는 말은 17세기 사람들이 점점 시대에 뒤떨어지면서 현실과 괴리되어 가고 있는 당시의 상황을 정의해야 할 필요성을 느꼈다는 것을 보여 주는 단어이기도 하다. '봉건적'이라는 말이 17세기에 등장했다는 사실은 그 시대의 상황이 급격히 변화되어 가고 있었다는 것을 말해 준다. 다시 말해 그 당시 사람들은 변화하는 현실과 시대에 뒤떨

어진 과거 제도 간의 차이를 표현할 필요성을 느꼈던 것이다.

'기독교 국가' 또는 '기독교 세계'라는 개념 역시, 감정적인 측면에서는 여전히 중요했지만, 이 시기의 정치적 현실과는 전혀 어울리지 않았다. 이 시기에 교단이 분열하고 '국가'라는 의식이 점점 커져 가면서, 교황의 권위는 약화되기 시작했다. 그리고 교황권을 대변하던 신성 로마 제국 역시 14세기 이래로 겨우 명맥만을 유지하고 있었을 뿐이다. 유럽을 통합하기 위한 새로운 이념이나 제도는 전혀 나타나지 않았다.

오스만 제국의 위협은 당시의 상황을 그대로 대변한다. 이슬람교도들의 맹공격에 위협을 느낀 기독교 제후들은 다른 기독교인들에게 도움을 청했고, 교황은 그 기회를 놓치지 않고 또다시 십자군의 필요성을 역설했다. 그러나 오스만 제국의 투르크인들은 기독교 국가들이 자기 나라의 현실적인 이익을 위해서라면 언제라도 이교도들과 동맹을 맺을 수 있다는 사실을 잘 알고 있었다. 이 시대는 '정치적 현실주의'의 시대, 다시 말해 원칙을 무시하면서 국가 이익을 가장 우선시하던 시대였다.

문화적으로 격차가 크게 벌어지면서 유럽 문명은 다른 문명들과 뚜렷이 구별되어 가고 있었다. 그러나 유럽인들이 유럽의 본질적인 통합을 위한 제도에 관심을 거의 갖지 않았을 뿐만 아니라 새로운 제도나 기구를 만들려고 하지도 않았다는 것은 참으로 이상한 일이 아닐 수 없다. 오직 한 명의 철학자만이 국가를 초월하는 뭔가를 만들어야 한다고 주장했을 뿐이다.

하지만 당시의 유럽인들이 그러한 제도들에 관심을 갖지 않았던 이유는 아마도 자신들이 문화적으로 우월하다고 생각했기 때문일 것이다. 당시 유럽은 야심 찬 영토 확장의 시대로 접어들고 있었다 그리고 실제로 국가의 권위와 그 정부의 권력은 이 시기에 점점 커져 갔다.

그러나 여기서 외면적인 모습만을 보고 오해하지 않도록 주의해야 한다. 입헌적인 통치자의 모든 권한과 통치권에 관한 모든 제약 조건을 제시한 정치적 저술들이 수없이 쏟아져 나왔지만, 일반적인 추세는 법률로 정해진 통치권을 그대로 받아들이는 쪽으로 흘러갔다. 다시 말해, 유럽인들은 만약 신뢰할 수 있는 사람들이 국가의 권력을 쥐고 있다면, 법을 만드는 국가의 권위에 제약을 두어서는 안 된다고 생각한 것이다.

공문서나 사문서를 정리하고 공증하는 일을 담당했던 유럽의 관리들은 법학과 소양 교육을 필수적으로 받아야 했다. 16세기 프랑스 필사본에 실린 이 그림은 공증 학교의 수업 장면을 묘사한 것이다.

기본법에 대한 이의 제기

기본법에 대해 이의를 제기한다는 것은 과거의 사고방식으로는 용납할 수 없는 일이었다. 어떤 개인이 권리와 법을 얻기 위해 싸울 수도 있으며, 법적인 특권과 공인된 자유를 그 후의 입법자들이 바꿀 수도 있고, 기본법이 항상 존중되지 않을 수도 있으며, 인간의 법은 신의 법과 모순될 수도 있다는 생각은 중세 유럽인들에게는 신성모독일 뿐만 아니라 사회적으로나 법적으로도 용인할 수 없는 것이었다.

17세기 영국의 법률가들은 토지 기본법의 형식에 관해 서로 의견이 맞지 않아 많은 논쟁을 벌였다. 그로부터 한 세기가 지난 18세기 프랑스에서도 그와 동일한 상황이 재현되었다. 그렇지만 마침내 영국과 프랑스 그리고 정도의 차이가 있긴 했지만 그 외의 대부분 국가들도 하나의 주권, 즉 법이나 제도적 장치로부터 제약을 받지 않는 입법권이 곧 국가의 상징이라는 생각을 받아들이게 되었다.

그러나 그런 생각이 받아들여지기까지는 오랜 세월이 걸렸다. 초기 근대 유럽의 역사에서 근대적인 주권 국가의 출현은 유럽 대부분의 국가가 군주제였다는 사실 아래 가려져 드러나기가 쉽지 않았다. 이 시대의 유럽 역사는 통치자들의 권력 다툼으로 점철되어 있기 때문에, 때로는 이 시대의 역사에서 정말로 중요한 문제가 무엇이었는지 파악하기조차 어렵다.

어쨌든, 각국의 국왕들은 다음과 같은 두 가지 측면에서 권력에 도전을 받을 수 있었다. 우선, 정부와 군주가 같은 권한을 가지는 것은 잘못된 것이라는 저항이 있었다. 둘째, 권력이 엉뚱한 사람들의 손으로 넘어갈 수도 있다는 사실에 근거한 저항이 있었다. 실제적으로 이 두 주장은 명확하게 구분되지 않고 서로 뒤얽혀 있는 경우가 많았다. 이것은

1667년에 왕립 과학 아카데미를 방문한 프랑스 왕 루이 14세(1638~1715)의 모습. 그는 자신을 유럽 절대군주의 본보기로 생각했다. 그는 "짐은 곧 국가다"라고 천명했다.

당시 사람들이 권력을 다른 각도에서 바라보기 시작했다는 것을 말해 준다.

절대군주제의 출현

법률적인 원칙은 일단 제쳐 둔 상태에서 국가의 권위가 갈수록 강화되어 갔다. 이것은 타협하지 않고 자기 주장을 밀고 나가는 통치권의 세력이 점점 커져 가는 것을 통해 증명되었다. 국가의 권위가 강화되었다는 것을 알려 주는 또 한 가지 사실이 있다. 중세시대 후반기에 많은 나라에서 등장했던 국민대표제가 16세기와 17세기에 거의 대부분 쇠퇴하기 시작했다는 것이다.

구체제의 종말을 알린 프랑스 대혁명이 일어난 1789년에도 서유럽의 대부분 국가들은 국민대표 단체의 간섭을 거의 받지 않는 군

권위와 도전자들 **45**

*추밀원
영국 국왕의 개인적인 자문기관. 한때 강력한 권한을 갖기도 했지만, 국왕이 정치적 결정에 책임을 지지 않게 되면서 활동이 위축되었다. 오늘날에는 형식적인 결정을 내릴 때 추밀원 회의가 열린다.

많은 유럽 국가들에서 '르네상스 국가'의 탄생은 군대와 사법 제도, 경제구조의 개혁과 동시에 일어났다. 16세기에 제작된 아래 그림은 파리에서 열린 왕실 재무청 회의 장면을 묘사한 것이다. 왕실 재무청은 프랑스의 재정을 총괄하기 위해 창설된 기관이었다.

주가 통치했다. 하지만 영국만큼은 예외였다. 영국의 군주는 16세기 중세 봉건영주들과 중산계급의 시민들로서는 상상하기 어려운 엄청난 권력을 누리기 시작했다. 이러한 현상을 두고 어떤 이들은 '절대군주제의 부활'이라고 부르기도 한다. 만약 한 군주가 공공연하게 선포한 자신의 요구사항들을 자기 마음대로 실행할 수 있었다면, 그것을 '절대군주제의 부활'이라는 어휘로 표현해도 무방할 것이다. 하지만 왕권에 대한 실제적인 감독이나 간섭이 많았기 때문에 사실상 당시 영국의 왕권은 제한적인 면이 있었다.

하지만 거의 모든 국가에서 통치자의 세력은 16세기 이후로 크게 증가했다. 군주들은 군사력을 이용해 새로운 재정적 자원으로 상비군과 대포를 정비함으로써, 대귀족들에 맞설 수 있었다. 때때로 군주제 자체와 서서히 커져 가는 '국가' 의식을 결합시켜 막강한 힘으로 질서를 강요할 수도 있었다.

15세기 후반기에는 많은 나라들에서 왕정이 질서와 평화를 보장해 주기만 한다면 기꺼이 받아들이려 하는 새로운 현상이 나타났다. 그런 현상이 나타난 데에는 각 나라마다 제각기 특별한 이유가 여러 가지 있었다. 거의 모든 국가의 군주들은 대포와 조세를 이용하여 영향력이 강한 대귀족들보다도 훨씬 더 높은 지위와 권한을 새롭게 획득했다.

이제 군주들은 권력을 고위 관리들과 의무적으로 나누어 가질 염려가 없었다. 하지만 영국 튜더 왕조 시대의 추밀원*은 엘리트 계층으로 이루어진 실질적인 지배세력이었다.

르네상스 국가

16세기와 17세기 초에 걸쳐 유럽 각국에 나타난 군주제의 구조적 변화들로 인해 이른바 '르네상스 국가'가 탄생했다. '르네상스 국가'는 왕실에 관료들을 등용하여 강력한 중앙집권체제를 구축한 관료주의 국가를 일컫는 것으로, 다소 곁멋을 부린 용어다. 하지만 중세 군주 국가의 정부는 봉건적이고 개인적인 신하들이나 단체들이 맡는 경우가 대부분이었다. 그중에서 가장 큰 단체는 교회였다.

물론, 역사상 그 어떤 정치조직도 순수하게 한 가지 형태로 존재한 경우는 없었다. 언제나 궁정 관리들, 즉 출신이 불분명한 '신진 세력들'이 존재해 왔다. 그리고 오늘날에도 여전히 정부는 비정부 단체에게 여러 임무를 위임한다. 따라서 이전 국가들이 갑작스럽게 근대적인 '국가'로 전환된 것은 아니었다. 그것은 여러 세기에 걸쳐 이루어졌고, 기존의 제도들은 계속 유지되었다.

영국에서는 튜더 왕조가 궁정 치안판사라는 기존의 제도를 이용하여 지방의 대지주들을 왕정 체제 내에 흡수시켰다. 그러나 이것은 봉건영주의 권위가 서서히 쇠퇴해 가는 오랜 과정에서 나온 또 하나의 단계에 불과했

르네상스 시대에 전문적인 외교 기관들이 새롭게 등장했다. 한스 홀바인이 그린 이 그림 속 인물들은 프랑스의 대사들이다.

다. 그리고 영국을 제외한 다른 유럽 국가들에서는 수백 년이 더 지나서야 비로소 이 단계에 들어섰다. 튜더 왕조시대 때 일어난 반란들에서 증명되었듯이, 심지어 영국에서도 귀족들은 민중에게 치명적인 반감을 사지 않는 한 오랫동안 조심스럽게 대우를 받아 왔다.

반란은 16세기 정치가들의 삶에서 예외적인 게 아니라 항상 계속되는 현실이었다. 마침내 최후의 수단으로 왕실 군대를 이용하는 일이 발생할 수도 있었지만, 어떤 군주도 무력을 행사할 수밖에 없는 상황에 이르는 것을 원하지 않았다. 대포는 왕의 최후 수단이었다.

17세기 중반까지 프랑스 곳곳에서 귀족계급의 동요가 있었고, 합스부르크 왕조가 지방 유력가들의 돈으로 자신의 영토를 통합시키려 했던 일이 일어났으며, 영국에서는 1745년에 마지막 봉건적 반란이 일어났다. 하지만 그 외의 나라들에서 그런 종류의 반란이 일어난 것은 한참 후의 일이었다.

세금

세금에 있어서도, 반란이 일어날 위험성과 세금을 징수하는 행정기관의 부정부패 및 전문성 결여 때문에 강력한 조세 정책을 시행할 수 없었다. 그러나 왕실은 관료와 군인에게 봉급을 지불해야만 했다.

이 문제를 해결하기 위한 한 가지 방법은, 관료들이 자신들의 행정 서비스를 필요로 하

권위와 도전자들 47

국가 예산은 대부분 얼마 지나지 않아 바닥이 났다. 그래서 정부는 세금을 받으면 갚겠다는 조건으로 은행가나 대부업자들에게서 돈을 빌렸다. 세금 징수 시기가 다가오면 은행가와 대부업자들은 중개인을 보내 빌려 준 돈을 받아 오게 했고 국가 세입은 고스란히 그들의 수중으로 들어갔다. 16세기에 마리누스 반 레이메르스바일레가 그린 그림으로 두 인물은 조세 징수인들이다.

＊마그나 카르타

1215년 영국의 존 왕이 귀족들의 요구로 서명한 국민의 자유 권리를 인정하는 칙허장. 영국 헌법의 기초가 되었다.

는 사람들에게 개인적으로 사례비를 받아서 부수입을 챙길 수 있도록 허용하는 것이었다. 하지만 여러 가지 폐단으로 인해 이 방법은 완전한 해결책이 되지 못했다. 따라서 통치자는 세금을 더 많이 거두어들일 수밖에 없었다. 계속 왕국의 영토를 매각함으로써 긴박한 재정 문제를 어느 정도 해결할 수 있었지만, 모든 군주들은 다시 새로운 조세 방법을 궁리해 내야 했다.

그러나 결국 이 문제를 완전히 해결할 수 있는 방법은 찾지 못했다. 19세기 또는 그 이후까지도 해결되지 못했던 전문적인 문제들이 계속 남아 있었다. 그렇긴 해도 300년이라는 기간 동안 엄청나게 많은 기발한 세금들이 새롭게 만들어졌다. 그런 가운데 사용료, 소비세, 물품세, 면허세 같은 간접세 또는

판매세를 통해 세금을 거두어들이도록 한다거나, 상거래를 하려면 반드시 면허나 허가를 받아야 한다는 강제조건이 만들어지기도 했다. 다시 말해 소비 또는 물적 재산에 한해서만 세금을 징수했던 것이다.

하지만 이 세금들은 얼마 되지 않는 수입으로 생활필수품을 구입하기도 빠듯한 영세민들에게는 엄청난 부담이 되었다. 게다가 지주들은 자신에게 부과된 세금을 부의 피라미드 맨 밑바닥에 있는 사람들에게 떠넘겼는데, 그런 악행을 막는 것 또한 쉽지 않았다. 그리고 합법적인 면세 특권이라는 중세적인 개념이 잔존했기 때문에 과세에 있어서도 어려움이 많았다.

1500년에는 통치 세력이 권력을 행사할 수 없는 지역이나 사람, 활동 분야가 있다는 사실이 일반적으로 인정되고 있었다. 많은 도시들이 이런저런 특권을 가지고 있었던 것과 마찬가지로, 통치권이 미치지 않는 대상들은 여전히 과세로부터 보호를 받았다. 과거에 국왕이 특별히 하사하거나 허가했기 때문에 무효화시킬 수 없는 특권을 부여받은 지역이나 사람들, 또는 영국의 대헌장 마그나 카르타＊처럼 계약으로 보증된 승인에 의하거나 태고로부터 전해 내려오는 관습이나 신의 율법에 의해 보호받는 기관이나 단체들이 바로 그런 대상이었다. 대표적인 예가 교회였다.

교회는 일반적으로 과세 대상에서 제외되었다. 교회는 국왕의 사법권이 미치지 못하는 문제들을 재판할 수 있는 사법권을 가지고 있었고, 결혼을 비롯해서 중요한 사회적·경제적 제도들을 관장했다.

그런 한편, 한 지방이나 특정한 직업 분야 또는 한 가문이 국왕의 관할권이나 세금에 있어서 면제 특권을 누리기도 했다. 왕실 상비군 역시 면제 특권을 누렸다.

이 시기에는 프랑스 국왕조차 브르타뉴의

일개 공작일 뿐이었고, 그 사실은 그의 권한에 중요한 영향을 미쳤다. 왕이 왕권을 행사할 수 있는 지역은 소위 왕령지라 불리는 영토에 제한되어 있었고, 왕령지를 제외한 다른 영토는 귀족들이 나누어 지배하고 있었다. 다시 말해 절대주의 체제 이전의 왕은 여러 귀족들 중 하나였을 뿐이었다.

'르네상스 국가'는 이러한 현실들을 떠안고 나아가야 했다. 바로 그런 현실적인 문제들 때문에 장차 궁정 관료들이 새로운 미래를 열게 되지만, 처음 출발할 당시의 르네상스 국가들은 그런 현실들이 존속한다는 사실을 받아들일 수밖에 달리 방법이 없었다.

한스 홀바인(약 1497~1543)의 작품으로 추정되는 이 그림의 주인공은 토머스 모어 경(1478~1535)이다. 토머스 모어는 영국의 인문주의자이자 정치가 그리고 『유토피아』(1516)의 저자였다. 모어는 교회 개혁을 위한 에라스무스의 로테르담 계획을 지지했다.

| 이단과 인문주의 |

16세기 초에 서방 교회를 뒤흔들고 신앙의 중세적인 조화 상태를 영원히 파괴하는 대위기가 일어나면서 왕권은 더욱 빠르게 강화되었다. 프로테스탄트, 즉 개신교에 의한 종교개혁은 다시 한 번 종교적 권위에 관한 논쟁에 불을 붙였다. 교황권의 형식적이고 이론적인 체계는 수많은 도전들을 성공적으로 극복하면서 존속해 왔다. 하지만 개신교의 종교개혁이 그러한 교황권에 또다시 이의를 제기한 것이다.

사실 종교개혁은 적어도 첫 출발점에서는 완전히 중세적인 현상이었다. 그러나 개혁이 진행됨에 따라 그 성격은 전혀 다른 방향으로 나아갔다. 따라서 종교개혁이 정치에 미친 영향력이나 의미를 중세와 연관지어 생각해서는 안 될 것이다. 그리고 종교개혁이 일종의 문화 혁명을 폭발적으로 불러일으켰다는 사실에 비추어 볼 때, 대부분의 역사가들이 종교개혁을 근대사의 출발점으로 삼는 것은 당연한 일일 것이다.

에라스무스의 사상

종교개혁이 일어날 수밖에 없었던 원인들은 새로울 게 전혀 없었다. 교황권과 로마 교황청이 모든 기독교인들에게 반드시 득이 된 것만은 아니라는 인식은 이미 1500년에 충분히 뿌리내려 있었다. 교황권을 비판하는 사람들은 이때부터 이미 교리에 대해 계속 이의를 제기해 왔다.

15세기에는 치열한 교리 다툼이 만연하고 신앙심에 있어서 불안정한 동요가 고조되었

한스 홀바인의 작품. 책상 앞에 앉아 글을 쓰고 있는 에라스무스(1467~1536)의 모습을 묘사한 것이다.

권위와 도전자들 **49**

독일 종교개혁의 주도적 인물이었던 신학자 마틴 루터(1483~1546)의 초상화. 16세기 초반에 제작된 것이다.

마틴 루터의 반박문

5. 교황은 그 직권, 혹은 교회법의 권위를 이용해서 징계나 그 어떤 벌도 용서할 권한을 갖지 못한다.

21. 결과적으로, 교황의 면죄부를 통해 인간이 모든 형벌로부터 벗어나 구원받을 수 있다고 말하는 것은 잘못된 것이다.

32. 면죄부에 의해 자신들이 확실하게 구원받을 수 있다고 믿는 사람들은 그렇다고 가르친 사람들과 함께 영원히 저주받을 것이다.

82. 예를 들어 보자. 교황은 왜 거룩한 자비심으로 연옥(불로써 죄에 대한 형벌을 받는 곳)을 텅 비게 하지 않는가? 그것이야말로 가장 정당한 목적이 아닌가? 가장 비천한 목적인 성당을 짓기 위한 돈을 가장 정당한 목적을 위해 사용한다면, 무수한 영혼들을 구원할 수 있지 않겠는가?

면죄부 판매에 반대하는 마틴 루터의 95개 조 반박문 중에서(1517)

다. 이는 종교적 문제에 대한 새로운 해답들을 모색하기 위한 것이었을 뿐만 아니라, 교회의 권위가 정해 놓은 여러 가지 제약의 바깥에서 그 해답을 찾으려는 의지의 표현이기도 했다. 이단이 완전히 사라진 적은 단 한 번도 없었다. 그것은 단지 억제되었을 뿐이었다. 일반 민중의 교권반대주의는 오랫동안 널리 퍼져 있던 현상이었다.

15세기에는 종교 문제에 있어서 또 하나의 흐름이 나타나기도 했다. 그 경향은 이단보다 훨씬 더 강력한 것이었을지도 모른다. 왜냐하면 그것은 이단과는 달리 전통적인 종교적 견해 자체를 마침내 그 뿌리까지 완전히 잘라 내는 힘을 가지고 있었기 때문이다. 그것은 학술적이고 인문적이며 이성적이고 회의적인 지적 운동이었다. 이것을 달리 표현한다면, 당시 이 운동의 이상을 가장 분명하게 구현한 사람의 이름을 따서 '에라스무스적 개혁운동' 이라고 부를 수도 있다.

에라스무스는 네덜란드인 가운데 최초로 유럽사에서 선도적인 역할을 한 인물이었다. 그는 자신의 신념에 충실했다. 자신을 기독교인이라고 생각했을 뿐만 아니라, 언제까지나 기독교인으로 남아 있고 싶어 했다. 그러나 에라스무스는 자신이 믿는 가톨릭교회에 개혁이 절실하게 필요하다는 생각을 갖고 있었다. 그는 보다 간소화된 예배와 보다 순수한 성직자단을 추구했다.

에라스무스는 기존의 권위에 대해 신랄하게 비판하며 도전했지만, 가톨릭교회의 권위나 교황권을 직접적으로 공격하지는 않았다. 그의 학술적인 연구들은 기존의 종교계에 대한 비판을 교묘하게 풍자적으로 표현해 놓았고, 유럽 전역의 동지들과 주고받은 서신들에서도 온건한 표현을 사용했다. 그들은 에라스무스에게서 논리를 풀어내는 방식을 배웠고, 따라서 학술적으로 보존되어 온 아리스토텔레스의 철학으로부터 신앙의 가르침을 배웠다.

에라스무스는 그리스어 신약 원문을 재해석해 동시대인들에게 원초적인 기독교 세계

를 새롭게 밝히고 교리 논쟁의 확고한 기초를 마련했다. 그리고 중세 이후로 확고부동한 권위를 지녀 왔던 종래의 성서에 대한 부정확성을 폭로하기도 했다. 그러나 에라스무스를 비롯해 그와 같은 견해를 가진 사람들은 종교적 권위를 노골적으로 공격하거나 교회 문제들을 보편적인 것으로 만들지는 않았다. 그들은 훌륭한 가톨릭교인들이었다.

16세기가 시작될 무렵, 성직자들의 부패와 제후들의 탐욕에 불만을 품은 인문주의가 널리 퍼져 있었다. 16세기는 수많은 병폐들을 종교개혁으로서 해결해 줄 인물과 기회를 기다리고 있었다. 독일의 한 수도사가 일으킨 파문은 말 그대로 인간의 존엄성 회복이 핵심인 인문주의라는 용어 이외에 달리 표현할 어휘가 없는 것이었다. 그 수도사의 이름은 마틴 루터였다. 1517년에 루터는 개혁운동을 시작했고, 이 운동은 인도 · 유럽 어족인 아리아인이 사라진 이래로 서양에 온전하게 존속해 오던 기독교 통합체를 마침내 산산조각 내었다.

마틴 루터

국제적인 인물이었던 에라스무스와는 달리, 마틴 루터는 엘베 강 너머 독일의 작은 마을 비텐베르크에 살면서 몇 차례 잠깐씩 외지로 나간 것 외에는 평생 동안 그 마을을 벗어나지 않았다. 그는 성 아우구스티누스 수도회의 수도사로 열심히 신학을 연구했다. 하지만 마음의 평화를 얻지 못해 방황하다가 마침내 '신의 뜻'을 발견했다.

그는 하느님은 징벌의 신이 아니라 관용과 용서의 신이라는 것을 알리기 위해 성서를 새로운 시각으로 해석하여 전도해야 한다고 생각했다. 그러나 그가 혁명론자로 인식된 것은 그 때문이 아니었다. 그의 견해는 종교적 정통성을 지니고 있었기 때문에 그가 교황권과 싸우기 전까지 결코 문제가 되지 않았다.

한동안 로마에 머물렀던 루터는 그곳의 상황을 못마땅하게 여겼다. 그가 보기에 교황의 도시 로마는 세속적인 곳처럼 보였고, 그곳의 성직자들은 그들의 본분을 망각하고 있는 것 같았다. 단지 면죄부*를 판매하기 위해 독일 작센 지방으로 가는 도미니크회 수도사를 보며 그는 좋은 감정을 가질 수 없었다. 그 수도사는 마치 가짜 만병통치약을 팔러 다니는 떠돌이 약장수 같았다. 수도사는 교황의 면죄부를 구입한 사람은 하늘나라에서 죄에 대한 형벌을 확실히 면제받을 수 있다고 떠들었다. 그러나 교황이 면죄부를 비싼 가격으로 팔기 시작한 것은 당시 로마에 새로 짓기 시작한 거대한 성 베드로 성당의 건축 비용이 필요했기 때문이었다.

도미니크회 수도사에게 면죄부를 구입한 농민들을 통해 루터는 그 수도사의 설교 내용을 듣게 되었다. 그는 곧 조사에 나섰고, 그 결과 설교 내용이 완전히 터무니없는 것이라는 사실이 밝혀졌다. 수도사의 천박한 장삿속은 중세 가톨릭교의 가장 끔찍한 한 단면을 보여 주는 것이었다.

루터는 분노했다. 인간이 내세에서 구원받으려면 그 전에 현세에서 회개하고 개과천선하는 게 무엇보다 선행되어야 한다고 그는 생각했다. 루터는 자신의 단호한 생각들을 기술한 95개 조에 달하는 논제를 통해 교황의 관행들을 반박하는 항의서를 발표했다. 그리고 학술적인 토론의 전통에 따라 이 반박문을 라틴어로 세 부를 작성해, 그중 하나는 1517년 10월 21일 비텐베르크 교회 정문에 붙였고, 다른 하나는 독일 마인츠의 대주교에게 그리고 나머지 하나는 브란덴부르크 주교에게 보냈다. 마인츠의 대주교는 루터의 반박문을 로마 교황청으로 보내, 루터가 그런 주제로 설교하지 못하게 금지할 수 있는 권한을 달라고 요청했다.

＊면죄부
중세시대에 로마 가톨릭 교회에서 죄를 면하게 해주는 대가로 금품을 받고 발행한 증명서.

권위와 도전자들 51

이 시기에 루터는 반박문을 독일어로 다시 썼다. 그 독일어 반박문은 인쇄술이라는 새로운 기술을 이용해 독일 전역으로 빠르게 퍼져 나갔다. 결국 루터는 자신이 원하던 신학 논쟁의 장을 펼칠 수 있었으나 그로 인해 루터의 삶은 항상 위험에 처하게 되었다. 신성 로마 제국 황제가 보름스에서 소집한 제국 의회에서 추방령을 선고받은 루터는 이후 작센의 프리드리히 제후의 보호를 받으며 바르트부르크 성에 은거했다.

기존의 권위에 대항하는 이런 반항의 씨앗을 송두리째 뽑지 않았던 것은 로마로서는 치명적인 실수였다. 수도회는 그를 버렸지만, 대학은 그를 버리지 않았다. 그리하여 곧 독일에서 로마 가톨릭 교회에 대한 불만에서 비롯된 전국적인 운동이 일어나 교황권이 위협을 받기에 이르렀다. 이러한 운동은 루터가 인쇄술을 이용해 발행한 소책자의 엄청난 가능성을 최초로 활용한 인물이며 깜짝 놀랄 만한 달변가이자 많은 뛰어난 저서들을 집필한 문필의 천재라는 사실이 세상에 널리 알려지면서 더욱 힘차게 불타올랐다.

| 종교개혁 |

그로부터 2년 후, 루터는 '후스파'로 불리기 시작했다. 후스파들은 루터를 그 이전에 종교의 자유를 부르짖다가 순교한 체코의 종교개혁가 후스의 계승자로 생각했다.

이 시기의 종교개혁은 독일의 정치 문제와 복잡하게 뒤얽혀 있었다. 중세시대에도 자칭 종교개혁가들은 세속적인 통치자에게 도움을 구했다. 하지만 세속적인 권위에 도움을 청하는 것이 반드시 종교계에서 벗어나는 것을 의미하는 건 아니었다.

스페인의 위대한 성직자인 히메네스는 스페인 교회가 직면한 문제들을 가톨릭 군주들이 떠맡아 해결해야 한다고 주장했다. 군주들은 대부분 이단적인 생각을 내세우는 자들을 좋아하지 않았다. 군주들의 임무는 진정한 신앙을 지지하고 후원하는 것이었기 때문이다. 그럼에도 불구하고 개혁주의자들이 군주들에게 도움을 청한 후 이뤄진 결과는 대단히 긍정적이었다. 그들이 의도했던 것보다 훨씬 더 큰 변혁의 길이 열렸기 때문이다. 그중에서도 루터가 가장 대표적인 예였을 것이다.

루터는 종교개혁의 이론적인 근거를 제시하는 것을 뛰어넘어, 실제적으로 교황의 권위에 대해 그리고 곧이어 교리에 대해 정면으로 이의를 제기했다. 그가 초기에 제기했던 반박문의 핵심은 신학적인 것은 아니었다. 하지만 이제 그는 성변화의 교리*를 거부하고, 제사로서의 미사를 반대하여 설교를 미사의 핵심으로 삼으며, 평일 미사와 성서의 독일어 봉독 그리고 평신도의 양형영성체*에 초점을 두는 등 신학적인 면에 관심을 두었다.

그리고 그는 '인간은 신앙을 통해서만 의로워질 수 있다'는 성경 구절을 근거로, 인간은 성례를 지키는 것을 통해서가 아니라 '오직 믿음을 통해서만 구원받을 수 있다'고 주장했다. 이것은 분명히, 극도로 개인주의적인 견해였다. 루터의 그러한 주장은 교회 밖에서는 어떤 구원도 불가능하다는 전통적인 기독교 교리에 일격을 가하는 것이었다. 하지만 에라스무스가 루터와의 논쟁에서 루터를 비난하지 않으려고 했다는 것은 주목할 만한 일이다. 더욱이 에라스무스는 루터를 중요한 문제들을 많이 지적한 사람으로서 생각했다.

1520년에 루터는 파문당했다. 분노하는 군중 앞에서 그는 교회법에 관한 서적들과 함께 교황의 교서를 불태웠다. 그는 설교를 계속하고 저서들을 집필했다. 이듬해 루터는 보름스 의회*에 출두하라는 명령을 받았다.

*성변화의 교리
성스러운 그리스도의 몸과 피로 변화된 빵과 포도주를 받아먹음으로써, 신도들이 그리스도와 일치한다고 여기는 교리.

*양형영성체
성체聖體와 성혈聖血, 즉 미사 때 그리스도의 몸과 피를 뜻하는 빵과 포도주를 함께 받는 것.

*보름스 의회
루터의 종교개혁 운동을 탄압하기 위해 개최된 신성 로마 제국의 국회. 1521년 개회되었다. 보름스 의회에서는 루터가 자신의 주장을 취소하기를 강요했지만, 그는 결국 이를 거절하고 평생 은신하며 지냈다.

인쇄술의 발달

인쇄술은 많은 사람들이 글을 읽고 쓸 수 있게 만드는 데 결정적인 공헌을 했다. 17세기에 이르러 교육을 받은 부유층들은 자신의 집에 약간의 서적을 소장했다. 개인 서재를 갖고 있다는 것은 부와 교양을 모두 갖추고 있다는 신분적 상징이 되었다.

초기에 출판된 책들은 대부분 종교를 주제로 한 것들이었다. 종교개혁과 반종교개혁 그리고 그 당시 대립하고 있던 로마 가톨릭교와 개신교 사이의 격렬한 신학 논쟁은 도서 보급에 있어서 결정적인 자극제 역할을 했다. 성서, 기도서 그리고 교리 연구서들은 오랫동안 인쇄물의 주종을 이루었다.

그에 비해 세속적 저술은 느리게 증가했다. 에라스무스의 저술을 제외하고, 인문주의자의 저술과 고전작가의 작품은 늘 제한된 독자층을 대상으로 소량만이 출판되었을 뿐이었다.

그럴지만 법학에 관한 논문과 개론서는 점점 더 대중화되었는데, 그것은 법학이 신사계급이 갖추어야 할 필수적인 교양으로 인식되기 시작했기 때문이었다. 그리고 전문 서적이 대중의 인기를 끌기 시작했다. 그 이유는 야금술, 광업, 기계 작동 원리, 농업, 건축, 도시계획, 제방과 운하 건설 등과 같은 과학 전문 서적에는 내용의 이해를 돕기 위한 삽화가 많이 들어 있었기 때문이었다. 산술, 회계장부 작성과 같은 상업 기술을 다룬 책들 역시 잘 팔렸다. 그러나 그런 출판물들은 실용적인 가치 면에서 신뢰할 수 없는 것들이 많았다.

인쇄술이 발전하기 시작한 초기에는 대체로 한 사람이 활판 식자공, 인쇄 기술자, 편집자, 서적 판매인의 역할을 모두 했다. 그들은 부유한 후원자들과 독자층을 찾아 이 도시 저 도시를 떠돌아 다녔다.

그러나 16세기 중반부터 서적 출판 시장의 규모가 커지면서 작업을 보다 전문화할 필요성이 생겨났다. 그래서 조판과 식자 작업은 전문 지식과 기술을 가진 회사가 맡아서 하고, 교육을 통해 전문적인 인력도 양성하기 시작했다. 그리고 작업장의 주인은 경영과 교정 작업에만 전념하고, 인쇄 작업은 전문 기술을 가진 힘센 남자 직공들이 맡았다. 18세기 초에 이르러 대부분의 인쇄소는 하루에 거의 3,000페이지를 찍어 낼 수 있었다.

17세기 목판화로 독일 뉘렘베르크의 인쇄소 내부 모습을 상세히 묘사하고 있다.

하지만 의회에서 그는 자신의 신학적 견해를 철회하려 하지 않았다. 독일은 금방이라도 내란이 일어날 것 같은 긴장감이 감돌았다.

1521년, 황제 카를 5세는 교황과 마찬가지로 루터를 파문했다. 선제후 프리드리히의 요새로 피신한 루터는 이제 법적 보호를 박탈당

권위와 도전자들 53

1555년에 제작된 판화로 1548년 6월 30일에 열린 아우크스부르크 의회의 회의 장면을 묘사한 것이다. 독일의 제후들이 모두 모인 이 교회의는 카를 5세가 주관했다. 뒤이어 일어난 가톨릭교도들과 개신교도들 간의 종파 싸움은 1555년 아우크스부르크 종교화의 때까지 계속되었다.

＊재세례파
죄와 믿음을 공개적으로 고백하고 성인이 되어 세례를 받는 것만이 타당한 세례라고 주장한 급진파.

한 추방자가 되었다.

고해와 면죄, 성직자의 독신 생활에 대한 극단적인 비난으로까지 확대되었던 루터의 주장들은 그 무렵 많은 독일인들의 마음을 사로잡았다. 그의 추종자들은 루터가 독일어로 번역한 『신약』 성서를 배포하고 설교를 통해 루터의 사상을 널리 전파했다.

루터주의는 하나의 정치적 사실이기도 했다. 독일의 제후들은 황제가 그들에 대해 가지고 있는 모호한 권위와 그들 자신의 복잡한 관계 속에 루터주의를 끌어들여 정치적으로 이용하려고 했다. 그로 인해 전쟁이 잇달아 일어났고, 드디어 개신교를 뜻하는 '프로테스탄트'라는 말이 사용되기 시작했다.

1555년에 독일은 가톨릭 지역과 개신교 지역으로 영원히 분리되었다. 아우크스부르크 종교화의에서, 제후를 중심으로 각 지역마다 신앙의 자유를 인정하며 한 지역의 종교는 그곳을 다스리는 제후에 의해 결정된다는 결론이 내려지면서 독일의 분리는 기정사실이 되었다. 이는 유럽 최초로 종교적 다원론이 제도화된 것이었다. 자신을 전 세계 가톨릭

교의 수호자로 자처하던 황제가 그런 결정을 받아들인 것은 어찌 보면 이상한 일이었다. 그러나 독일 제후들의 충성심을 유지하기 위해서 그것은 어쩔 수 없는 결정이었다. 구교 중심의 가톨릭 지역이건 개신교 지역이건 독일 어디에서든 이제 종교는 정치적 권위보다 결코 우세하지 않은 것처럼 보였다.

칼뱅주의

1555년에 이르러 개신교에 또 다른 여러 가지 움직임이 나타났다. 그중 어떤 것들은 사회적 동요를 이끌었다. 종교개혁이 본격화되고 농민들이 루터를 영웅시할 때 루터는 자신이 농민의 아들이라는 말을 수도 없이 했다. 그러나 농민 전쟁이라는 새로운 정세 속에서 루터는 분명하게 독일의 제후들 편에 서면서 봉기를 일으킨 농민들에 대한 탄압을 요구했다. 그 결과 농민들은 여전히 농노 신분에서 벗어나지 못한 채 제후들로부터 계속 수탈을 당했다.

농민들이 패배하자 보다 급진적인 입장을 취하는 새로운 종파인 재세례파＊가 나타났다. 이들은 가톨릭 제후와 개신교 제후 모두

54 근대 유럽의 형성

에게서 박해를 받았다. 1534년에 재세례파는 독일 북부 베스트팔렌의 뮌스터 지역을 장악하여 공산주의적 신정국가를 세우고 일부다처제를 실시했다. 그러자 그동안 두려워해 왔던 일이 마침내 일어났다고 생각한 그들의 반대자들은 재세례파에 대한 잔인한 탄압을 가했다.

개신교의 여러 형태들 중에서 전반적으로 살펴볼 가치가 있는 것이 바로 칼뱅주의다. 칼뱅주의는 스위스의 종교개혁에 가장 큰 영향력을 미쳤는데, 사실 이것을 가장 처음 만든 장 칼뱅은 프랑스 사람이었다.

칼뱅은 젊은 나이에 저술을 통해 자신의 근본적인 종교적 견해들을 명확히 밝힌 신학자였다. 그의 주된 견해는 '아담의 타락' 이후로 모든 인간은 구제할 길 없이 타락했으며, 신에 의해 선택받은 예정된 소수의 사람들만 구원을 받을 수 있다는 것이었다. 이 우울한 교리의 매력을 이해하기는 쉽지 않다. 그러나 칼뱅주의는 제네바뿐만 아니라 프랑스, 잉글랜드, 스코틀랜드, 네덜란드, 영국령 북아메리카의 역사에도 강한 영향력을 미쳤다.

스위스의 종교 개혁자 울리히 츠빙글리(1484~1531)의 초상화. 츠빙글리의 낙관주의와 평등에 기초한 기독교 인문주의는 칼뱅의 사상과는 대조적인 것이었다. 칼뱅은 인간이라는 존재는 신의 전능한 힘에 대항하는 죄인이라는 신념을 가지고 있었다.

칼뱅주의에서 가장 중요한 핵심은, 자신이 선택받은 사람에 속한다는 확신을 얻는 것이었다. 하지만 칼뱅주의에서 말하는 선택된 사람이 되는 것은 신의 계율을 충실히 이행하고 성례에 참여하는 등 형식적인 측면을 준수하면 가능한 것이었기 때문에 생각보다 어렵지 않았다.

1541년, 칼뱅은 제네바 시를 장악하고 신정정치를 이끌면서 제네바 시민들에게 대단히 엄격하고 도덕적인 신앙 생활을 강요했다. 신성모독적인 언동이나 간통을 저지른 사람들은 가차 없이 사형에 처했다. 그러나 이것은 그 당시 사람들에게 그다지 충격적인 일이 아니었을 것이다. 간통은 이미 당시 대부분의 유럽 국가들에서도 범죄 행위로 간주되었고 종교 법정에서 처벌을 받고 있었다.

하지만 칼뱅이 통치하던 제네바에서는 간통죄를 사형이라는 극형으로 엄격하게 다루었다. 간통을 저지른 여자는 익사시켰고 남자는 참수시켰는데, 이처럼 도덕적으로나 지성적으로 더 미개한 존재로 여겨지던 여성에게 남성보다 가벼운 벌을 내리는 것은, 남성우월적인 유럽 사회의 통상적인 형벌 관행과는 명백하

▲ 장 칼뱅(1509~1564)은 다른 종교 지도자들과 마찬가지로, 자신의 신념만이 진실하며 반대파들의 신념은 거짓된 것이라고 확신했다.

삽화가 들어 있는 이 속표지는 루터가 독일어로 번역한 성서의 1533년 판본으로, 인쇄업자 한스 루프트가 만든 것이다. 헌정사에서 알 수 있듯이, 이 책은 작센 선제후의 허락을 받아 만들었다. 루터의 성서는 개신교 발전에 결정적인 힘이 되었다.

게 어긋나는 것이었다. 그렇지만 무엇보다 가장 끔찍한 형벌은 이단자에 대한 처벌이었다.

제네바에서 주임사제들이 양성되면서, 새로운 종파인 칼뱅주의는 프랑스에도 뿌리를 내리게 되었다. 프랑스 귀족들 가운데 칼뱅파로 개종한 사람들이 많았고, 1561년까지 2,000개가 넘는 신도 모임이 있었다. 이어서 네덜란드, 잉글랜드, 스코틀랜드 그리고 마침내 독일에서도 칼뱅주의는 루터주의에 도전했다. 칼뱅주의는 또한 폴란드, 보헤미아, 헝가리까지 확산되었다.

칼뱅주의가 탄생된 첫 세기에 이미 칼뱅주의는 루터주의를 능가할 정도로 교세가 확장되었다. 루터 교리는 독일 지역에서 최초로 채택되었지만, 그 이후로 스칸디나비아를 제외하고는 독일 이외의 다른 지역에서 뿌리를 내리지 못했다.

종교개혁이 낳은 결과

개신교에 의한 종교개혁은 간단하게 요약할 수도 없고 단순화해 말할 수도 없다. 종교개혁은 그 기원이 대단히 복잡하고 뿌리가 깊을 뿐

만 아니라 주변 정세에 많은 영향을 받았다.

유럽과 아메리카 대륙에서 종교개혁은 종교적 예식보다는 성서 연구와 설교에 기초를 두고 훨씬 더 큰 중요성을 부여하는 새로운 교회 문화를 창출했다. 종교개혁을 통해 많은 사람들이 행실과 양심을 누군가로부터 감시당하는 것에 길들여졌고 그럼으로써 보다 도덕적인 삶을 살아가게 되었다. 성직자의 결혼도 다시 허용되었다.

종교개혁은 기존의 성직 제도에 대해 전면적으로 부정하거나 부당함을 제기했고, 그로 인해 교황권이 쇠퇴하고 왕권이 강화되면서 제후들이 새로운 정치적 세력으로 부상했다. 이제 제후들은 자신들의 목적을 위해 교회를 조종할 수 있게 되었다. 제후들은 교황을 자신과 다를 바 없는 존재라고 생각했다. 서로의 목적이 달랐기 때문에, 제후와 교황의 충돌은 갈수록 빈번해졌다.

| 영국 교회 |

이상하게 루터주의도 칼뱅주의도 국가가 교황의 권위를 전면적으로 거부하는 사건을 불러일으키지는 못했다. 영국에서는 거의 우발적으로 독특한 종교개혁이 일어났다.

15세기 말, 웨일스 지역을 기반으로 한 새로운 왕조인 튜더 왕조가 시작되었다. 이 왕조의 두 번째 왕인 헨리 8세는 대를 이을 아들을 얻기 위해 여섯 번이나 결혼을 했다. 그는 재혼을 하기 위해 첫 번째 아내와의 이혼을 교황청에 요구했으나 교황청은 이혼을 용납하지 않았다. 그 때문에 16세기 내내 영국 왕실과 교황청 간에 불화가 계속되었고, 결국 세속적 권위에 일대 변화를 몰고 온 주목할 만한 사건이 발생했다. 이 사건은 영국의 미래에 결정적인 영향을 미쳤다.

56 근대 유럽의 형성

ANNO · ETATIS · · SVÆ · XLIX ·

한스 홀바인이 그린 헨리 8세(1491~1547)의 초상화. 헨리 8세는 영국 교회와 로마 교황청의 종속 관계를 끊고 독자적인 영국 국교회를 만들어 국교회의 수장이 되었다. 다른 유럽 군주들 역시 개신교 개혁자들이 헨리 8세와 유사하게 로마 교황청과 인연을 끊도록 이끌긴 했지만, 영국 국교회의 탄생은 종교개혁이 일어나기 훨씬 이전부터 이미 예정되어 있던 것으로 짐작된다.

헨리 8세는 자신의 첫 번째 결혼을 무효화시키는 법안을 순순히 통과시킨 의회의 지지를 받으며 스스로 영국 국교회(성공회)의 수장이 되었다. 그러나 그는 과거의 기독교 교리 자체와 단절할 생각은 없었다. 어쨌든 그는 루터의 이단적인 종교개혁을 대단히 싫어했고 그래서 교황권을 옹호하는 『칠성사 옹호론』을 써서 교황으로부터 '신앙의 수호자'라는 칭호까지 받았기 때문이다. 그의 후계자 역시 이 칭호를 물려받았다.

그러나 그가 발표한 '수장령'*으로 인해 결과적으로 로마 가톨릭과 분리되면서 독립적인 영국 국교회가 시작되었다. 영국 국교회는 수도원들을 비롯하여 성직자 재단들을 해산시키고 수도원의 토지와 재산을 귀족계급과 신사계급에게 매각함으로써, 그동안 가톨릭이 누려왔던 기득권을 차지했다.

영국과 유럽의 정치와 교회

새로운 교리에 호의적이었던 성직자들은 영

＊수장령

영국 국왕을 영국 국교회의 최고 수장首長으로 규정한 법률. 1534년 헨리 8세가 로마 교회에서 이탈하기로 결의, 반포했다. 그 후 메리 1세 때 폐지되었다가 1559년에 엘리자베스 1세 때 다시 제정되었다.

권위와 도전자들 **57**

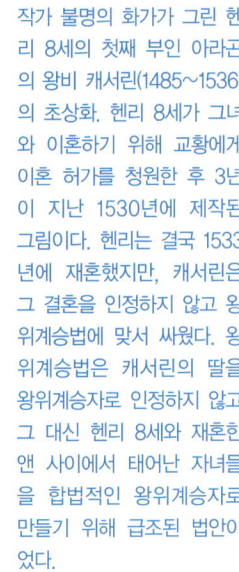

작가 불명의 화가가 그린 헨리 8세의 첫째 부인 아라곤의 왕비 캐서린(1485~1536)의 초상화. 헨리 8세가 그녀와 이혼하기 위해 교황에게 이혼 허가를 청원한 후 3년이 지난 1530년에 제작된 그림이다. 헨리는 결국 1533년에 재혼했지만, 캐서린은 그 결혼을 인정하지 않고 왕위계승법에 맞서 싸웠다. 왕위계승법은 캐서린의 딸을 왕위계승자로 인정하지 않고 그 대신 헨리 8세와 재혼한 앤 사이에서 태어난 자녀들을 합법적인 왕위계승자로 만들기 위해 급조된 법안이었다.

▶ 1553년부터 1558년까지 영국의 여왕으로 군림했던 메리 1세(메리 튜더)는 아라곤의 왕비 캐서린과 헨리 8세 사이에서 태어난 딸이자, 스페인의 통치자 펠리페 2세의 부인이었다. 그녀는 개신교도들에게 끔찍한 박해를 가하면서 영국인들을 로마 가톨릭으로 다시 개종시키려고 했다. 그로 인해 국민들의 원성이 높아졌다. 만약 메리가 갑자기 죽지 않았더라면 영국은 내전에 휩싸였을 것이다.

국 성공회를 유럽 대륙의 개신교로 변모시키려고 했다. 영국인의 반응은 다양했다. 어떤 이들은 그것을 로마 가톨릭 교회에 맞서 온 오랜 역사적 전통을 갖고 있는 영국으로서는 당연한 결과라며 지지했다. 반면에 어떤 이들은 그런 혁신은 가톨릭을 배신하는 행위라며 분노했다.

혼란스러운 논쟁과 애매한 정치 상황에서 문학적으로 대단히 뛰어난 걸작 『영국 국교회 기도서』가 탄생했고, 가톨릭과 개신교 양쪽에서 순교자들이 발생했다. 개신교에서 순교자가 발생한 것은 이것이 최초였다. 튜더 왕조의 네 번째 왕이 통치하던 시기에 교황권으로의 복귀를 주장하면서 개신교도들을 화형에 처하는 사건이 일어난 것이다.

튜더 왕조의 네 번째 왕은 불운한 '피의 메리'였다. 메리 1세는 영국을 가톨릭 국가로 되돌리기 위해 수많은 개신교도들을 처형했기 때문에 '피의 메리'라는 별명까지 얻었다. 하지만 그녀는 아마도 영국에서 가장 비극적인 여왕이었을 것이다. 이 시기에 유럽 국가들은 종교적인 이유로 서로 간에 사이가 점점 더 벌

어졌기 때문에, 종교 문제는 국가 이익 및 대외정책과 깊은 연관성을 가지고 있었다.

종교개혁과 영국 의회

영국의 종교개혁 역시 독일의 종교개혁과 마찬가지로 국가의 발전 과정에서 하나의 획을 긋는 획기적인 사건이었으며, 그 외에 다른 이유들로도 주목할 만한 것이었다.

영국의 종교개혁은 하원의회법을 통해 실시되었다. 따라서 영국의 종교개혁은 신학적인 개혁이라기보다는 입법상의 정치적 개혁이었다. 하지만 메리 1세의 가톨릭 복귀정책에 불만을 품은 엘리자베스 1세가 즉위하면서 상황이 완전히 뒤바뀌었다. 물론 이처럼 뒤바뀐 상황이 얼마나 오랫동안 발전해 나갈지는 불확실했다.

엘리자베스 1세는 자신의 아버지인 헨리 8세의 정통성을 자신이 그대로 물려받았다고 강력하게 주장했고, 의회는 그 사실을 인정했다. 영국 국교회는 교리상으로는 가톨릭이라고 주장했지만, 헨리 8세의 '수장령'에 기초를 두고 있었다. 그런데 여기서 중요한 것은,

58 근대 유럽의 형성

그 수장령이 영국 의회에서만 인정받은 것이었기 때문에 영국은 불가피하게 스페인의 가톨릭 국왕과 전쟁을 하게 되었다는 것이다. 스페인의 가톨릭 국왕은 자기가 다스리는 영토에서 이단을 뿌리 뽑겠다고 천명한 펠리페 2세였다. 결론적으로 엘리자베스 시대에 나타난 국가적 명분은 개신교의 명분과 일치했다.

종교개혁은 중세적 세력 집단들이 세습 전제군주들의 새로운 권력 앞에 굴복당할 때 영국 의회가 살아남는 데 도움을 주었다. 하지만 그 전체적인 결과가 분명하게 나타나기까지는 아직 오랜 세월을 기다려야 했다.

오랜 혼란을 겪은 뒤 드디어 지방 의회나 '신분제 의회'가 없이 하나로 통합된 왕국에서 영국 의회의 권력은 강화될 수밖에 없었고, 그래서 의회는 중앙집권적으로 국가정책을 펼쳐 나가기가 훨씬 더 수월해졌다.

왕실의 실수 역시 영국 의회가 발전하는 데 도움이 되었다. 헨리 8세는 절대군주제의 기초를 다질 수 있는 좋은 기회를 놓쳐 버렸다. 그는 수도원 해산을 통해 왕국 전체의 약 5분의 1에 해당하는 토지를 거둬들였는데 이 많은 토지를 곧 귀족들에게 분배해 주었기 때문이다. 그럼에도 불구하고, 헨리 8세가 하나로 통합된 교회 국가를 창설하는 데 있어서 국민의 대표단으로부터 자신의 의지를 승인받고자 했다는 사실은, 지금도 의회 역사상 가장 값진 결정 중 하나로 인정받고 있다.

프랑스의 종교전쟁

엘리자베스 시대에 영국에서는 많은 가톨릭 신자들이 죽었다. 하지만 그들은 이단으로 지목되었기 때문이 아니라 반란자라는 이유로 죽임을 당했다. 그렇긴 하지만 영국은 독일과 프랑스보다는 종교상의 분열이 훨씬 덜한 편이었다.

16세기 프랑스는 구교인 가톨릭교도와 신교인 칼뱅파가 서로 세력 다툼을 벌이는 가운데 심한 혼란에 빠져 있었다. 가톨릭교도들과 칼뱅파들은 근본적으로 모두 귀족 가문 집단이었다. 이들은 종교 전쟁을 하며 권력 다툼을 벌였다.

1562년부터 1598년까지 약 30년 동안 위그노 전쟁이 계속되었다. 이 전쟁으로 인해 프랑스의 절대군주제는 좀처럼 확립되지 못했다. 프랑스의 귀족계급은 중앙 정부와의 전투에서 거의 승리를 눈앞에 두고 있었다. 하지만 귀족들 간의 파벌 싸움이 일어났고, 프랑스 국왕은 그것을 역이용하여 왕권을 강화할 수 있었다.

프랑스 국민들은 1589년에 왕가의 방계 혈통인 앙리가 왕으로 즉위할 때까지 무질서와 전쟁의 소용돌이 속에서 비참한 생활을 하면서 신음해야 했다. 그러다가 스페인 북부에 있는 작은 국가 나바르의 왕인 앙리가 프랑스의 앙리 4세가 되면서 부르봉 왕조가 시작되었다. 그 후손들은 지금도 여전히 자신들을 프랑스 왕가의 혈통이라고 주장하고 있다.

앙리 4세는 신교도였지만 프랑스 국민 대부분이 구교를 원하는 현실을 받아들여, 자신이 왕위를 계승하는 대가로 구교로 개종했다. 그리고 낭트 칙령을 통해 신교도들이 장악한 요새, 즉 국왕의 통치권이 미치지 않는

16세기의 이 그림은 '성 바르톨로메오 축일의 대학살'을 묘사한 것이다. 성 바르톨로메오 축일의 대학살은 1572년 8월 23일부터 24일까지 하룻밤 동안 파리에서 일어났다. 구교도들이 신교도인 위그노인들을 무참하게 살해하자, 많은 사람들이 집단 학살에 대한 공포를 느끼면서 신앙의 진정한 의미가 무엇인지에 대해 의문을 갖게 되었다.

유럽의 종교개혁과 반종교개혁

16세기 후반의 종교적 화해 시기는 끝이 났다. 구교도와 신교도 사이에는 고해 문제로 다시 갈등이 불거지면서 새로운 충돌이 일어나기 시작했다. 유럽 각국에서는 다양한 파벌들이 종교적 성향에 따라 서로 날카롭게 대립하면서 정치적 분열이 잇따랐다. 이러한 분열은 계층을 불문하고 사회 깊숙이 영향을 미쳤다. 그리하여 파벌 간의 정치적 싸움은 내전으로 이어지는 경향을 나타냈고, 내전이 발생함으로써 결국 외국 세력이 개입하게 되었다.

프랑스에서 종교 전쟁이 발발한 해인 1562년, 동시대인들이 '철의 세기' 라 부르던 시기가 시작되었다. 아래 지도는 1600년경의 유럽에서 신교도들이 우세했던 지역과 구교도들이 우세한 지역을 나타낸 것이다.

범례
- 1600년 루터파 개신교회
- 1600년 칼뱅파 개신교회
- 1600년 영국 국교회
- 남트 칙령(1598)에 의해 안전이 보장된 프랑스 내의 위그노 도시들
- 1600년 로마 가톨릭 교회
- 1054년 이후로 로마 가톨릭, 그리스와 러시아 교회들 간의 경계 근사치
- 1600년 이슬람교가 지배하고 있는 지역들
- 연도들은 로마 교회와 관계를 끊은 시기를 나타낸다.

---

*트리엔트 공의회
1545~1563년 이탈리아 북부 트리엔트에서 열린 로마 가톨릭의 공의회. 철저한 자기 개혁을 선언하고, 개신교도들이 공격한 교리들을 하나하나 분명하게 규명했다. 이 공의회는 유럽 지역의 로마 가톨릭 교회에 활력을 불어넣는 중요한 역할을 했다.

프랑스 내의 또 다른 프랑스라고 할 수 있는 신교도들의 요새를 이후에도 신앙상의 안전 지대로 계속 유지할 수 있도록 허용하면서 종교 전쟁을 종식시켰다. 시대에 뒤진 이런 해결책을 통해 새로운 면제 특권으로 그들의 종교를 보장해 준 것이다.

하지만 그것은 신교도인 위그노인들에게 조건부적인 신앙의 자유를 허락한 것에 불과했다. 이로써 앙리 4세와 그의 계승자들은 암살과 음모로 심하게 약화된 왕권을 강화하는 일에 전념할 수 있었다. 하지만 프랑스 귀족 계급이 유순해지기까지는 아직도 오랜 세월이 필요했다.

| 반종교개혁 |

프랑스에서 앙리 4세가 즉위하기 오래전에, '반종교개혁' 이라고 불리는 로마 교황청의 내부적인 재평가와 혁신의 물결로 인해 종교 갈등이 한층 고조되었다. 가톨릭 교회의 총회의인 트리엔트 공의회*가 그 당시 종교 갈등의 심각성을 말해준다.

1545년에 처음 소집된 트리엔트 공의회는 그 이후 1563년까지 18년에 걸쳐 세 차례 개최되었다. 하지만 개신교 측은 그 회의에 전혀 참석하지 않았고, 이탈리아와 스페인에서 온 주교들을 중심으로 회의가 진행되었다. 이탈리아와 스페인에서는 종교개혁가들이 가톨릭에 전혀 대항하지 않았고, 따라서 트리엔트 공의회에서 내린 결정들은 비타협적이고 반종교개혁적일 수밖에 없었다.

그 결정들은 가톨릭 국가의 통치자들에게 하나의 기준을 제공하면서 19세기 이전까지 교리와 교회 규율의 정통성에 있어서 시금석이 되었을 뿐만 아니라, 제도상의 변화까지 가져오게 만들었다. 주교들은 더 많은 권한을 부여받았고, 지역 교구들은 새로운 임무를 떠맡으면서 영향력이 커졌다. 그리고 더욱 중요한 사실은, 그것이 유럽 가톨릭 국가들의 주권에 관한 문제와 은밀하게 맞물려 있었다는 점이다.

종교개혁과 마찬가지로 반종교개혁 역시 형식적인 관례들과 법률상의 원칙들을 넘어서서 독실한 예배의식을 새롭게 강조했고, 평신도와 성직자 모두의 종교적 열정을 되찾게 해주었다. 매주 미사에 참석하는 것을 의무화

60 근대 유럽의 형성

16세기 베네치아 유파의 작품. 이 그림에 묘사된 것은 트리엔트 공의회 장면이다. 가톨릭 총회인 트리엔트 공의회 이후 모든 기독교인들을 만족시키는 타협안을 찾을 수 있다는 희망은 완전히 사라지게 되었다.

했고, 세례와 결혼을 보다 엄격하게 관리했으며, 면죄부 판매의 관행을 중단시켰다.

예수회

가톨릭 종교개혁이 오직 교황권에 반대하여 일어난 것은 아니었고, 반종교개혁 또한 오직 개신교의 도전에 맞서기 위한 것만은 아니었다. 그 이면에는, 15세기에 기독교 신자들 가운데 이미 명백하게 나타난 정신적 경향과 자발적인 종교적 열정이 있었다. 기독교의 영성과 영속성을 가장 설득력 있게 입증한 종파 중 하나는, 스페인 군인 출신의 이냐시오 데 로욜라가 창설한 종교 단체였다.

우연찮게도, 이냐시오 데 로욜라는 1530년대에 파리에서 칼뱅과 같은 대학에 다녔다. 하지만 두 사람 사이에 교류가 있었는지에 관해서는 기록으로 남아 있는 자료가 전혀 없기 때문에 알 수가 없다.

1534년에 로욜라와 몇몇 동료들은 교황의 사도로서 전도에 헌신할 것을 맹세했다. 그래서 그들은 군대와 같은 위계질서와 충성심을 갖춘 교단을 조직하고 가톨릭 교회의 부흥을 위해 힘썼다.

1540년에 그들의 교단은 교황의 인정을 받아 '예수회'라고 명명되었다. 예수회는 빠른 속도로 베네딕투스 수도회나 프란체스코 수도회와 맞먹는 강력한 교단으로 성장했다. 예수회 회원들은 로마에 거주하고 있는 그들의 대장인 교황을 위해 봉사하는 교회의 민병대를 자처하면서 철저한 훈련을 받았다.

예수회 회원들은 가톨릭교의 교육방법을 변화시켰다. 예수회는 훈련받은 회원들을 세계 곳곳으로 파견하여 포교 활동을 펼치면서 전도의 선봉에 섰다. 그들은 탁월한 지적 능력과 정치적 수완을 가지고 있었기 때문에, 유럽의 많은 왕들은 예수회 회원들을 왕실 고위 관리로 임명했다.

| 로마 가톨릭 국가, 스페인 |

종교개혁과 마찬가지로 반종교개혁 역시 교황권을 지지하는 새로운 기구들을 탄생시켰

권위와 도전자들 61

스페인 톨레도 성당에 있는 프레스코화. 프란치스코 히메네스 데 시스네로스 추기경(1436~1517)의 모습이다. 히메네스는 가톨릭 군주들의 적극적인 지원을 받아 스페인 성직자의 생활과 수련 과정에 전면적인 개혁을 실시하여 일정한 성과를 거두었다.

＊레콩키스타Reconquista
8세기 초 이베리아 반도 대부분을 점령했던 이슬람교도들로부터 영토를 되찾기 위해 스페인과 포르투갈의 기독교 국가들이 벌인 일련의 국토 회복 운동. 십자군 전쟁의 영향을 받아 본격적인 힘을 발휘했으며 15세기 말까지 남아 있었다.

▶ 스페인의 군인 출신 수도사 이나시오 데 로욜라는 예수회를 창설했다. 예수회는 가톨릭 교회에서 개신교도들에 맞선 가장 효과적이고 지적인 무기였다. 예수회 회원들은 대학교수, 교황의 고문, 제후의 고해 신부, 선교사 등 다양한 분야에서 폭넓게 활동했다.

다. 하지만 교황권뿐만 아니라 세속 통치자들도 반종교개혁을 통해 자신들의 권력을 강화시킬 수 있었다.

종교가 조직화된 정치적 세력에 다시 의존함으로써, 정부의 지배권이 한층 더 확대되고 강화되었다. 이런 현상은 스페인의 여러 왕국에서 가장 분명하게 드러났다. 그리하여 교회와 국가라는 두 세력이 화합하여 트리엔트 공의회가 열리기 훨씬 이전에 이미 명실상부한 가톨릭 군주정이 이루어지게 되었다.

800년에 걸친 국토 회복 운동인 '레콩키스타*', 즉 스페인 재정복은 십자군 원정과 함께 완성되었다. 그런데 가톨릭 군주라는 칭호 자체는 정치와 이데올로기적 갈등을 동일시하는 것을 의미했다. 게다가 스페인의 군주정은 비기독교 신민들인 이슬람교도와 유대인들을 갑자기 대거 흡수했기 때문에 문제가 생겼다. 그들은 다인종 사회 내에서 안전을 위협할 가능성이 있는 존재들로 여겨졌다. 그들을 관리하기 위해 새롭게 만들어진 수단이 바로 종교재판이었다. 스페인 종교재판은 중세시대처럼 성직자가 관장하는 게 아

니라 국왕이 관장했다.

스페인의 종교재판은 1478년 교황의 승인을 받아 정립된 이후, 1480년 카스티야 지역에서부터 실시되기 시작했다. 교황은 곧 불안을 느꼈다. 카탈로니아 지역에서는 세속적 권위를 지닌 사람이나 종교적 권위를 지닌 사람이나 모두가 종교재판에 반대했지만, 아무런 소용이 없었다.

1516년, 아라곤과 카스티야 두 곳의 지배권을 동시에 거머쥔 최초의 통치자 카를로스 1세가 왕이 되었을 때, 종교재판은 최고의 권력을 가진 제도로서 스페인 내의 모든 영토를 비롯해서 아메리카, 시칠리아, 사르디니아, 그리고 카스티야와 아라곤 지역에서 강력한 영향력을 행사했다.

스페인 종교재판의 가장 주목할 만한 성과는 유대인들을 스페인 영토에서 추방하고 개종한 무어인들을 엄격하게 통제한 것이었다. 스페인은 종교재판을 통해 루터파를 쉽게 억누를 수 있었고, 따라서 소수의 루터파에 의해 손상될 수 없는 강력한 종교적 통일체를 이룰 수 있었다. 그러나 그 과정에서 스페인은 엄청난 대가를 치르기도 했다.

열렬한 가톨릭 신자였던 카를로스 1세는 세

62 근대 유럽의 형성

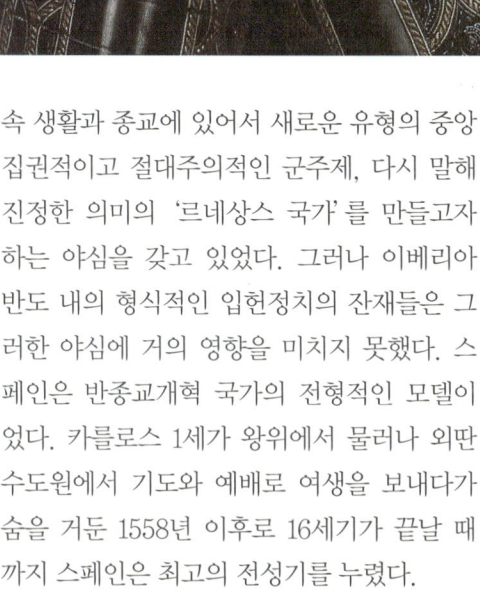

1556년부터 스페인의 왕이 된 펠리페 2세(1527~1598)는 정통 가톨릭 신앙을 지지하고, 종교재판권을 종교개혁가들과 개신교도들을 억압하기 위한 무기로 이용했다. 이단들을 근절하려는 그의 가혹한 종교박해 정책으로 인해, 유럽을 장악하고 있던 스페인의 패권은 서서히 붕괴되기 시작했고, 그가 사망할 당시 스페인의 영토는 심하게 분열되어 있었다.

속 생활과 종교에 있어서 새로운 유형의 중앙 집권적이고 절대주의적인 군주제, 다시 말해 진정한 의미의 '르네상스 국가'를 만들고자 하는 야심을 갖고 있었다. 그러나 이베리아 반도 내의 형식적인 입헌정치의 잔재들은 그러한 야심에 거의 영향을 미치지 못했다. 스페인은 반종교개혁 국가의 전형적인 모델이었다. 카를로스 1세가 왕위에서 물러나 외딴 수도원에서 기도와 예배로 여생을 보내다가 숨을 거둔 1558년 이후로 16세기가 끝날 때까지 스페인은 최고의 전성기를 누렸다.

스페인의 펠리페 2세

자신이 반종교개혁의 주체이자 이단 근절자라고 자부하던 유럽의 국왕들 중에서, 카를로스 1세의 아들이자 후계자이며 죽은 메리 튜더(영국의 메리 1세)의 남편이었던 스페인의 펠리페 2세만큼 단호하고 편협했던 왕은 없었다.

펠리페 2세는 아버지 카를로스로부터 제국의 절반인 스페인, 인도, 시칠리아, 스페인령 네덜란드를 물려받았다. 그리고 1581년에는 포르투갈까지 차지했다. 이후로 포르투갈은 1640년까지 스페인령으로 남게 되었다.

스페인에서 펼친 그의 종교적 정화 정책들은 많은 논쟁을 불러일으켰다. 그러한 논쟁에서 제외된 것은 스페인령 네덜란드에서의 결과뿐이다. 네덜란드에서 펠리페 2세가 실

시한 종교 정책들로 인해 과거의 군주제 통치와 지주 귀족계급으로부터 벗어난 세계 최초의 국가가 출현하게 되었다.

| 네덜란드의 반란 |

네덜란드인들이 '80년 전쟁'*이라 부르는 '네덜란드 반란'은 국가적 신화를 만들어 낸 역사적 대사건 중 하나였다. 하지만 네덜란드 반란으로 인해 근대적인 사회가 마침내 출현했다는 이유 때문에 그 반란을 종교의 자유와 국가 독립을 위한 치열한 투쟁으로 이뤄진 '근대'적인 반란이었다고 주장하는 것은 잘못된 것이다.

네덜란드 사회의 가장 근본적인 불안 요인은 지극히 중세적으로 북유럽에서 가장 부유한 국가의 땅을 상속 받고 결혼을 통해 합스부르크가의 일원이 된 부르고뉴 공국의 지배를 받는다는 사실에 있었다.

매우 이질적인 17개의 속주들로 이루어진 스페인령 네덜란드는 부르고뉴 공국에 속해 있었다. 대부분의 주민들이 프랑스어를 사용하는 남쪽 지방에는 유럽에서 가장 도시화된 지역과 플랑드르 상업 중심지인 앤트워프가 포함되어 있었다. 플랑드르의 도시들은 15세기 후반부터 독립적인 도시국가로 변모하려는 모습을 보이기 시작했다.

북쪽의 식민지들은 농업과 수산업에 치중하고 있었다. 이 지역의 주민들은 자신의 땅에 유달리 집착했는데, 그것은 아마 그들이 12세기 이래로 해면보다 낮은 땅에 제방을 쌓고 간척하여 힘들게 경작지로 만들었기 때문이었을 것이다.

북부와 남부는 후일 네덜란드와 벨기에가 되었다. 그러나 이것은 1554년에는 상상도 하지 못한 일이었다. 그리고 그 두 지역이 종교적으로 분리된다는 것 역시 그 당시에는 생각하지 못한 일이었다.

하지만 많은 개신교도들이 현재의 네덜란드 지역인 북쪽으로 이주할 때, 지금의 벨기에 지역인 남쪽에서는 가톨릭교도들이 점점 세력을 키워 나가고 있었다. 그리고 그것은 자연스럽게 국경선으로 자리 잡게 되었다. 그러나 그 당시는 국경선 양쪽에서 그 두 종파가 뒤섞여 있었다. 16세기 초, 유럽은 반종교개혁 이후에 비해 종교적 분열에 대해 훨씬 더 관대했다.

한편 펠리페 2세는 트리엔트 공의회에서 내린 결정에 따라 이단 처벌 법령을 예외 없이 시행하라는 단호한 명령을 내렸고, 그로 인해 상황은 점점 더 위기 국면으로 치달았다. 그러나 사회적 동요의 근본적인 원인을 찾기 위해서는 그보다 훨씬 더 오래전으로 거슬러 올라가야 한다.

스페인 사람들은 중앙 정부와 지역 공동체들의 관계를 근대화하려고 시도하면서 좀 더 새로운 방법들을 꾀했는데, 그것은 부르고뉴 사람들의 방법보다 현실적이지 못했던 듯하다. 그래서 스페인 국왕 사절단은 남쪽 지방의 귀족계급과 충돌하게 되었다. 그 시대의 여느 귀족계급과 마찬가지로 자신들의 상징적인 '특권'을 지키는 데 까다롭고 민감했던 남부의 귀족들은 카를로스 1세보다 펠리페 2세에게 더 큰 위협감을 느꼈다. 카를로스는 그들과 같은 언어를 사용했고, 그래서 그들의 주장을 이해한다고 생각했다. 그러나 펠리페는 카를로스의 아들이었지만, 카를로스 1세와는 달랐다.

남부 귀족들은 스페인의 지휘관인 알바 공작이 이단들을 추격하기 위해 지역 사법권에 개입함으로써 더 한층 지역적 특권을 침해하고 있다고 주장했다. 그렇지만 가톨릭을 믿는 그들은 개신교가 뿌리내린 플랑드르 도시

---

*80년 전쟁
1568~1648년 네덜란드가 스페인에서 독립하기 위해 벌인 전쟁. 이 전쟁으로 네덜란드는 북부 네덜란드와 남부 네덜란드로 분리되고 네덜란드 공화국이 성립되었다. 1648년, 스페인은 마침내 네덜란드의 독립을 승인했다.

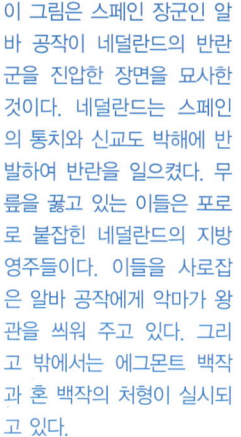

이 그림은 스페인 장군인 알바 공작이 네덜란드의 반란군을 진압한 장면을 묘사한 것이다. 네덜란드는 스페인의 통치와 신교도 박해에 반발하여 반란을 일으켰다. 무릎을 꿇고 있는 이들은 포로로 붙잡힌 네덜란드의 지방 영주들이다. 이들을 사로잡은 알바 공작에게 악마가 왕관을 씌워 주고 있다. 그리고 밖에서는 에그몬트 백작과 혼 백작의 처형이 실시되고 있다.

들의 번영과 부에 관심을 가지고 있었고, 스페인의 종교재판이 자신들의 도시에 도입되는 것을 두려워했다. 그들은 또한 인플레이션에 대해 당대의 다른 귀족들 못지않게 불안해했다.

'침묵 공', 윌리엄

지금은 벨기에 지역인 브라반트 지역에서 스페인 정부에 대한 강한 저항이 일어났다. 이 저항은 완전히 중세적인 형태로 일어났으며, 오렌지 공으로도 알려진 윌리엄 반 오랑주에 의해 촉발되었다. 몇 년 동안 스페인 진압군의 잔혹 행위를 지켜본 윌리엄은 마침내 귀족들을 단결시켜 그들의 합법적인 통치자 펠리페 2세에게 대항하면서 독립 전쟁을 이끌었다.

동시대 사람이었던 엘리자베스 1세와 마찬가지로, 윌리엄 역시 자신이 민중 정서에 공감한다는 것을 과시하는 데 대단히 뛰어났다. 그가 '침묵 공'이라는 별명을 얻게 된 이유도, 이단 종교를 가진 신민들이 자신을 따르게 하기 위해 과감하게 관용의 원칙을 제시하면서 종교 문제에 대해 입을 다물었기 때문이었다. 그러나 귀족들과 급진적인 칼뱅파 시민들 사이의 분열은 언제든 일어날 가능성이 있었다.

스페인 총독들의 보다 나은 정치적 전략과 스페인 군대의 승리로 인해 그러한 분열은 마침내 일어나고 말았다. 귀족들은 저항을 중지한 채 다시 제자리로 돌아왔고, 그 덕분에 스페인 군대는 남부 지역의 반란군을 쉽게 진압할 수 있었다. 그렇게 해서 현재와 같은 벨기에의 경계가 굳어지게 되었다. 그 이후로 싸움은 북부 지방에서만 계속되었다. 그러나 1584년 침묵 공 윌리엄이 살해당할 때까지 그 지역은 여전히 그의 정치적 지휘 하에 있었다.

새로운 네덜란드 연방공화국

북부의 네덜란드인들은 대단히 급진적이었으나, 자신들과 같은 신앙을 가지고 있는 남부 지역의 개신교도들처럼 귀족계급들에 대한 불만 때문에 지장을 받지는 않았다. 그 대신 북부 사람들은 자기들끼리 분열되었다. 지방들 간에 서로 쉽게 의견의 일치를 보는 일은 좀처럼 드물었다. 그렇지만 그들은 자신들의 분열은 종교적 자유와 관용 정신 때문이라고 주장했다. 뿐만 아니라, 자본과 재능을 가진 플랑드르 사람들이 북쪽으로 많이 이주해 왔다는 사실도 북부 지역에 큰 도움이 되었다.

스페인 군대가 북부 지역의 반란군을 진압

권위와 도전자들 **65**

하는 데에는 많은 어려움이 있었다. 북부 사람들은 제방을 허물어 스페인 군대를 물로 포위시켰다. 아무리 강력한 스페인 군대라도 그런 작전에는 쉽게 대처할 수 없었다.

우연찮게 주요 공격 무대를 해상으로 옮긴 네덜란드인들은 보다 대등한 조건에서 스페인 해군에 엄청난 손상을 입힐 수 있었다. 북쪽 항로가 반란군들에 의해 공격당하자, 스페인과 네덜란드 간의 교통은 더욱 어려워졌다. 이탈리아로부터 긴 항로를 우회하여 벨기에에 대규모 군대를 유지하는 것은 비용이 아주 많이 들었고, 다른 적들까지 격퇴해야 할 경우에는 훨씬 더 많은 비용이 필요했다.

반종교개혁은 국제 정치에 새로운 변화를 일으켰다. 영국은 유럽 대륙의 세력 균형을 유지하고 스페인의 성공을 막으려 했기 때문에 처음에는 스페인과 외교상으로 대립했고, 그 후에는 바다와 육지에서 교전을 벌였다.

거의 우발적으로 전쟁이 발발했고, 그에 따라 주목할 만한 새로운 사회가 탄생하게 되었다. 그 사회는 허약한 중앙 정부를 중심으로 일곱 개의 작은 공화국들이 통합되어 이루어진 네덜란드 연방공화국이었다.

곧이어 네덜란드 연방공화국의 시민들은

16세기에 제작된 그림으로, '침묵 공'으로 불린 오렌지 공 윌리엄(1533~1584)의 초상화이다. 그는 네덜란드에서의 알바 공작의 폭정에 반대하여 반란을 주도한 인물이다. 가톨릭교도로 태어난 윌리엄은 독일에서 망명 생활을 하는 동안(1567~1572) 개신교로 개종했다. 그는 종교적 관용을 주장한 인물로 널리 알려졌다.

거의 비슷한 시기에 식민지에서 해방된 아프리카인들과 마찬가지로 자신들의 과거 영광을 발견하고, 로마인들의 여러 저술에서 어렴풋이 알아볼 수 있는 게르만족의 장점들을 찾아내어 널리 찬양했다. 그들이 잊혀진 과거에 열광적인 관심을 보였다는 사실은 암스테르담 거상들의 의뢰로 제작된 회화 작품들, 특히 게르만족이 로마 주둔지들을 공격하는 장면을 묘사한 회화들에서 찾아볼 수 있다. 렘브란트의 작품들이 나온 것도 바로 이 시기였다.

하지만 그런 역사적 선전 활동보다는 그렇게 해서 의도적으로 탄생된 새로운 국가의 차별성이 현재로서는 훨씬 더 흥미롭다. 생존이 일단 보장되자, 네덜란드 연방공화국은 종교적 자유와 시민의 자유를 허용했고, 각 주는 자체적인 독립을 누렸다. 하지만 네덜란드인들은 칼뱅파 신도들에게는 정부의 고위 관직을 허락하지 않았다.

| 영국의 혼란과 변화 |

후세 사람들은 엘리자베스 1세가 통치한 시대의 영국을 종교의 자유와 시민의 자유가 결합된 사회였을 것으로 추측했다. 물론 그 시대에 마련된 영국의 제도들이 그다음 세기에 걸쳐 차츰 발전되어 나갔다는 사실에 비추어 보면 그렇게 생각할 수도 있지만, 사실 그것은 잘못된 생각이었다.

역설적이게도, 엘리자베스 시대의 영국은 국가의 입법권을 오히려 크게 강화했고, 17세기 말에 이르러 유럽의 다른 국가들이 깜짝 놀랄 정도로까지 시민의 권리를 철저하게 제한했다. 따라서 영국에서는 오랫동안 종교와 시민의 자유가 결합된 사회가 이룩될 가능성이 없는 것처럼 보였다.

엘리자베스 1세(1533~1603)는 영국이 세계 강국으로 떠오르던 시기에 여왕으로 군림했다. 그녀는 밖으로는 스페인 무적함대와 맞서 싸워야 했고, 안으로는 그녀의 사촌 메리 스튜어트의 가톨릭 지지자들에 의해 목숨을 위협받는 상황 속에서 통합된 왕국을 지켜 냈다. 그녀의 초상화들은 평생 결혼을 하지 않아 '처녀왕'으로 불렸던 그녀의 이미지를 조심스럽게 살려 냈다. 오랜 통치 기간 내내 초상화 속의 여왕은 언제나 실물보다 더 젊고 기품 있는 모습으로 표현되었다.

권위와 도전자들 **67**

*왕권신수설
왕은 신으로부터 권력을 받았기 때문에 의회 같은 지상의 권력이 왕의 행동을 견제할 수 없다고 주장하는 학설.

엘리자베스 1세는 왕으로서의 위엄을 연출하는 데 뛰어난 능력을 소유한 인물이었다. 1558년에 즉위하여 1603년까지 무려 45년이라는 긴 세월 동안 영국의 여왕으로 군림해 온 그녀는 사람들을 사로잡은 아름다움과 젊음이 사라진 이후부터는 왕족으로서의 위엄과 권위를 과시했다.

엘리자베스 여왕은 국민들에게 성녀로 추앙받았다. 튜더 왕조 출신이었던 그녀는 영국 국민들의 애국심을 튜더 왕조에 대한 충성심으로 탈바꿈시켰고, 백성들과 가까이 접촉하고 민심의 동향과 여론을 파악하기 위해 각 도시와 지방들로 자주 여행을 다녔다. 게다가 그녀는 경비를 절약하기 위해 여행 기간 중에 측근들의 집에 묵기도 했다. 또한 엘리자베스 여왕은 시와 연극을 적극 후원하여 영국 문예부흥의 전성기를 열었고, 능수능란한 솜씨로 의회를 다루었다. 그녀는 특정 종교를 박해하지도 않았다. 자신이 표현한 대로 말하자면, 그녀는 "사람들의 영혼에 무리하게 창문을 열고" 싶어 하지 않았다. 그녀는 '선한 여왕 베스'라는 애칭으로 불릴 정도로 백성들의 사랑과 지지를 한 몸에 받았다.

엘리자베스 여왕은 영국의 절대군주제를 확립했지만, 불행하게도 왕위를 물려줄 자식이 없었다. 게다가 그 시대의 다른 모든 통치자들과 마찬가지로, 엘리자베스 여왕 역시 재정 문제로 항상 고통을 겪었고, 그래서 엄청난 빚을 유산으로 남겼다. 엘리자베스 1세의 뒤를 이어 새롭게 즉위한 제임스 1세는 처음부터 전 왕조가 남긴 빚을 떠안고 출발해야 했다.

엘리자베스를 마지막으로 튜더 왕조가 끊어지고 제임스 1세를 시작으로 스튜어트 왕조 시대가 열렸다. 스튜어트 왕조는 연이어 네 명의 왕을 배출했지만, 그들 모두 결함을 가지고 있었다. 그러나 제임스 1세는 자신의 아들처럼 어리석지도 않았고, 자신의 손자들처럼 방

탕하지도 않았다. 그의 재위 기간 동안 영국의 정치가 곤경에 빠진 것은 그의 어떤 인격적 결함보다는 상황에 대처하는 순발력이나 외교적 수완이 부족했기 때문이었을 것이다.

제임스 1세는 스튜어트 왕조를 보호하기 위해 왕권신수설*을 고집하며 전제정치를 강행했다. 하지만 그로 인해 의회와의 관계가 악화되면서 오히려 군주정이 흔들렸다. 물론 이 시기에 왕권이 흔들렸던 것은 영국뿐만이 아니었다. 17세기에 유럽의 여러 국가들에서 거의 동시에 왕권이 위협을 받는 사태가 발생했다. 그리고 그 현상은 유럽 전역에 걸친 경제 위기와 함께 이루어졌다. 아마도 정치와 경제의 위기는 서로 연관을 가지고 있었을 것이다.

사회의 내부의 여러 갈등이 반종교개혁에 의해 시작되었던 종교 전쟁들이 끝날 무렵 나타났다는 사실 역시 흥미롭다. 특히 영국, 프랑스, 스페인을 비롯한 여러 나라들에서 정치계가 동시에 흔들린 직접적인 원인은 결국 국왕의 절대권 행사에 대한 의회의 저항 때문이라고 할 수 있다. 그리고 재정 궁핍 해결을 위한 과세 문제와 종교 탄압 역시 갈등의 원인이었다.

영국의 내전과 공화정 수립

영국은 내전과 국왕 암살 그리고 영국 역사상 유일한 공화정이 확립되는 과정에서 내부 갈등이 최고조에 달했다. 그러나 그 갈등의 핵심이 어디에 있었는지 그리고 찰스 1세와 의회가 무력 충돌을 일으키게 된 원인이 무엇이었는지에 대해서는 지금까지도 역사가들이 해답을 찾지 못한 채 논쟁을 계속하고 있다.

제임스의 아들 찰스 1세는 1629년에 의회를 해산한 뒤 11년 동안 절대군주정치를 계속했으나, 1640년 스코틀랜드와의 전쟁 문제가 발생하자 군비 조달을 위한 임시 과세의 승

68 근대 유럽의 형성

인을 얻고자 의회를 소집했다. 영국을 지키기 위해서는 새로운 조세를 부과해야만 했기 때문이다. 그것이 결정적인 화근이 되어 의회와 충돌이 일어나게 되었다.

그 무렵 의회 의원들 중에는 찰스 1세가 국교회를 전복시키고 영국을 다시 로마 가톨릭 국가로 복귀시키려는 계획을 갖고 있다고 확신하는 이들이 있었다. 그래서 의회는 찰스 1세의 측근들을 괴롭혔고, 의회 결의안에 반대하는 왕당파 중 두 명을 처형했다.

1642년, 찰스 1세는 유일한 방법은 무력을 이용하는 것이라고 결단을 내렸고, 그렇게 해서 의회파와 왕당파 간의 내전이 시작되었다. 내전은 의회파의 승리로 끝났다. 하지만 당시의 모든 영국인들과 마찬가지로 의회파 역시 불안했다. 국왕과 상원, 하원으로 이루어진 과거의 국가 구조에서 벗어난다면 상황이 어떻게 될지 몰랐기 때문이었다. 그러나

끝내 찰스 1세는 스코틀랜드의 후원을 잃으면서 자신이 우세할 수 있는 기회를 놓쳐 버렸다. 결국 의회파는 자신들이 원하던 것을 충분히 얻었고, 찰스 1세는 재판을 받고 처형당했다. 그리고 그의 아들은 유배당했다.

찰스 1세의 사형이 집행된 이후, 영국에는 국왕이 없는 정치적 공백기가 뒤따랐다. 그 기간에 가장 강력한 영향력을 행사했던 인물은 올리버 크롬웰이었다. 그는 1658년 사망할 때까지 권력을 누렸다.

헌팅턴의 신사계급 출신인 크롬웰은 영국 내전 때 의회군을 지휘함으로써 막강한 세력을 거머쥐었다. 내전 종결 후 의회는 군대의 해산을 요구했지만, 크롬웰은 군대를 이끌고 의회로 진격해 반대파 의원들을 의사당 밖으로 쫓아냄으로써 전권을 장악했다. 그는 의회가 중심이 되는 입헌주의 체제를 이상으로 삼았다. 그리하여 의회에 의해 통치되는 국가, 즉 영국 최초의 공화정이 수립되었다.

청교도주의
영국과 미국의 청교도주의는 개신교의 일파로서 종교개혁 때 칼뱅주의의 영향을 받아

◀ 1567년부터 스코틀랜드의 왕으로 즉위했고, 1603년부터는 영국과 아일랜드의 왕이 되었던 제임스 6세의 초상화. 제임스 6세의 통치 기간(1566~1625) 동안 재정적 위기 그리고 그가 다스리던 두 왕국들에서의 개신교, 청교도, 가톨릭교의 종파 싸움, 의회와의 충돌 등 혼란이 계속 이어졌다.

영국과 아일랜드의 왕이었던 찰스 1세(1600~1649)의 모습. 왕으로부터 작위를 수여받은 플랑드르 화가 안토니 반다이크 경이 그린 초상화이다. 찰스 1세와 그의 지지자들은 1684년에 일어난 내전에 패한 후 반역죄로 재판에 회부됐다. 하지만 그는 법정의 합법성을 인정하지 않았고 따라서 재판에서 변론도 하지 않았다. 결국 그는 참수형을 당했다. 그가 죽음을 눈앞에 두고 보여 준 의연함과 용기는 후세에 길이 기억되었다.

권위와 도전자들 69

생겨났다. 16세기 중엽부터 일기 시작한 청교도주의는 엘리자베스 시대 이래로 영국인들의 삶에 점점 더 큰 영향력을 미치고 있었다. 청교도 주창자들은 종교적 교리와 의식이 매우 엄격하고 금욕적이었다.

청교도들은 엘리자베스 1세 통치 초기에 이루어진 종교협정 이후 존속되어 온 로마 가톨릭 교회의 구습으로부터 영국 국교회를 정화하고자 노력했다. 영국 국교회 내에도 청교도들이 있었지만, '청교도'라는 명칭은 가톨릭의 구습을 완전히 몰아내려는 사람들을 주로 가리켰다. 17세기에 이르러 '청교도주의'는 종교적인 측면 이외에 생활방식이나 행실에 있어서도 지극히 칼뱅주의적인 의미에서 도덕적으로 엄격함을 요구하는 개혁을 뜻하게 되었다.

공화정 시기에, 내전에서 의회파를 지지했던 이들은 자신들의 승리를 이용하여 보수적인 왕당파인 영국 국교회뿐만 아니라 영국 국교회 하에서 이견을 주장했던 종교적 소집단들인 조합교회주의자*들, 침례주의자들, 유니테리언주의*자들에게도 교리상으로나 도덕적으로 청교도주의를 법으로 강요하려고 했다.

청교도주의에는 정치적으로나 종교적으로

민주적인 측면이 전혀 없었다. 자신들이 하느님으로부터 선택받은 선민이라고 주장하는 청교도들은 교회 임원들을 마음대로 선출하고 공동체로서 자치적으로 활동했다. 또한 그 집단에 속하지 않는 사람들에게도 자신들의 교리와 신의 뜻을 강요하는 일종의 소수 독재체제처럼 보였고, 그 때문에 청교도를 용납할 수 없는 사람들이 많아졌다. 그러나 민주사상과 평등사상의 문을 연 영국 혁명에 지대한 영향을 미친 것은 대부분 이처럼 예외적인 소수 집단이었다.

영국의 왕정복고

2만 권이 넘는 정치와 종교 문제에 관한 서적들에서 영국의 내전과 공화정 시기는 영국 정치사에서 대단히 중요한 한 시기로 간주된다. 그러나 안타깝게도 크롬웰이 죽고 나자 공화정은 제도상으로 붕괴될 수밖에 없었다.

새로운 헌법을 지지하는 영국인들은 사실상 많지 않았다. 그들 대부분은 군주제라는 과거의 제도로 되돌아가고 싶어 했고, 그래서 영국 공화정의 역사는 1660년에 스튜어트 왕조의 복귀와 더불어 끝이 났다. 프랑스에 망명 중이던 찰스 2세는 마침내 영국으로 돌아와 왕정을 복구했다. 그는 자신이 영국 국교회를 지켜 낼 거라고 믿었다.

가톨릭의 반종교개혁은 청교도 혁명 못지않게 영국인들을 불안하게 했다. 그래도 영국에 또다시 절대군주체가 확립되는 일은 일어나지 않았고, 그 이후로 왕권은 계속 약화되었다.

역사가들은 이 시기의 영국 역사에서 좀 더 많은 의미를 찾아내려고 노력하면서, 이른바 '영국 혁명'이 무엇을 의미하는지에 관해 오랫동안 격렬한 논쟁을 벌였다.

분명히 종교는 영국 혁명에서 중요한 역할을 맡았다. 이 시기에 극단적인 개신교는 국민 생활에 영향을 미칠 수 있는 기회를 얻었

＊조합교회주의자
각각의 독립적인 소규모 조합을 교회로 인정하며 위로부터의 지배를 거부하는 신교 교회 제도를 주장한 사람들.

＊유니테리언주의
기독교의 한 분파인 유니테리언의 교리. 삼위일체론을 부정하고, 그리스도의 신성神性이나 이적을 행하는 것들을 인정하지 않는다. 교회의 교리보다는 윤리를 중요시한다.

17세기에 제작된 올리버 크롬웰(1599~1658)의 초상화. 그는 군주제, 상원, 감독제, 하원을 차례로 폐지한 후 호민관이 되어 영국 연방공화국의 최고 권력자가 되었다.

으며, 그 이후로 다시는 그런 기회를 얻지 못했다. 개신교로 인해 영국 국민들은 영국 국교회에 대해 뿌리 깊은 반감을 갖게 되었고, 이후 수백 년 동안 영국의 정치 풍토는 종교 권력에 반대하는 경향을 띠게 되었다. 영국 최고의 역사가가 이때의 내전을 '청교도 혁명'이라고 불렀던 데에는 타당한 이유가 있었다. 그러나 이 시기의 싸움은 종교 문제보다는 입헌적인 문제에 더 큰 비중을 두고 있었다.

또 어떤 역사가는 영국 내전을 계급투쟁이라는 측면에서 바라보았다. 내전에 관련된 사람들 대부분은 실제로 자신의 이익을 위해 싸움에 뛰어들었다. 하지만 모든 이들이 사심을 가지고 내전에 참여했던 것은 아니었다.

한편 어떤 역사가는 왕실 재정 문제를 부각시키면서, 영국 내전은 그 체제와 연관을 가지고 있던 모든 관료들, 궁정의 가신들, 정치가들의 결탁으로 인해 비대해진 '왕실'과 이를 위해 경비를 지불해야 했던 지방 귀족들 간의 싸움이라고 보았다. 그러나 지방 귀족들은 서로 분열되었다. 심지어 한 가문이 내전으로 인해 몰락하는 경우도 많았다. 그것은 내전이 불러 온 비극 가운데 하나였다.

리슐리외 추기경 치세 하의 프랑스

유럽 대륙의 대부분 국가들은 찰스 1세의 재판과 처형에 충격을 받았다. 그들 국가 역시 끔찍한 혼란을 겪고 있었다.

프랑스에서는 리슐리외 추기경이 권력을 잡고 절대왕권을 구축하고자 했다. 그는 국내 통일을 방해하는 프랑스의 칼뱅주의자들인 위그노인들을 억압하고 각 지방에 왕권의 직접적인 대표자들인 지방행정장관을 두어 중앙집권을 강화했다.

프랑스 국민들은 그동안 계속 고통을 겪어 왔으나, 행정개혁으로 인해 1630~1640년대에는 상황이 더욱 악화되었다. 여전히 농업 경제에 중점을 두고 있던 프랑스에서 리슐리외가 실시한 조치들은 가난한 농민들에게 엄청난 타격을 입혔다. 농민들의 세금은 두 배로 뛰었고, 때로는 몇 년 만에 세 배까지 오르기도 했다. 그 결과 민중반란이 일어났고, 정부는 반란을 잔인하게 진압했다.

그런데다 설상가상으로, 독일과 중앙유럽의 심각한 싸움에서 부르봉 왕가와 합스부르크 왕가의 싸움으로 발전한 '30년 전쟁'*의 말기에 일어난 전투들로 인해 프랑스의 일부 지역들은 완전히 황폐화되었다. 로렌과 부르고뉴 지방 그리고 프랑스 동부의 대부분 지역들은 폐허가 되었고, 어떤 지역들의 인구는 3분의 1, 또는 4분의 1까지 줄어들었다. 프랑스 왕정이 비합법적으로 과중한 세금을 부과하자, 리슐리외의 뒤를 이은 통치자들의 치하에서 마침내 정치적 위기가 폭발했다.

파리 고등법원은 처음에는 궁정에서 시작된 관청이었으나, 국왕이 관리들의 도움을 받아 직접 해 오던 재판 업무를 고등법원으로 넘겼고, 이것이 후일 파리 고등법원이 되었는데, 파리 고등법원은 전통적인 헌법의 수호자 역할을 떠맡았다. 1648년에 고등법원은 왕에 대항해 반기를 들고 일어났다. 이로써 '프롱드의 난'으로 알려진 기나긴 내란이 시작되었다.

1차 프롱드 난에서 불안정한 타협이 성립된 이후 얼마 지나지 않아 훨씬 더 위험한 2차 프롱드 난이 일어났다. 2차 프롱드의 난은

◀ 처형된 찰스 1세의 아들인 찰스 2세는 1651년 스코틀랜드에서 왕위에 올랐다. 그러나 그는 내전에 패한 이후 9년 동안 망명 생활을 했다. 그러다가 1660년에 영국으로 돌아와 왕정을 복고시켰다.

*30년 전쟁
1618~1648년 유럽의 여러 나라들이 종교와 영토 등의 이유로 벌인 전쟁. 대체로 그 무대는 독일 지역이었다. 종교적 성격이 강한 전반기와 정치적 성격이 강한 후반기로 나뉜다. 베스트팔렌 조약으로 끝을 맺었고, 이로써 독일 제후국 내에서 가톨릭교도와 루터파, 칼뱅파가 동등한 지위를 확보하게 되었다.

프랑스 루이 13세의 신임을 받아 재상의 지위에 오른 리슐리외 추기경(1585~1642)은 왕국의 융성과 절대적인 왕권의 확립을 위해 노력한 인물로 프랑스 대외정책의 창시자이기도 했다.

그 이전에 펠리페 2세는 국가의 독립을 존중하겠다는 약속과 함께 포르투갈을 스페인에 합병시켰다. 곳곳에서 일어난 반란 가운데 마지막 반란을 진압하는 데 12년이 걸렸다. 그리고 1647년에도 나폴리에서 시민 반란이 일어났다.

시민 반란들은 과도한 세금 때문에 주로 발생했다. 재정적인 측면에서 볼 때, 그 당시 르네상스 국가는 전혀 성공적이지 못했다. 17세기에 대부분의 국가들에서 출현한 상비군은 군사혁명만을 의미하는 것은 아니었다. 전쟁은 국민들에게 막대한 세금을 요구했다.

프랑스 시민들이 짊어진 조세 부담은 영국인들에 비해 훨씬 더 무거웠던 듯하다. 그럼에도 불구하고 그 당시 프랑스 군주제는 그 '위기'로부터 비교적 피해를 덜 입었다.

영국에서는 내전이 발발했고 짧은 기간에 왕정이 무너졌지만, 외국의 침략으로 인한 피해는 없었다. 게다가 영국에서는 살인적인 물가 상승에도 불구하고 17세기 프랑스 농민 반란 같은 무시무시한 유혈 사태와 비교될 만한 폭동도 일어나지 않았다. 영국에서는 또한, 종교 갈등에서 비롯된 권력에 대한 명백한 도전이 있었다. 반면에 스페인에서는 그런 일이 일어나지 않았고, 프랑스에서는 오래전에 반란이 진압되었다.

사실상 프랑스 신교도들인 위그노인들은 기득권 세력이었다. 그러나 그들은 군주제에서 자신들의 안전장치를 발견했고, 그래서

대귀족들과 왕족들이 왕권에 반대하여 일어난 난이었다. 파리 고등법원이 대귀족들과 계속 같은 입장에 서서 싸우지는 않았지만, 대귀족들은 지역 반란들에서 증명되었듯이 중앙집권화에 대한 지방 귀족계층들의 반감을 이용할 수 있었다. 그러나 결국 왕권은 살아남았고, 지방 행정장관들 역시 살아남았다. 1660년에도 여전히 프랑스의 절대군주제는 그대로 존속했다.

르네상스 국가와 사회 동요

스페인에서도 역시 세금이 문제를 일으켰다. 스페인 정부가 연방 구조 내에 내재한 지방 분리주의를 없애려고 시도하자, 포르투갈, 바스크, 카탈로니아에서 반란이 일어났다.

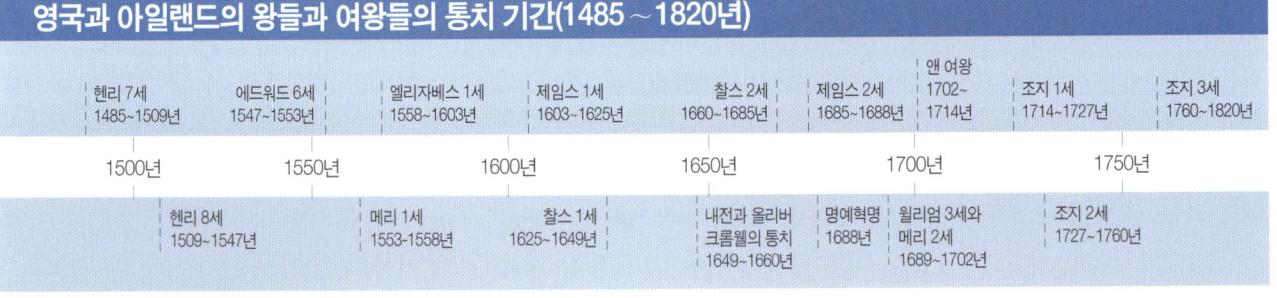

영국과 아일랜드의 왕들과 여왕들의 통치 기간(1485~1820년)									
헨리 7세 1485~1509년	에드워드 6세 1547~1553년	엘리자베스 1세 1558~1603년	제임스 1세 1603~1625년	찰스 2세 1660~1685년	제임스 2세 1685~1688년	앤 여왕 1702~1714년	조지 1세 1714~1727년		조지 3세 1760~1820년
1500년	1550년	1600년		1650년		1700년		1750년	
헨리 8세 1509~1547년	메리 1세 1553~1558년	찰스 1세 1625~1649년		내전과 올리버 크롬웰의 통치 1649~1660년	명예혁명 1688년	윌리엄 3세와 메리 2세 1689~1702년	조지 2세 1727~1760년		

프롱드의 난이 일어났을 때 군주제의 편에 섰다.

프랑스에서는 지방분권 제도가 정부의 정치 개혁에 의해 위협을 받는 기득권 세력을 위한 발판을 제공해 주었다. 스페인에서도 지방분권 제도가 프랑스보다 다소 정도는 덜 하지만 중요한 역할을 했다. 그리고 영국에서는 그 제도가 거의 아무런 힘도 가지지 못했던 듯하다.

1660년은 사실상 하나의 전환점이었다. 이 해에, 프랑스에서는 어린 루이 14세가 스페인 왕의 딸과 결혼함으로써 실질적인 지배권을 거머쥐었고, 찰스 2세는 프랑스에서의 유배 생활을 마치고 영국 왕으로 복위했다.

프랑스는 이때부터 1789년 프랑스 대혁명이 일어날 때까지 절대왕권의 전성기를 누렸고, 이후 50년 동안 유럽에서 가장 막강한 군사력과 외교 역량을 발휘했다. 영국에서는 정치적 동요가 더욱 심해졌고 한 명의 왕이 폐위되기도 했지만, 내전이 다시 발발하지는 않았다.

1685년 제임스 2세가 즉위하면서 더욱 강력한 전제정치와 가톨릭 정책을 추진했다. 그로 인해 지역적인 폭동이 일어났지만, 국가의 존립을 위협할 정도는 아니었다. 어쨌든 1660년 이후로 영국에는 상비군이 있었다. 이것은 놀랍게도 국민들이 여전히 통치권을 인정하지 않으려 했다는 사실을 보여 준다. 영국은 1689년, 권리장전을 통해 개인의 자유에 대한 일련의 보호조치들을 엄숙하게 입법화했다. 그러나 1689년까지도 의회에서 한 국왕이 결정한 것을 또 다른 국왕이 폐지할 수 있었다.

프랑스에서는 모든 사람들이 국왕의 절대적인 권위에 동의했다. 그러나 프랑스의 법률가들은 국왕 역시 법률상으로 할 수 없는 것들이 있다고 계속 주장했다.

파리의 한 수도원 문 앞에서 프롱드 난의 피해자들에게 음식을 무료로 나누어 주고 있다. 18세기 프랑스의 수채화 작품이다.

토머스 홉스

당시에 사회의 변화 방식을 알아보고 인정한 위대한 사상가가 한 명 있었다. 영국의 정치 철학자들 중 가장 위대한 사상가인 토머스 홉스가 바로 그였다. 홉스는 자신의 저서들, 특히 1651년에 집필한 『리바이어던』에서 그러한 통찰력을 보여 주었다.

홉스는 전제군주제를 이상적인 국가 형태라고 생각했다. 법을 결정하는 데 있어서 누군가가 최종 결정권을 가지고 있어야 한다는 것에 동의하지 않는 것은 매우 위험하다고 그는 주장했다.

홉스는 그 시대의 혼란한 사회상을 지켜보면서, 권력이 누구의 손에 있어야 하는지 분명하게 알아야 한다고 생각했다. 사회적 혼란이 연속적으로 일어나지 않을 때라도, 무질서 상태가 발생할 가능성은 항상 있는 것이었다. 이에 대해 홉스는 이렇게 말했다. "항상 억수같이 쏟아지는 폭우 속에서 살아야만 비가 온다고 말할 수 있는 것은 아니다."

홉스는 주권자에게 강한 권력을 부여하고, 인민은 주권자에게 복종해야 한다고 주장했다. 인간은 계약을 맺어 각 개인이 가지는 자연권을 포기하고 각 개인의 힘을 모아 보다

권위와 도전자들 73

영국 철학자 토머스 홉스 (1588~1679)의 저서인 『리바이어던』 초판 속표지.

홉스의 『리바이어던』

"원래 자유를 사랑하고 타인을 지배하기를 좋아하는 존재인 인간이 그런 구속을 스스로에게 부과하는 규칙을 도입한 것, 즉 국가의 틀 안에서 살아가기로 한 궁극적인 이유나 목적 또는 의도는 바로 자기 자신을 안전하게 보존하고 안락한 생활을 바라기 때문이다. 다시 말해 인간은 비참한 전쟁 상태로부터 벗어나고 싶어 한다.

전쟁은…… 인간의 타고난 정념에 의해 필연적으로 발생되는 것으로서, 실제로 어떤 가공할 힘이 눈에 보이는 곳에 존재하여 인간이 그 힘을 두려워하고, 그 징벌에 대한 공포 때문에 자연법들을 준수하지 않는 한, 피할 수 없는 것이다.

자연법, 즉 정의, 평등, 겸허, 자비 등 요컨대 우리가 타인에게서 원하는 바를 어떠한 힘에 대한 공포를 느끼지 않고 저절로 준수한다는 것은 우리의 타고난 정념에 반대되는 것이다. 정념은 오히려 불공평, 자존심, 복수심 등으로 우리를 이끈다."

*토머스 홉스의 『리바이어던』(1651) 중 제2부,
17장 '국가에 관하여' 중에서
(C. B 맥퍼슨 편집)*

큰 집단적 힘을 가지는 정치사회를 만들어야 하며, 그 주권을 행사하는 권한을 한 사람 또는 소수의 집단에게 주어 각 개인의 자유나 생명의 안전을 보장하는 법률을 제정하게 하고, 각 개인은 그 법률에 따름으로써 평화롭고 안전하게 살아야 한다는 것이 홉스의 기본적 생각이었다. 이러한 홉스의 정치이론에는 근대적인 민주주의 사상의 기본 원리가 대부분 포함되어 있었다.

그러나 그의 정치이론은 19세기에 이르러서야 정당한 평가를 받았다. 당시 사람들은 홉스의 견해를 겉으로는 받아들이는 것처럼 행동했지만, 실제로는 비난을 많이 가했다.

입헌군주국 영국

입헌군주국으로서의 영국은 실제로 홉스가 주장한 원칙들에 따라 운영된 최초의 국가였다. 18세기 초, 영국인들은 법의 범위에 있어서 실제적인 한계들을 제외하고 어떤 제한도 있을 수 없다는 원칙을 받아들였고, 때때로 그 원칙을 실천에 옮겼다. 1707년 통합법으로 잉글랜드와 스코틀랜드가 정식으로 합쳐져 그레이트브리튼 왕국이 됨으로써 스코틀랜드인들은 웨스트민스터 의회에 참석할 수 있게 되었지만, 그때까지도 그들은 영국인들에 비해 그 원칙을 그다지 신뢰하지 않았다.

이 원칙은 빅토리아 시대에 이르러서까지도 공공연하게 도전을 받지만, 1688년에 영

국이 마침내 스튜어트 가문의 직계 후손을 거부하면서 제임스 2세를 왕위에서 몰아내고 그의 딸과 그 딸의 배우자를 조건 하에 왕위에 앉힌 것은 바로 그런 원칙을 바탕에 둔 것이었다. 일종의 계약군주제라고 할 수 있는 이 시도와 더불어, 영국은 마침내 구체제를 청산하고 명실상부한 입헌군주국이 되었다.

입헌군주제의 시작과 함께 중앙집권적 권력은 실제적으로 분산되었다. 그리고 권력의 핵심은 지배적인 신흥세력인 지주계급을 대표하는 하원이 차지했다. 국왕은 여전히 권력을 쥐고 있었지만 권력을 행사하기 위해서는 입법기관인 의회의 동의를 얻어야만 했다. 이로써 유럽 대륙의 다른 국가들에서 왕들이 여전히 누리고 있는 특권이 영국에서는 사라졌다.

권력의 중앙집권화로 인해 발생한 위험에 대해 영국이 선택한 해결책은, 권력은 사회 구성원들의 요구에 따라 행사되어야 하며 그런 원칙을 지키기 위해서는 경우에 따라 혁명도 마다하지 않는다는 것이었다.

명예혁명

1688년, 영국인들은 전제정치를 강행하는 제임스 2세를 추방하고 네덜란드의 왕이자 메리 2세의 남편인 윌리엄 3세를 왕으로 추대했다.

그 해에 일어난 '명예혁명*'은, 네덜란드 연방의 독립을 위협하고 있던 프랑스에 대해 이제 영국까지 적대세력으로 돌아섬으로써 전 유럽이 프랑스에 대항하는 동맹을 맺었다는 데 의미가 있었다. 그 이전에 네덜란드, 스웨덴, 독일의 제후들, 신성 로마 제국 황제, 스페인, 바이에른, 작센, 사부아 등이 프랑스에 대항하여 아우크스부르크 동맹을 맺은 상태였다.

영국과 프랑스 간의 전쟁들에는 대단히 복잡한 여러 이해관계가 얽혀 있었다. 더욱이 18세기 초반에 신성 로마 제국, 스페인, 독일

제후들이 반프랑스 동맹에 가입했다는 사실은 분명히 양 진영의 뚜렷한 정치 원칙의 대조를 무의미한 것으로 만들었을 것이다. 그럼에도 불구하고, 그 싸움의 내부 어딘가에 이념적인 요소가 감추어져 있었다.

당시 영국과 네덜란드는 루이 14세 치하의 프랑스보다 훨씬 개방적인 사회였다. 그들은 다양한 종교 예배의식을 허용하고 보호했다. 또한 출판물을 검열하지 않는 한편, 개인이나 국가의 명예가 훼손되지 않도록 법률을 제정했다. 그것은 프랑스와는 전혀 다른 양상이었다.

| 루이 14세 |

루이 14세 치하에서 프랑스의 절대군주제는 절정에 달했다. 루이 14세가 갖고 있던 야심은 명확한 범주로 분류하여 규정하기가 어렵다. 그의 야심은 개인적인 것과 왕조나 국가

---

*명예혁명
1688년 영국에서 피를 흘리지 않고 평화롭게 전제 왕정을 입헌군주제로 바꾼 혁명. 제임스 2세의 권력 남용과 카톨릭 부흥 정책에 반대한 국회가 국왕을 추방하고, 왕의 딸 메리 2세와 그녀의 남편 오렌지 공 윌리엄 3세를 공동 통치자로 정했다. 그리고 다음해, 의회 주권에 기초를 둔 입헌 왕정을 수립했다.

이 17세기 판화는 1689년에 거행된 윌리엄 3세와 메리 2세의 대관식 장면을 묘사하고 있다.

권위와 도전자들 **75**

를 위한 것이 서로 뒤섞여 있었기 때문이다. 그가 모든 유럽 제후들의 모범이 된 것도 바로 그런 이유 때문일 것이다.

그의 치하에서 프랑스의 정치는 실질적으로 집권적 행정 관료제 위에 세워졌다. 루이 14세는 지방에 있는 왕의 대리인들, 지방행정관들, 군 지휘관들과 더불어 왕실 자문위원회를 통해 지역 사회의 상황을 파악하고 귀족들의 독립적인 기반을 파괴하면서 중앙집권적 제도를 더욱 강화했다. 또한 지방 특권과 관행을 점차적으로 축소시키고 프랑스 전역에 왕의 공권력을 높였다. 그래서 후일 어떤 사람들은 루이 14세 시대를 혁명적인 시대로 생각하기도 했다.

리슐리외가 만든 체제의 틀은 17세기 후반기에 이르러 국왕의 행정에까지 확대되면서 완성되었다. 루이 14세는 어린 시절에 겪었던 프롱드의 난을 결코 잊지 않았고, 그래서 어떤 일이 있더라도 귀족들이 왕권에 도전하는 일이 발생하지 않도록 막아야 한다고 생각했다. 그는 귀족들이 농촌 지역에서 가지고 있던 영향력의 고리를 단절시키기 위한 정책을 발전시켰다. 그리고 한편으로는 귀족들에게 직위, 하사금, 독점권, 관직, 왕립위원 자격을 부여하고, 유럽에서 가장 아름답고 화려한 궁전으로 그들을 초대해 도박과 환락의 방탕한 생활에 빠져들게 만들었다.

그런 한편 그는 리슐리외가 했던 것처럼 특권 귀족층의 권력을 강력하게 통제했다. 루

이 14세의 인척들은 왕실 자문위원회 의원이 될 수 없었다. 그리고 지방 장관들은 대체로 옛 귀족 출신들이 아니라 그가 안심하고 의지할 수 있는 법복귀족층*에서 선발했다. 고등법원은 사법적인 기능만을 가졌다.

루이 14세는 프랑스 교회가 로마 교황청의 지배에서 벗어나야 한다고 강력하게 주장했지만, 그것은 오로지 프랑스 교회를 더욱 확실하게 루이 14세의 칭호들 중 하나인 소위 '가장 기독교적인 왕'의 지배 하에 두기 위한 것이었다. 그리고 그는 어떤 대가를 치른다고 해도 이교도인 위그노인들을 결코 용납하지 않겠다고 결심했다. 그래서 이교도들은 추방당하거나 혹독한 박해를 당해 결국 개종해야 했다.

절대군주제의 최전성기

프랑스에서 가장 완벽한 절대군주제가 확립된 시기에 프랑스의 문화와 예술이 가장 찬란하게 꽃피었다는 사실 때문에, 프랑스 사람들은 루이 14세가 통치하는 동안 일어난 가혹하고 잔인한 면모들을 쉽게 인정하지 않으려고 한다.

루이 14세는 계급적이고 단체적이며 신정주의에 입각한 사회를 통치했다. 설사 그의 통치 방법이 그 시대로서는 첨단적인 것이었다 할지라도, 그가 추구했던 궁극적인 목적은 그 사회를 과거로 되돌려 놓는 것이었다. 루이 14세는 심지어 신성 로마 제국의 황제가 되기를 희망했다. 그는 종교를 옹호했던

*법복귀족층
돈으로 관직을 산 관료귀족. 대체로 사법 관계의 관직을 샀으며 그들이 입은 관복에서 명칭이 유래되었다.

프랑스 왕들의 통치 기간(1515 ~ 1793년)

프랑수아 1세 1515~1547년	프랑수아 2세 1559~1560년	앙리 3세 1574~1589년	루이 13세 1610~1643년	루이 14세 1643~1715년	루이 15세 1715~1774년	루이 16세 1774~1793년
1500년	1550년	1600년	1650년	1700년	1750년	1800년
	앙리 2세 1547~1559년	샤를 9세 1560~ 1574년	앙리 4세 1589~1610년			

76 근대 유럽의 형성

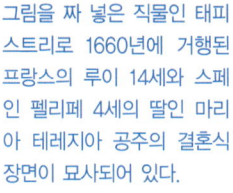

그림을 짜 넣은 직물인 태피스트리로 1660년에 거행된 프랑스의 루이 14세와 스페인 펠리페 4세의 딸인 마리아 테레지아 공주의 결혼식 장면이 묘사되어 있다.

철학자 데카르트가 죽었을 때 그의 사상이 위험하다는 이유로 프랑스에서 그의 장례를 종교적으로 치르는 것을 허락하지 않았다.

하지만 오랫동안 루이 14세의 통치 방식은 대부분의 프랑스 사람들이 원하던 것이었던 듯하다. 그의 통치 방식은 효과적인 만큼 잔인할 때도 많았다. 예를 들어 위그노인들을 군인 숙사에 가두어 놓고 강제로 개종을 시키거나, 한 달여 동안 기병대가 집요하게 찾아가 결국에는 농민들이 세금을 내지 않을 수 없게 만들었다.

그러나 예외적으로 힘들었던 몇 년을 제외하면 루이 14세 치하에서 국민들의 생활수준은 전반적으로 몇 십 년 전보다 나아졌다. 그의 통치 기간은 무질서한 시대의 시작이 아니라 끝이었다. 외적의 침입도 거의 없었고, 토지에 대한 투자 수익률 하락세는 18세기까지 지속되었다. 이것들은 후일 '위대한 세기'라 불리게 된 한 시대의 화려한 외관을 만드는 데 튼튼한 기초를 제공해 주었다.

비록 통치 말기에는 유럽의 패권을 내놓아야 하는 뼈아픈 실패를 맛보기도 했지만 루이 14세는 전쟁에 승리하면서 유럽에서 그 위상이 크게 높아졌다. 하지만 중요한 것은 그의 막강한 군대와 외교 수완뿐만이 아니었다. 그는 프랑스의 권위를 최고조에 달하게 만들었다. 그리고 프랑스는 그가 제시한 군주제의 본보기 덕분에 오랫동안 유럽에서 가장 강력한 국가로 머무를 수 있었다.

그는 완벽한 절대군주였다. 그가 얼마만큼 막강한 권력을 갖고 있었는가를 보여 주는 증거 중 하나가 그의 통치 시기에 새로 지은 화려하고 거대한 베르사유 궁전이다. 18세기 유럽에는 프랑스의 베르사유 궁전을 모방한 궁전들이 곳곳에 만들어졌다. 그 궁전들은 태양왕 루이 14세를 닮고 싶어 하던 유럽의 군주들이 자신들의 신민들을 희생시켜 만든 것들이었다.

권위와 도전자들 77

| 계몽 전제주의 |

1715년부터 1740년까지는 유럽 국가들 내부에 변화를 일으킬 만큼 심각한 국제적 긴장이 없었고, 17세기처럼 이념의 변혁이나 분열도 없었으며, 급속한 경제적·사회적 발전도 없었다. 따라서 이 시기 동안 정부 형태들이 거의 변하지 않았고 험난한 한 세기를 겪었음에도 사회가 안정된 것처럼 보인 것은 놀랄 일이 아닐 것이다.

몇몇 나라와 지역은 별도로 하더라도, 절대군주제는 이제 유럽의 지배적인 국가 형태로 자리 잡고 있었다. 절대군주제는 때로는 '계몽 전제주의'*라 불리는 정치 형태를 띠기도 하면서 18세기 내내 그대로 유지되었다.

계몽 전제주의는 사실 매우 모호한 용어로, 오늘날의 '우익'이나 '좌익' 같은 용어들처럼 한 가지 의미로 명확하게 규정할 수 없다. 계몽 전제주의란, 약 1750년경부터 전제군주들이 계몽사상, 즉 당시의 진보된 사상에 영향을 받아 그 사상을 실제 정치에 적용하려 했던 것을 의미한다.

그렇지만 그 개혁은 실질적으로 절대군주

*계몽 전제주의
군주 스스로 계몽주의 사상을 받아들여 '정책에 반영시킨 절대주의. '계몽 절대주의'라고도 한다. 18세기 유럽에서 나타났으며, 위로부터의 개혁이 이에 속한다.

18세기의 회화로 스페인의 왕 펠리페 5세(1683~1746)와 그 가족들의 모습이다. 그는 자신을 계몽 전제군주로 생각했다.

의 권력에 의해 강압적으로 이루어졌다. '계몽 전제군주'의 정책이 때때로 인도주의적인 경우가 있었다 하더라도, 반드시 정치적으로 진보적인 것은 아니었다. 그러나 그 정책들은 전통적인 사회적·종교적 권위를 약화시키고, 사회계층이나 법적 권리에 관한 기존의 개념들을 앞질러 나갔다. 그리고 입법권을 중앙집권화하도록 돕고, 국민들이 이의를 제기할 수 없는 입법권의 확고한 권위를 주장했다. 따라서 국민들은 점차적으로 조직체의 구성원이라기보다는 개인들의 집합체로 대우받게 되었다.

따라서 오늘날 '민주주의' 국가에 대한 정의나 1930년대 '파시즘' 국가에 대한 정의에 정확히 들어맞는 나라를 찾아내기란 불가능한 것과 마찬가지로, 계몽 전제주의를 실제적으로 완벽하게 충족시키는 예를 찾아 내는 것은 거의 불가능하다.

가령 지중해와 남쪽 국가들 중에서 나폴리, 스페인, 포르투갈, 그 외에 이탈리아의 국가들 그리고 당시의 로마 교황령들까지 모두 경제개혁을 추구한 장관들이 있었다. 그중 어떤 나라들은 개혁에 자극을 받았고, 포르투갈과 스페인 같은 나라들은 잃어버린 강대국의 면모를 회복하기 위한 하나의 방법으로써 계몽 전제정치에 눈을 돌렸다. 그리고 어떤 나라들은 교회의 세력을 침해했다.

거의 모든 나라가 부르봉 왕가와 인척관계에 있는 통치자들을 섬겼다. 그중 가장 작은 나라인 이탈리아 북부의 파르마라는 곳에서는 교황권 싸움에 말려듦으로써, 2세기 동안 반종교개혁의 선봉에서 싸우던 교황권의 오른팔인 예수회가 계속 공격을 받기도 했다.

계몽 전제군주들의 압력을 받아오던 교황은 결국 1773년에 예수회의 해체를 명령할 수밖에 없었다. 그것은 하나의 위대한 상징적 정복이었다. 그것은 유럽의 가톨릭 국가

들에서조차 진보된 반성직주의의 힘을 과시한 사건이었다.

동유럽의 절대왕정

유럽의 가톨릭 국가들 중에서 오직 스페인만이 강대국으로서의 면모를 간직하고 있었지만, 그 세력은 이미 쇠락해 가고 있었다.

반면에 동유럽의 계몽 전제주의 국가들은 점차 강대국의 면모를 갖춰 나가고 있었다. 하지만 폴란드는 18세기에 외부 세력의 먹잇감이 되어 프로이센, 러시아, 오스트리아에 의해 분할되었다. 폴란드에도 분명히 계몽주의 시대가 있긴 했지만, 그 나라의 전제정치는 계몽주의를 효과적으로 펼치지 못했다. 보다 성공적인 국가들인 프로이센, 합스부르크 제국, 러시아는 국가 세력을 강화하는 한편 외형적으로 계몽주의를 그럭저럭 유지했다.

동유럽 국가들의 절대왕정은 사회 변화에 의한 것이라기보다는 정치적·군사적인 성격이 더 강했다. 동유럽은 중세 말부터 전쟁의 소용돌이에 휘말렸고, 전쟁 비용은 베르사유 궁전의 가장 호화로운 복제 건물을 짓는 데 드는 비용보다 훨씬 더 많았다.

러시아의 절대주의는 표트르 대제 시대에 확립되었다. 18세기 초, 표트르 대제는 러시아를 확실한 강대국으로 만들고자 하면서 서구의 절대주의를 모방하는 방식으로 러시아의 근대화를 강력하게 추구했다. 그리고 18세기 후반기에 이르러 러시아 여제 예카테리나 2세는 표트르 대제가 확립해 놓은 제도들을 계승, 발전시킴으로써 많은 이익을 거둬들였다.

그녀는 또한 자신이 문학을 적극 후원하고 인도주의를 표방한다고 널리 광고함으로써 러시아의 정치체제를 최신 사상들로 포장했다. 하지만 그것은 허울에 지나지 않았다. 사실상 러시아의 전통적인 사회 계급구조는 전혀 변하지 않았기 때문이다. 러시아는 보수적

인 전제주의 국가였고, 정치는 거의 언제나 귀족 파벌들과 가문들 간의 싸움으로 곪아 있었다.

프랑스 화가 장 마르크 나티에(1685~1766)가 그린 표트르 1세(1672~1725)의 초상화. 표트르 대제로도 알려진 그는 러시아의 서구화를 자신의 주요 목표로 삼았다.

프로이센에서도 계몽사상은 그다지 많은 것을 변화시키지 못했다. 프로이센에는 효과적이고 중앙집권적인 경제 행정이 훌륭하게 정립되어 있었다. 프로이센은 다른 나라에서 개혁가들이 추구하던 것들을 대부분 이루어 놓고 있었다. 또한 이미 종교적 자유를 누리고 있었다. 그러나 호엔촐레른가*의 군주정은 18세기에도 실질적으로 변한 게 없는 대단히 보수적인 사회를 통치하고 있었다.

*호엔촐레른가家
1415~1918년까지 존속했던 독일의 왕가. 1701년 프로이센 왕이 되어 합스부르크가에 비할 만한 세력을 누렸으며, 19세기 독일 제국이 세워지자 황제의 칭호를 가졌다.

18세기 판화에 묘사된 러시아의 여제 예카테리나 2세(1729~1796). 그녀는 자신의 궁정 내에서 신하들에게 프랑스의 언어와 관습, 복식을 강요했다. 예카테리나 여제는 귀족계급의 전폭적인 지지로 러시아의 완전한 통치권을 획득했다.

권위와 도전자들 79

'프리드리히 대왕'으로 알려진 프로이센의 프리드리히 2세(1712~1786)는 자신을 '국가의 제일의 종복'이라고 불렀는데, 그의 이런 군주관은 다른 왕정 국가들로 빠르게 퍼져 나갔다.

프로이센은 프리드리히 1세와 그의 아들 프리드리히 2세 때 강대국으로 도약했다. 프리드리히 2세는 군국주의적 관료제로 이루어진 절대왕정을 수립했다. 그는 오직 토지 귀족층이 국가의 근간이라고 생각했다. 그래서 귀족들의 법적 · 사회적 특권을 신중하게 유지시키고, 오직 귀족들만이 군대에서 높은 계급에 임명될 수 있다고 계속 확신시키는 한편, 농노에 대한 지배권을 강화했다. 그리하여 그의 통치 기간이 끝날 무렵 프로이센 영토 내에는 그의 통치가 시작될 때보다 훨씬 더 많은 농노들이 있었다.

| 합스부르크 제국 |

프로이센과의 경쟁은 합스부르크 제국 내에 개혁의 바람을 강하게 불러일으켰다. 그러나 합스부르크 제국에는 개혁 과정에 큰 장애물이 있었다. 그 왕조의 영토들은 국적, 언어, 제도 등이 매우 다양했다. 그래서 합스부르크 제국의 황제는 헝가리의 왕, 밀라노의 공작, 오스트리아의 대공 이외에 수많은 칭호를 갖고 있었다.

이처럼 다양한 영토와 민족들로 이루어진 제국이 유럽 문제에 영향력을 행사하기 위해서는 강력한 중앙집권화와 통일된 행정이 무엇보다 필요했다. 또 하나의 문제는, 부르봉 왕조의 국가들과 러시아나 프로이센과 마찬가지로, 합스부르크 제국 역시 가톨릭 국가였다는 사실이었다. 그래서 교회의 권력이 모든 곳에 깊이 뿌리 내려 있었다. 반종교개혁이 성공적으로 이루어졌던 곳은 스페인을 제외하면 대부분 합스부르크 제국의 영토에 포함되어 있었다. 따라서 교회는 엄청난 자산을 소유하고 있었고, 모든 지역의 교회는 전통, 교회법, 교황의 정책에 의해 보호받고 있었다. 뿐만 아니라 교회는 교육을 독점하고 있었다.

합스부르크 왕가는 1493년 막시밀리안 1세가 즉위한 후부터 1711년 카를 6세가 즉위할 때까지 신성 로마 황제의 칭호를 물려받았다. 그것은 합스부르크 왕가의 영토가 워낙 넓고 부유했던 까닭에 다른 독일 선제후들에게 영향력을 행사해 합스부르크 왕가의 후보를 황제로 선출하도록 강요할 수 있었기 때문이었다.

합스부르크 제국의 개혁

이러한 배경으로 볼 때, 합스부르크 제국 내의 근대화는 '계몽'적인 색채를 띠고 진행되었을 것으로 생각할 수 있다. 그러나 합스부르크 영토 내에서 개혁은 깊이 뿌리 내린 사회 권력층이나 교회와 늘 충돌을 일으켜 제대로 추진되지 못했던 것 같다.

그 때문에 마리아 테레지아 여제는 개혁에 결단코 호의적이지 않았다. 그러나 1740년대 이후로 합스부르크 군주정이 프로이센과 우위권 다툼을 할 수밖에 없다는 사실이 분명해지자 그녀는 조언자들의 설득으로 마침내 개혁을 단행하기로 했다.

국가 재정의 개혁과 그에 따른 행정 개혁이 시작되자, 결국 교회와 국가 간의 갈등이 일어났다. 이러한 갈등은 마리아 테레지아의 아들이자 계승자인 요제프 2세의 통치 기간에 절정을 이루었다.

요제프 2세는 어머니 마리아 테레지아보다 진보된 견해를 가지고 교회에 대해 강경책을 밀고 나갔다. 그는 수도원의 재산을 몰수하고 폐쇄시켰으며 교회의 권한을 없애고 성직자들에게서 교육의 독점권을 빼앗았다. 그로 인해 그의 개혁정책에 대한 거센 반발이 일어났다. 하지만 그보다 더 심각한 것은, 요제프가 귀족들의 특권을 없애고 급진적인 개혁정책을 강행하여 브라반트, 헝가리, 보헤미아 귀족들의 반감을 샀다는 사실이었다. 합스부르크 영토 전역의 각 지방에서는 요제프의 정책에 반대하여 강하게 저항했고, 그리하여 통치 기간이 끝날 무렵 그의 통치권은 사실상 아무런 영향력도 행사하지 못하는 상태가 되었다. 1790년, 그는 실의에 빠져 생을 마감했다.

프랑스의 개혁에 대한 저항

각 국가마다 개혁의 배경과 과정 그리고 결과들이 각기 달랐기 때문에 모범으로 삼을 만한 하나의 '대표적인' 계몽 전제정치를 찾는 것은 불가능하다. 여러 개혁 정책들과 개혁 물결에 뚜렷하게 영향을 받은 프랑스 역시 마찬가지다.

루이 14세가 죽고 나서 프랑스의 개혁은 강력한 장애물에 부딪히게 되었다. 루이 14세의 뒤를 이은 루이 15세의 통치 기간에 특권층의 실제적인 영향력이 커졌고, 그로 인해 고등법원 내에서 특별한 이해관계와 특권을 침해하는 법률들을 비난하는 목소리가 점점 커져 갔다. 더욱이 국왕에게 무제한적인 입법상의 권한이 계속해서 주어지는 것을 거부하려는 움직임이 새롭게 나타나면서 점점 세력을 확장시켜 가고 있었다.

18세기에 프랑스는 유럽에서 세력의 균형을 유지하고 영국의 세력을 억제하려고 애썼다. 그러나 프랑스 왕실은 전쟁 비용 때문에 한없이 불어나는 적자를 감당할 수 없었다. 그래서 왕실은 재정 문제를 해결하기 위해 조세 개혁을 실시했고, 이는 당연히 갈등을 불러일으켰다. 프랑스 왕정 내의 개혁을 위한 대부분의 계획들은 이러한 기반 위에서 운영되었고, 결국 재정 문제가 큰 요인으로 작용하여 1789년 마침내 왕정이 붕괴되었다.

1789년 무렵 프랑스는 국내 정치와 사회 제도에 대해 신랄하게 비판하는 계몽 사상가들이 활발한 활동을 펼치는 가운데 진보된 사상들이 가장 널리 보급된 나라였던 반면에, 그러한 사상들을 실천에 옮기기가 가장 어려워 보이는 나라이기도 했다. 하지만 18세기 말 유럽 전역의 전통적인 왕정들은 모두 비슷한 상황에 처해 있었다. 개혁과 근대화가 시도된 곳이라면 어디서나, 기득권을 누려 온 세력들이 전통적인 사회구조가 전복되는 것을 두려워하여 그러한 시도들을 방해하고 나섰다. 그리고 어떤 나라에서든 절대 왕정이 그 문제를 해결한다는 건 불가능해 보였다. 절대왕정은 바로 그 기득권에 의존하고 있었기 때문에 전통적인 권위를 너무 엄격하게 문제 삼을 수 없었다.

절대입법자로서 무제한의 권한을 가진 통치권은 18세기에도 여전히 논란의 대상이 되었다. 오랫동안 유지해 온 권한이 침해를 당

권위와 도전자들 81

카를 6세의 딸인 마리아 테레지아 여제(1717~1780)는 오스트리아의 공주로, 1740년부터 헝가리와 보헤미아의 여왕이 되었다. 그녀의 남편인 프랑수아 1세는 1745년에 신성 로마 제국 황제가 되었고, 장남 요제프 2세가 1765년에 그의 뒤를 이었다. 마리아 테레지아의 딸 마리 앙투아네트는 훗날 프랑스의 왕이 되는 프랑스 황태자 루이 16세와 1770년에 결혼했다.

한다면 재산권 역시 침해당할 수 있지 않겠는가? 그것은 충분히 가능성 있는 지적이었다. 영국의 지배층은 혁명적인 사상들로 인해 자신들의 기득권을 빼앗기지 않을까 하는 두려움 때문에 개혁의 범위를 제한하려고 했다.

국가권력의 성장

유럽의 많은 국가들은 300년에 걸친 복잡한 정치적 변화의 과정을 거쳐 오면서 무엇보다 중요한 것이 국가권력의 성장이라는 것을 계몽 전제주의를 통해 보여 주었다. 시간을 뒤로 돌려 과거로 돌아가고자 했던 사람들의 시도는 이따금씩 성공적인 것처럼 보였지만, 그것은 거의 대부분 일시적인 것에 불과했다.

사실, 가장 단호한 개혁가들과 가장 유능한 정치가조차 국가 기구와 함께 일해야 했다. 진보적인 관료에게는 그런 국가 기구가 대단히 부적절하고 열악해 보였을 것이다. 그러나 18세기 국가들이 그 이전에 비해 훨씬 더 많은 자원을 동원할 수 있었다 하더라도, 근본적인 기술 혁신이 전혀 없는 상태에서는 그렇게 해야만 했다.

1800년의 통신시설은 1500년과 다름없이 바람과 인력에 의존했다. 1790년대에 이용하게 된 '전신장치'는 밧줄을 당겨서 작용시키는 단순한 신호체계에 불과했다. 군대의 기동력은 300년 전에 비해 약간 더 빨라졌을 뿐이었다. 무기 역시 어느 정도 개선되긴 했지만 몰라볼 정도로 발전한 것은 아니었다. 오늘날과 같은 경찰 조직은 어떤 나라에서도 존재하지 않았다. 그리고 소득세를 완벽하게 징수하는 일은 아직도 먼 미래의 일이었다.

국가권력의 변화는 기술의 발달보다는 사상의 변화와 보다 효율적인 제도의 발달 덕분에 일어났다. 1789년 이전에는 어떤 주요 국가에서도 그 국가의 모든 국민이 국가정책을 이해한다는 것은 생각조차 할 수 없었다. 국민에 대한 관심보다는 외부 세력으로부터 나라를 보호하는 데 더 큰 관심을 두었고, 그 누구도 국민이 곧 국가라는 생각을 하지 못했다. 이것은 아마도 영국과 네덜란드 연방을 제외하고는 그 어떤 나라도 마찬가지였을 것이다.

3 | 위대한 힘의 새로운 세계

공식적인 외교 제도는 15~16세기에 기틀이 완성된 후 오늘날까지 계속 유지되고 있다. 각 나라의 통치자들은 공식적인 외교 문서를 주고받으며 외교 협상을 벌였다. 외교 협상을 바라보는 시각 또한 다양했다. 예를 들어, 중국인들은 자신들의 황제는 전 세계를 지배하는 황제이며 따라서 중국 황제를 만나러 오는 모든 사절단들은 종속국가의 신민으로서 황제에게 공물을 바치거나 탄원을 올리기 위해 오는 것이라고 생각했다. 중세의 왕들은 서로 간에 왕의 친서를 전달하는 사자를 보내거나 경우에 따라서는 대규모의 사절단을 보내기도 했다. 그래서 사절단들에 관한 특별한 의식과 그들의 안전을 보장하기 위한 특별한 법들이 생겨났다.

1500년 이후로 평화로운 시기에 대사를 영구적으로 주재하는 상주 대사 제도가 서서히 자리를 잡기 시작했는데, 이 제도는 오늘날까지 이어지고 있다. 모든 일반적인 외교 업무는 우선 상주하는 대사가 처리하며, 대사는 자국의 통치자에게 자신이 주재하는 국가에 관한 정보들을 신속하게 알려야 하는 임무를 맡고 있다.

새로운 외교 체제

대표적인 상주 대사들은 베네치아의 대사들이었다. 국가의 생존을 위해 무역과 원활한 대외관계 유지가 절실했던 지중해의 한 작은 지역에서 최초의 전문적인 외교관들이 등장했다는 것은 당연한 일일 것이다.

초기에는 외교 사절로 나간다는 것이 목숨을 기약할 수 없는 아주 위험한 일이었지만, 외교관들에게 면책권과 같은 특권들이 주어지면서 점차적으로 신변의 안전을 보호받을 수 있게 되었다. 협약을 비롯한 외교 형식들 역시 점점 더 명확해지고 체계화되었다. 그리고 외교 절차 역시 국제적으로 표준화되었다. 이러한 모든 변화들은 단번에 이루어진 것이 아니라 매우 천천히 이루어졌다.

그러나 사실상 현대적 의미의 전문적인 외교관은 1800년까지 나타나지 않았다. 그 이전

15세기에 제작된 이 그림에 등장한 인물들은 막시밀리안 1세(1459~1519)와 그의 가족들이다. 합스부르크가의 외교정책과 혼인정책은 합스부르크 왕조를 유럽의 중심 세력으로 바꾸어 놓았다. 하지만 결과적으로 합스부르크 왕조는 스페인과 오스트리아로 분열되었다.

까지 대사들은 봉급을 받는 공무원들이 아니라 왕의 대리자 역할을 수행하는 귀족들인 경우가 많았다. 그렇긴 했지만 외교의 전문화는 분명히 그 시기부터 시작되고 있었다.

또 하나의 중요한 징후는, 그동안 교황과 황제의 불분명한 지배권과 왕이나 제후들 사이의 봉건적인 유대관계로 이루어졌던 세계가 1500년 이후로 주권국가들 간의 관계로 이루어진 새로운 세계로 변화해 가고 있었다는 점이다.

이 새로운 체계의 가장 놀라운 특징은, 전 세계가 주권국가들로 분류된다는 것을 전제로 했다는 사실이다. 하지만 이런 생각이 보편화되기까지는 많은 시간이 필요했다. 당시의 사람들이 보기에, 16세기의 유럽 국가들은 한 명의 통치자가 독립적으로 통치하는 현대적 의미의 국가가 아니었다. 더욱이 각 지역의 구성원들을 '국민'이라고 부를 수 있는 통합체는 몇몇 예외적인 경우를 제외하고는 생각조차 하지 못하는 상태였다. 그것은 신성 로마 제국과 같은 과거의 지배 관행들이 계속 남아 있었기 때문만이 아니라, 초기 근대 유럽의 대외정책에 있어서 지배적인 원리였던 '왕조주의' 때문이기도 했다.

왕조주의

16세기와 17세기에 유럽의 각 나라들은 '국가'라기보다는 '영토'의 개념에 더 가까웠다. 그 영토들은 침략, 결혼, 상속에 의해 장기 또는 단기간에 걸쳐 축적된 재산이었다. 이것은 개인이 소유지를 축적하던 것과 동일한 방법으로 이루어진 것이었다.

그 결과는 지도상에 그대로 드러난다. 한 통치자에게서 다른 통치자에게로 영토가 상속되는 과정에서 이런저런 방식으로 영토가 분할되면서 국경선들이 계속 바뀌었다. 그에 따라 주민들도 바뀌었고, 농장의 일꾼들이나 농민들도 바뀌었다.

이 시기에 각 나라들은 왕가끼리 결혼을 하면서 서로 어떤 이익을 얻을 수 있는지 면밀하게 검토한 후 협상과 협약을 맺었다. 그리고 이때 결혼 당사자가 왕위계승권자인지 아닌지 신중하게 조사하여 왕위계승 혈통을 이어 나가고자 했다. 이 모든 것은 바로 자신들의 왕권을 계속 유지하고자 하는 왕조주의 때문이었다.

통치자들은 자신의 왕조를 지키기 위해 싸웠을 뿐만 아니라 종교 문제로 다투었으며, 점차적으로 무역과 부 때문에 서로 싸우게 되었다. 그중 어떤 통치자들은 해외의 영토를 획득하기도 했다. 이것 역시 상황을 복잡하게 만드는 한 요인이 되었다. 더 넓은 영토를 소유하는 것이 최고라는 봉건적인 사고가 당시에도 남아 있었다. 그런 시대착오적인 생각 이외에도, 새로운 땅으로의 이민이나 점점 커져 가는 국가 의식 등과 같은 많은 변화들이 지도상의 변동을 가져오는 요인으로 작용했다.

합스부르크 왕가와 합스부르크-로렌 왕가의 신성 로마 제국 통치 기간(1493~1835년)

막시밀리안 1세 1493~1519년	페르디난트 1세 1558~1564년	루돌프 2세 1576~1612년	마티아스 1612~1619년	레오폴트 1세 1658~1705년	카를 6세 1711~1740년	요제프 2세 1765~1790년	레오폴트 2세 1790~1792년	프랑수아 2세 1792~1835년
1500년	1550년	1600년	1650년	1700년	1750년	1800년		
카를 5세 1519~1556년	막시밀리안 2세 1564~1576년	페르디난트 2세 1619~1657년	요제프 1세 1705~1711년	왕위계승 전쟁 1740~1748년	프랑수아 1세와 마리아 테레지아 1745~1765년 (합스부르크-로렌 왕가)			

스페인의 가톨릭 절대군주들은 대부분의 유럽 왕조들과 마찬가지로, 결혼을 그들의 지배권을 확장시키기 위한 하나의 수단으로 이용했다. '가톨릭 부부 왕'으로 불린 카스티야의 이사벨 1세와 아라곤의 페르난도 2세는 합스부르크가와 이중 결혼을 맺었다. 그들뿐만 아니라 그들의 딸 후아나와 키가 크고 금발의 미남이었기 때문에 '단려왕'이라는 별명을 가진 펠리페 1세가 결혼을 한 것이다.

16세기에 제작된 이 그림 속의 인물들은 펠리페 1세와 후아나이다. 이들은 후일 황제 카를 5세와 페르디난트 1세가 되는 두 아들을 낳았고, 그 아들들은 광대한 제국을 물려받았다.

16~17세기의 대부분의 통치자들은 자신들을 왕조의 관리자라고 생각했다. 다시 말해 자신들이 세습 받은 권한과 이권들을 후계자에게 물려줄 때까지 보존하고 유지해야 한다고 생각한 것이다. 그리고 그들은 그러한 자신들의 역할을 충실히 수행했다. 그들은 자신들이 통치하는 사회 내의 남자들이나 가문들과 마찬가지로 혈통과 가문을 중시했다. 중세시대에만 혈통과 가문에 집착했던 것은 아니었다. 16~17세기야말로 그 어느 때보다도 혈통과 가문을 중시하던 시대였다.

1500년대에 이르러 유럽 왕조의 가계도는 중요한 변화를 보이기 시작했다. 그리하여 그다음 200년 동안 두 개의 위대한 가문이 유럽의 대부분 지역을 놓고 대립하기 시작했다. 하지만 이미 그 이전부터 이 두 가문은 이탈리아를 두고 서로 다투고 있었다.

그 두 가문이 바로 합스부르크 가문과 프랑

스의 통치 가문이었다. 프랑스의 통치 가문은 처음에는 발루아 가문, 그리고 1589년 앙리 4세가 즉위한 이후로는 부르봉 가문이 뒤를 이었다. 그리고 그 이후로 합스부르크가는 오스트리아의 왕실 가문으로, 그리고 부르봉가는 프랑스의 왕실 가문으로 다시 세력을 이어 나갔다.

이 두 가문 모두 다른 많은 나라들에 통치자들과 통치자의 배우자들을 배출했다. 16세기가 시작되면서 그들은 부르고뉴의 상속권을 가지고 날카롭게 대립했지만 그 후로 이 두 가문의 유럽 명문 세력가로서의 지위는 점차 사라졌다. 한때는 유럽에서 이 두 가문에 필적할 만한 가문을 찾아볼 수 없었지만 이제 상황은 달라졌다. 이 두 가문의 세력은 예를 들어 웨일스의 튜더 가문보다 더 나을 것도 없었다. 웨일스의 튜더 가문에서 최초로 배출한 통치자인 헨리 7세는 1485년 잉글랜드의 왕으로 즉위하기도 했다.

국민국가를 향하여

진정한 국가적 단결과 정치적 통합을 유지하려는 국가의식이 눈에 띄게 드러난 나라는 영국, 프랑스, 스페인이었다.

폐쇄적인 섬나라에 불과했던 영국은 국민국가를 향해 가장 빠르게 변모했다. 백년전쟁*은 영국이 프랑스의 지배에서 벗어나려 했던 처절한 싸움이었다. 하지만 백년전쟁이 종결되면서 영국은 대혼란에 빠졌고 '장미전쟁'*이라고 불리는 내전이 발발했다.

장미전쟁은 랭커스터 왕가와 요크 왕가의 왕권 다툼에서 비롯되었다. 이 전쟁에서는 결국 랭커스터의 헨리가 승리를 거두었다. 그는 헨리 7세로 즉위하면서 새로운 튜더 왕조를 열었고 이후부터 영국에는 절대군주제가 뿌리를 내리면서 번영을 구가하기 시작했다.

프랑스 역시 민족 단결을 위해 노력하고 있

이 그림에 묘사된 인물은 합스부르크가의 페르디난트 1세(1503~1564)이며, 이 그림은 그의 기도서에 실려 있던 것이다. 합스부르크가의 페르디난트는 1531년에 이미 로마인들의 왕으로 지명되었다. 그는 1558년에 신성 로마 제국 황제가 되었다.

었다. 그렇지만 발루아·부르봉 가문은 자신들의 영토와 특권들을 지켜나가는 데 있어서 튜더 가문보다 더 큰 문제들을 안고 있었다. 군주들은 그들의 영토에서 완전한 지배권을 행사하지 못했다. 뿐만 아니라 그들의 신민들 중 어떤 이들은 심지어 프랑스어를 사용하지도 않았다. 그럼에도 불구하고 프랑스는 국민국가로 나아가기 위해 부단히 노력하고 있었다.

| 합스부르크 왕가의 야망 |

스페인 역시 국민국가로 나아가는 과정에 있었다. 그러나 스페인의 두 왕권은 1516년 페르난도 2세가 죽은 뒤 합스부르크가의 카를로스 1세가 그의 어머니와 공동 통치자가 되고 나서야 비로소 통합되었다. 카를로스 1세의 아버지는 신성 로마 제국 황제 막시밀리안 1세의 아들이었던 카스티야의 왕 펠리페 1세였고, 그의 어머니는 '가톨릭 부부 왕'이었

＊백년 전쟁
영국과 프랑스가 1337~1453년까지 100여 년 동안 일으킨 일련의 전쟁. 프랑스의 왕위 계승과 플랑드르 지역에 대한 주도권 싸움이 원인이 되었다. 영국의 선제공격으로 시작되었지만, 잔 다르크 등의 활약으로 프랑스가 승리했다.

＊장미 전쟁
1455~1485년까지 영국에서 일어난 일련의 내전. 랭커스터 가문과 요크 가문이 서로 왕위를 주장하면서 벌어졌다. 전쟁의 이름은 두 가문을 상징하는 빨간 장미와 흰 장미에서 따왔으며, 이 전쟁으로 왕권이 강화되어 영국의 절대주의 시대가 도래했다.

위대한 힘의 새로운 세계 **87**

던 카스티야 여왕 이사벨 1세와 아라곤 왕 페르난도 2세의 딸인 후아나였다. 카를로스는 오스트리아, 카스티야, 아라곤을 비롯해 이탈리아 영토와 신대륙 그리고 아프리카의 식민지 등을 물려받음으로써 유럽과 아메리카에서 주도적인 세력을 유지했다.

하지만 카를로스는 여전히 아라곤과 카스티야의 눈치를 살펴야 했다. 그가 스페인 국적을 갖고 있다는 사실은 통치자로서의 그의 권한

티치아노가 그린 초상화로, 스페인의 카를로스 1세이자 신성 로마 제국의 황제인 카를 5세(1500~1558)의 모습이다.

에 걸림돌로 작용했다. 카를로스는 처음에는 인기가 있었지만, 거대한 합스부르크 제국에서 자신의 스페인 국적을 숨기고 왕조의 이익을 위해 스페인의 이익을 희생시켰기 때문에 결국 신망을 잃고 말았다. 16세기의 전반기에 일어난 가장 주목할 만한 외교적 사건은 1519년, 그가 신성 로마 제국의 황제 카를 5세로 추대됨으로써 자신의 조부 막시밀리안의 뒤를 이은 것이었다. 그리고 이전의 정략결혼으로 그는 거대한 영토를 지배하게 되었고 황제라는 칭호에 어울리는 권위를 가지게 되었다.

카를 5세는 자신의 어머니로부터 시칠리아와 새로 발견된 스페인령 아메리카를 물려받았다. 그리고 아버지 펠리페 1세로부터는 부르고뉴 공국의 일부였던 네덜란드를, 조부 막시밀리안으로부터는 오스트리아의 합스부르크 소유 영지들과 티롤을, 그리고 알자스, 프랑슈-콩테와 더불어 이탈리아의 많은 영지들을 물려받았다. 그것은 합스부르크 왕가가 쌓아 올린 거대한 유산이었다. 그리고 보헤미아와 헝가리의 왕권들은 카를 5세의 동생인 페르디난트 1세가 차지했다. 페르디난트 1세는 카를로스의 뒤를 이어 신성 로마 제국의 황제가 되었다. 이렇게 하여 합스부르크 왕가는 16세기 유럽 정치사의 주도권을 장악했다. 카를 5세가 황제에 즉위하던 당시 그의 수많은 칭호들을 보면, 합스부르크 왕가의 지배권이 실로 엄청났다는 것을 알 수 있다. '로마인들의 왕', '스페인, 시칠리아, 예루살렘, 발레아레스 제도, 카나리아 제도, 인도대륙, 대서양 저편 본토의 왕', '오스트리아의 대공', '부르군디, 브라반트, 스티리아, 카린티아, 카르니올라, 룩셈부르크, 림부르흐, 아테네, 파트라스의 공작', '합스부르크, 플랑드르, 티롤의 백작', '부르고뉴, 해노, 피르트, 루시용의 팔라틴 백작', '알자스의 백작영주', '스와비아의 백작', '아시아와 아프리카의 왕'……

카를 5세의 제국주의적 야심

그러나 카를로스 1세, 즉 카를 5세가 다스린 지역은 영토적인 의미의 제국이었을 뿐, 국가적인 의미의 제국은 아니었다. 그 중 두 개의 주요 지역은 왕가의 실리적인 목적을 위해 대단히 중요한 역할을 했다. 그중 하나는 아메리카로부터 유입된 금괴로 인해 더욱 부유해진 스페인 세습 영토인 네덜란드였다. 그리고 다른 하나는 옛 합스부르크가의 영지들로, 왕가의 우위성을 지속시키기 위해서 절대적으로 필요한 독일 지역들이었다.

그러나 카를 5세는 세속적인 황제 이상의 역할을 하고 싶어 했다. 그는 자신을 가리켜 '신의 깃발을 든 자'라고 말했고, 그것을 직접 증명하듯 아프리카에서 옛 기독교 전사들처럼 전투에 참가해 이교도인 투르크족과 맞서 싸웠다. 그는 유럽의 다른 많은 통치자들 중 하나가 아니라 그들보다 훨씬 더 큰 권위와 권력을 지닌 중세적인 의미의 황제가 되고자 했다. 그는 기독교 국가의 지도자를 자처하면서 자기가 내리는 모든 명령은 신의 뜻이라고 생각했다. 분명히 그는 황제 직위를 갈망하는 또 한 명의 경쟁 상대인 튜더가의 헨리 8세보다 더 충실한 '신앙의 옹호자'로 불리고 싶어 했다.

독일, 스페인, 합스부르크 왕조의 이익은 종교와 세속권에 대한 카를 5세의 그러한 시각 때문에 어느 정도 피해를 입었다. 그러나 그가 추구했던 것은 불가능한 것이었다. 세계적인 대제국을 실현시키겠다는 그의 꿈은 종교개혁과 16세기의 미비한 교통망과 정보 시스템 그리고 통치에 부적합한 행정기관 등에 비추어 볼 때 인간의 한계를 넘어서는 것이었다. 그는 그러한 헛된 야망을 끊임없이 추구하면서 자신이 직접 모든 것을 관장하고자 애썼다. 그의 갈망은 중세적인 사고방식이며 시대착오적인 것이었다.

신성 로마 제국은 물론 합스부르크 가문의 영토들과 구별되었다. 신성 로마 제국 역시 중세적인 과거를 구현했는데, 그것은 시대에 뒤떨어지고 비현실적인 것이었다. 신성 로마 제국의 대부분을 차지하고 있던 독일은 카를 5세의 통치를 받는 동시에, 카를 5세로부터 직 영토를 배당받아 관리하는 봉건영주인 제국의회 의원들의 통치 하에 놓여 있었고, 그래서 완전히 무질서한 상태였다.

금인칙서*가 발포된 이래로, 황제 선거인들인 일곱 명의 선제후들이 실질적으로 자신들의 영토 내에서 주권을 행사하며 통치해 왔다. 그리고 100명의 제후들과 50개 이상의 독립적인 도시들도 있었다. 또 다른 300여 개의 부차적인 작은 국가들과 황제의 가신들 역시 초기 중세 제국이 해결하지 못한 채 남

*금인칙서
1356년 신성 로마 제국 황제 카를 4세가 황제 선거에 대해 반포한 제국법. 교황이 정치에 간섭하는 것을 막기 위해 황제 선거권을 '선제후' 또는 '선거후'라는 일곱 명의 제후에게만 주었다.

프랑스 화가 장 클루에(약 1485~약 1541)가 그린 프랑수아 1세(1494~1547)의 초상화이다. 프랑수아 1세와 카를 5세는 부르간디, 밀라노, 제노아, 나폴리를 포함하는 영토 지배권을 놓고 서로 싸웠다. 그들은 왕이었음에도 불구하고 직접 전투에 참여해 싸웠던 절대군주들이었다.

위대한 힘의 새로운 세계 89

이 16세기 판화는 황제 카를 5세가 튀니스를 정복한 후 그 도시로 입성하는 장면을 묘사하고 있다. 그러나 투르크 제국은 지중해 서쪽에서 부터 아프리카 바르바리 연안까지 영토를 확장하면서 이탈리아까지 위협했다. 1535년 카를이 튀니스를 정복하자, 투르크인들의 지원을 받는 바르바리 해적들의 습격이 잠시 주춤했다.

에서 프랑스 왕을 이기기 위해서는 선제후*들에게 뇌물을 주어야 했고, 그러기 위해서는 막대한 재물이 필요했다. 헨리 8세가 황제로 선출될 가능성은 전혀 없었기 때문에, 카를 이외에는 프랑스 왕 프랑수아 1세가 가장 유력한 후보자이자 가장 큰 경쟁 상대였다.

1806년 신성 로마 제국이 나폴레옹에게 멸망당하기 전까지, 합스부르크 왕조의 특권은 신성 로마 제국을 통합하는 유일한 원동력으로 작용했다.

이탈리아 전쟁

반도라는 지리적 특성 때문에 빈번하게 외침을 당해 온 이탈리아는 여전히 독립적인 도시국가들로 분열되어 있었다. 이 도시국가들 중 대부분은 전제군주들이 다스렸고, 어떤 곳들은 외부 세력의 지배를 받고 있었다.

기독교 도시국가들은 교황이 다스렸다. 그리고 나폴리는 아라곤 왕이 다스렸으며, 시칠리아는 아라곤 왕의 인척인 스페인인들의 지배를 받고 있었다. 베네치아, 제노아, 루카는 공화국들이었다. 포 강 유역의 밀라노는 공국*으로 스포르차 가문이 다스렸다. 플로렌스는 공식적으로는 공화국이었지만 1509년부터 사실상 군주국으로, 은행 가문이었던 메디치 가문이 다스렸다. 이탈리아 북부 지역에서는, 사부아 공작들이 조상 대대로 물려받은 알프스 반대편의 피에몬테를 다스리고 있었다.

이탈리아 반도가 그처럼 분열되어 있었기 때문에 많은 외부 세력들이 눈독을 들였다. 프랑스와 스페인의 통치자들은 이탈리아 가문들 사이의 잦은 불화를 빌미로 그 반도의 내정에 간섭하곤 했다. 16세기 전반기 동안, 유럽 외교 역사의 쟁점은 합스부르크가와 발루아가의 경쟁이었다. 그리고 그 경쟁의 주무대와 먹잇감은 바로 이탈리아였다.

겨 놓은 중세의 흔적들이었다.

16세기가 시작되었을 때, 이러한 혼란을 개혁하고 독일을 국가적 통합체로 만들어 보려는 노력은 결국 실패했다. 제후들과 도시들의 수가 좀 더 적었더라면 가능했겠지만, 그처럼 많은 제후들과 도시들을 하나로 통합한다는 것은 불가능한 일이었다. 그 시도로 인해 몇 가지 행정적 제도들이 새롭게 탄생되었을 뿐이었다.

1519년에 카를 5세가 황제로 선출되자, 문제가 오히려 더 불거졌다. 사람들은 거대한 합스부르크 제국 내에서 독일의 이권이 손상되지 않을까 두려워했다. 카를이 황제 제위 선출

90 근대 유럽의 형성

이들의 싸움은 1494년 중세적 모험을 연상시키는 프랑스의 침략과 더불어 이탈리아에서 시작되어 1559년까지 지속되었다. 이 가문들 간의 싸움은 유럽의 국가 형성 과정에서 뚜렷한 한 시기를 이루고 있다.

카를 5세가 즉위하고 프랑수아 1세가 황제에 선출되지 못하자, 왕조들 간의 경쟁 구도는 더욱 분명하게 드러났다. 신성 로마 제국 황제로서는 그 경쟁이 종교개혁 문제에서 비롯된 치명적인 혼란을 의미했고, 스페인 왕으로서는 그것이 치명적인 세력 붕괴 과정의 시작을 뜻했다. 그리고 그 경쟁은 프랑스 사람들에게는 가난과 침략이라는 결과를 안겨 주었고, 스페인인들에게는 이탈리아 내에서의 지배권을 남겨 주었다. 그리고 전쟁들은 이탈리아 국민들에게 다양한 재난들을 가져왔다.

야만족 침입 시대 이래 처음으로, 로마는 1527년에 반란을 일으킨 황제 군대에 의해 약탈을 당했고, 스페인이 패권을 장악하면서 마침내 이탈리아 도시 공화국들의 위대한 시대가 막을 내리고, 장인들이 출현하게 되었다. 이탈리아의 연안들은 프랑스 함대와 투르크 함대로부터 일제히 습격을 당했다. 그리고 프랑스의 한 국왕이 술탄*과 공식적인 동맹을 맺은 이후, 기독교 국가의 통합체는 허울에 불과했다는 사실이 드러나게 되었다.

오늘날의 터키인 오스만 제국은 그 당시 전성기를 누리고 있었다. 오스만 제국의 투르크인들에 맞서 제국의 지중해 동쪽을 감시해야 했던 베네치아는 허물어지기 시작했다. 카를 5세와 그의 아들은 아프리카 전투들에서 패배했다. 투르크인들이 패배한 유일한 전투는 1571년 레판토 지역에서의 패배뿐이었다. 레판토에서 패배하고 3년 후, 투르크인들은 스페인으로부터 튀니스를 되찾았다.

스페인은 오스만 제국과 싸움을 하는 한편,

이탈리아의 주도권을 놓고 다투는 합스부르크–발루아 전쟁에서 합스부르크가를 지원했기 때문에, 그 무렵 아메리카에서 은이 유입되었음에도 불구하고 더 이상 버틸 수 없을 정도로 재정 상태가 악화되었다. 카를 5세는 말년에 엄청난 빚에 시달려야만 했다.

카를 5세의 퇴위

카를 5세는 1556년 독일의 종교 논쟁이 아우크스부르크에서 마무리 지어진 후 퇴위했다. 그의 뒤를 이어 그의 동생이 황제 직위를 계승하면서 오스트리아 세습 유산을 상속받았고, 그 후 스페인에서 태어나고 자란 그의 아들 펠리페 2세가 스페인의 통치자가 되었다.

카를 5세는 네덜란드에서 태어났다. 그래서 그의 퇴위식은 네덜란드 의회의 황금양털

＊선제후選舉侯
중세시대 독일에서 황제 선거의 자격을 가진 제후. '선거후' 또는 '선정후' 라고도 한다. 이들은 선거권을 독점했고, 교황의 확인 없이 선거만으로 황제를 선출하기도 했다. 국왕에 견줄 만한 권력을 가졌고 그들을 공격하는 것은 대역죄에 해당했다.

＊공국
공작, 대공 같은 '공公'의 직위에 있는 자가 통치하는 비교적 소규모의 국가. 중세 유럽의 봉건 제도 하에서 제후들이 영지를 나누어 다스리던 것에서 비롯되었으며 대체로 세습되었다.

＊술탄
이슬람교에서 정치적 지배자를 일컫는 말. 이러한 호칭은 종교적 최고 권위자인 칼리프가 수여한다. 가즈나의 마흐무드(998~1030, 재위)가 술탄으로 불린 최초의 이슬람 통치자였다.

카를 5세의 아들인 스페인의 펠리페 2세(1527~1598)는 '신앙의 옹호자' 로 불렸다. 그러나 펠리페는 그의 아버지와 마찬가지로 교황권과의 충돌을 두려워하지 않았다. 그리고 그 때문에 그는 교황청으로부터 파문을 당했다.

위대한 힘의 새로운 세계 91

홀에서 거행되었다. 이때 카를 5세는 젊은 귀족인 오렌지 공 윌리엄의 어깨에 기댄 채 의회를 떠나면서 감격의 눈물을 흘렸다.

합스부르크 영토의 분할은 1550년대의 유럽에서 가장 주목할 만한 사건이자 전환점이었다. 그 이후로 유럽 역사상 가장 암울한 시기가 수백 년 동안 계속되었기 때문이다. 초기에는 일시적으로 폭풍 전야처럼 잠잠한 시기가 지속되었다. 하지만 유럽의 통치자들과 그 국민들은 17세기로 접어들면서 증오, 학살, 고문, 잔학 행위의 광란 상태에 빠져들었다. 20세기 이전의 역사에서 이 시기의 잔혹성과 견줄 만한 상황은 전혀 찾아볼 수 없을 정도였다.

이 시기의 두드러진 양상은 스페인의 군사적 우위, 반종교개혁에 의해 시작된 이념적인 갈등, 독일의 마비 상태, 내부의 종교 갈등들로 인한 프랑스의 오랜 침체, 영국, 네덜란드, 스웨덴에서의 새로운 지배세력의 출현 그리고 그 뒤 200년 동안 지속된 해외에서의 충돌들이 최초로 나타나기 시작했다는 것이다. 이 시기가 끝남으로써 비로소 스페인의 세력이 쇠퇴하고 프랑스가 대륙의 지배권을 물려받았다는 사실이 분명하게 드러났다.

네덜란드인들의 반란

17세기 유럽을 평가하기 위한 최고의 출발점은 '네덜란드 반란'이다. 1936년부터 1939년 사이에 일어난 스페인 내전과 마찬가지로 네덜란드 반란은 이념, 정치, 전략, 경제적 문제들의 혼란과 더불어 많은 외부 세력들과의 관계가 복잡하게 얽혀 있었다. 네덜란드 반란은 스페인 내전보다 훨씬 더 오랫동안 일어났다.

스페인, 이탈리아, 플랑드르로부터 스페인 군대들이 언제 프랑스를 침략할지 몰랐기 때문에, 프랑스인들은 항상 불안했다. 영국은 또 다른 방법들로 여기에 개입했다. 영국은 개신교 국가였지만 영국만의 독자적인 개신교였다. 그리고 펠리페 2세는 영국 여왕 엘리자베스 1세와의 완전한 관계 단절을 피하려 했다. 펠리페 2세는 메리 1세와 결혼함으로써 얻게 된 영국에서의 이권을 잃고 싶지 않았다. 그래서 메리 1세가 죽은 뒤 즉위한 엘리자베스 1세에게 또다시 청혼했으나 거절당

*베스트팔렌 조약
1648년 독일 베스트팔렌 지방의 오스나브뤼크에서 맺은 평화 조약. 스페인과 네덜란드 사이에 벌어진 80년 전쟁과 독일의 30년 전쟁을 종결한 조약으로 독일, 프랑스, 스웨덴 등이 체결했다.

17세기에 제작된 이 그림은 1648년 5월 15일에 베스트팔렌의 뮌스터에서 열린 뮌스터 강화회의 장면이다. 오랜 전쟁을 종결시키기 위해 맺은 베스트팔렌 조약*은 뮌스터와 오스나브뤼크에서 나뉘어 열렸다. 뮌스터에는 가톨릭 세력의 대표자들이, 오스나브뤼크에는 개신교 세력의 대표자들이 참석해 회의를 개최했다.

했다.

그동안 펠리페 2세는 오스만 제국과의 전쟁에 전념해 왔기 때문에 영국에 대해서는 그다지 관심을 쏟지 않았다. 그러나 영국이 해적 행위로 스페인 제국에 수많은 피해를 입히자, 스페인은 그에 대응하고자 했다. 그로 인해 영국 내에는 국가적·종교적으로 감정이 불붙게 되었다. 영국과 스페인의 관계는 1570년대와 1580년대에 급속도로 와해되었다. 엘리자베스 1세는 공공연하게 그리고 암암리에 네덜란드를 도왔다. 엘리자베스 1세는 네덜란드가 파멸하는 것을 원하지는 않았지만, 그렇다고 열성적으로 네덜란드의 반란군들을 돕고 싶어 하지도 않았다. 전제군주인 그는 반란자들을 좋아하지 않기 때문이다. 마침내 스페인은 이단자 엘리자베스의 폐위에 대한 교황의 승인을 얻어 내고 1588년에 공격을 개시했다.

"신이 입김을 불자, 그들은 뿔뿔이 흩어져 날아갔다." 영국의 한 기념메달에는 이런 문구가 적혀 있었다. 악천후 때문에 스페인의 무적함대는 참패를 맛보아야 했다. 더욱이 영국 해군은 스페인 해군에 비해 군함의 속도가 빨랐으며 대포의 사정거리도 더 길었기 때문에 스페인의 무적함대는 대단히 불리했다.

영국과 스페인 간의 전쟁은 난파당한 스페인 함대의 파편들이 스페인 항구들로 느릿느릿 되돌아온 이후로도 오랫동안 계속되었다. 영국은 풍전등화의 위기를 모면했을뿐만 아니라 그 기회를 통해 스페인 무적함대를 대신하여 유럽에서 해상권을 장악할 수 있었다.

30년 전쟁

영국의 제임스 1세는 일단 평화조약이 맺어지자, 영국 국민들의 반 스페인 감정에 의해 스페인과의 충돌이 되살아나는 것을 막기 위해 현명하게 노력했다. '12년 휴전협정' 이후로 다시 불붙기 시작한 네덜란드 반란이 훨씬 더 심각한 30년 전쟁으로 변해 가고 있을 때, 영국은 그 대륙의 전쟁에 말려들지 않았다. 전쟁의 핵심은 합스부르크 왕조가 반종교개혁의 승리를 계기로 독일 지역에서의 제국의 권위를 다시 세우려는 데 있었다. 그리고 아우크스부르크 종교화의와 다양한 종파

프랑스와 스페인은 베스트팔렌 조약(1648)을 체결한 후에도 계속 싸웠다. 그 두 국가들 사이의 무력 충돌은 1659년에 이르러서야 비로소 끝이 났다. 그때까지 프랑스는 서유럽에서 지배권을 확실하게 유지하고 있었다. 이 판화에 묘사된 것은, 프랑스와 나바르의 왕인 루이 14세와 스페인의 필립 4세가 1659년에 피레네 평화조약을 비준하기 위해 만나는 장면이다. 이 협정으로 두 나라 사이의 싸움은 마침내 끝이 났다.

위대한 힘의 새로운 세계 93

1648년, 베스트팔렌 조약 당시의 유럽

베스트팔렌 조약은 유럽에서의 합스부르크의 지배권과 특히 스페인 왕가의 종말을 가져왔다. '유럽의 세력 균형'이 이때부터 언급되기 시작했고, 협정 이후로 프랑스와 스웨덴이 신흥 세력으로 새롭게 등장했다. 베스트팔렌 조약으로 종교적 관용 정책이 도입되었고, 개별적인 제후들이 황제보다 훨씬 더 큰 세력을 가진 독립 국가들과의 연맹을 형성하면서 제국은 분할되었다. 그러나 이 협정은 유럽에 전반적인 평화를 가져다주지는 않았다. 발트 해의 문제들이 해결되지 않은 채 그대로 남아 있었고, 프랑스와 스페인 간의 전쟁이 계속되었기 때문이다.

가 공존하는 독일의 현실을 다시 문제 삼았다. 그렇게 해서 다시 한 번, 종교 갈등에서 비롯된 대전쟁이 일어났다.

16세기에 합스부르크가와 발루아가가 이탈리아를 놓고 다투었듯이, 17세기에는 합스부르크가와 부르봉가가 독일을 놓고 다투었다. 왕조들의 이권 다툼은 가톨릭 프랑스와 가톨릭 합스부르크가의 대립을 전쟁으로 치닫게 했다. 리슐리외 추기경을 중심으로 한 '가톨릭 교회의 장녀'인 프랑스는 독일 신교도 제후들을 지지하기 위해 네덜란드의 칼뱅주의자들 및 스웨덴의 루터주의자들과 연맹을 맺었다. 그런 한편, 중앙 유럽에 살고 있던

불운한 사람들은 거의 전권을 갖고 있는 장군들의 변덕과 탐욕을 견뎌 내야 했다.

라인 강 너머에 일대 혼란을 불러일으킨 외교 정책의 창안자인 리슐리외 추기경은 다른 어떤 인물보다 더 강력하게 프랑스의 국력과 왕권을 강화하는 데 주력했다. 이 정책은 오늘까지도 프랑스 외교의 기본 정책으로 받아들여지고 있으며, 이후 주권국가로서의 프랑스의 이권을 최우선시하는 '현실정치'와 '국가이성'의 시대가 도래했다.

30년 전쟁을 종식시킨 1648년의 베스트팔렌 조약은 여러 가지 측면에서 중대한 변화를 일으켰다. 베스트팔렌 조약은 퇴색되어

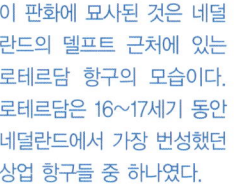

이 판화에 묘사된 것은 네덜란드의 델프트 근처에 있는 로테르담 항구의 모습이다. 로테르담은 16~17세기 동안 네덜란드에서 가장 번성했던 상업 항구들 중 하나였다.

가던 과거의 흔적을 여전히 간직하고 있긴 했지만, 그 조약을 통해 그동안 유럽을 혼란에 빠뜨렸던 많은 문제들이 해결되었다. 우선 베스트팔렌 조약으로 유럽에서 종교 전쟁의 시대가 끝났다. 그리고 이 조약은 통치자의 종교에 반대하는 신민들에게 이주의 권리를 부여하고, 어느 국가도 다른 나라의 신민들에게 자신의 종교를 강요할 수 없다고 선언했다. 이 조약은 또한 스페인의 군사적 패권과 카를 5세의 제국 재건에 대한 야망이 끝났다는 것을 알렸다. 그리고 그로 인해 합스부르크 역사의 한 시대 역시 끝을 맺었다.

독일에서는 브란덴부르크의 선제후를 중심으로 새로운 세력이 나타났고, 합스부르크 가의 세력은 극도로 약화되었다. 그리고 독일 제국이 알자스를 프랑스에 내주고 북독일의 주요 항만과 하구를 스웨덴에 내줌으로써, 합스부르크의 야망은 완전히 좌절되었다. 이로써 새롭게 개편된 미래의 유럽이 모습을 드러내기 시작했다. 즉 프랑스가 패권을 장악하는 한 시대가 엘베 강 서쪽의 유럽에서 시작되고 있었다.

식민지 쟁탈전

콜럼버스가 아메리카를 발견하고 약 150년이 지난 후 스페인, 포르투갈, 영국, 프랑스, 네덜란드는 이미 해외에 거대한 식민지들을 거느린 제국으로 성장해 있었다. 평화조약을 조인한 나라들은 서로 간에 합의한 '정전원칙'을 무시하고 오히려 유럽 대륙 안팎에서 식민지 정복 활동을 펼쳐 나갔다.

영국은 전쟁이 일단락되자 그 협상에 거의 관여하지 않았다. 내부 분쟁과 스코틀랜드 문제로 인해 혼란을 겪고 있던 영국은 유럽보다는 유럽 바깥에 더 치중한 대외정책을 펼쳤다. 하지만 영국은 그러한 대외정책으로 인해 결국 1552년부터 2년 동안 네덜란드와 전쟁을 하게 되었다.

영국의 크롬웰은 네덜란드인들에게 영국과 네덜란드 양측이 평화를 유지하면서 무역을 할 수 있는 공간은 이 세계에 얼마든지 있다고 말하면서 재빨리 갈등을 무마시키려 했지만,

위대한 힘의 새로운 세계 95

베르사유 궁전을 묘사한 18세기 판화. '태양왕' 루이 14세는 프랑스 절대군주제를 찬미하기 위해 이 궁전을 지었다. 그는 모든 종류의 예술을 총망라하여 가장 화려하고 웅장한 궁전을 지으려 했다. 로코코 양식으로 지어진 베르사유 궁전과 파리의 살롱들은 빠르게 유럽 전역에서 모방되었다. 독일, 폴란드, 러시아에서는 프랑스어가 상류사회와 지식인의 공용어로 쓰였고, 심지어는 일상생활에서도 프랑스어를 사용할 정도였다.

영국과 네덜란드의 외교는 이미 상업과 식민지의 이권 문제로 첨예하게 대립하고 있었다.

| 루이 14세 치하의 프랑스 |

프랑스의 패권은 유리한 자연조건을 기반으로 형성되었다. 프랑스는 서유럽에서 가장 인구가 많은 국가였다. 19세기 이전까지 프랑스가 강력한 군사력을 가질 수 있었던 것은 이러한 단순한 이유 덕분이었다. 프랑스의 세력을 견제하기 위해서 여러 국가들은 힘을 합쳐 국제적인 대응을 해야 했다.

당시 프랑스 국민들은 대부분 비참할 정도로 가난했지만, 지금의 시각으로 보면 엄청난 경제적 자원을 소유하고 있었다. 프랑스가 루이 14세 시대에 절정에 달했던 절대적인 권력과 힘을 계속 유지할 수 있었던 것도 바로 그 때문이라고 할 수도 있다.

루이 14세의 통치는 공식적으로는 1643년부터였지만, 실제적으로는 1661년부터 시작되었다. 그 당시 22세의 나이였던 루이 14세는 자신이 최고지배권을 가지고 나라의 모든 문제들을 직접 관장하겠다고 공표했다. 그가 휘두른 절대 권력은 프랑스뿐만이 아니라 세계 어떤 나라에서도 전례를 찾아 볼 수 없는 것이었다.

루이 14세는 이전의 어떤 왕들보다 왕권강화를 중시한 인물이었고, 외교상의 이익을 우선하는 대외정책을 펼쳤다. 이것은 그의 통치에서 특히 두드러지는 점이다. 한 예로, 베르사유 궁전의 건축은 루이 자신의 개인적 취향을 충족시키기 위한 것일 뿐만 아니라 국제적 위상을 드높이기 위한 것이기도 했다. 루이 14세의 대외정책과 국내정책은 서로 긴밀하게 뒤얽혀 있었을 뿐만 아니라 이념과도 얽혀 있었다. 루이는 프랑스 북서쪽의 국경선을 더 멀리까지 확장시키고 싶을 것이다.

루이 14세는 베르사유 궁전을 장식하기 위해 네덜란드로부터 1년에 수백 만 개가 넘는

튤립 구근을 구입하면서도 네덜란드인들을 장사꾼들이라며 경멸했고, 그들을 공화국 시민으로 인정하지 않았을 뿐만 아니라 개신교도들이라며 증오했다. 또한 루이는 법률 만능주의적인 인물이었다. 그래서 그는 자신의 말이나 행동이 법적으로 정당화될 수 있을 때에 보다 만족스러워했다.

이것이 바로 영토 확장을 위해 루이 14세가 펼친 대외정책의 복잡한 배경이었다. 결국 엄청난 희생을 치르긴 했지만 프랑스는 그 정책 덕분에 패권을 장악할 수 있었고, 이후로 18세기 중반까지 승리감에 젖어 있었다. 그리고 프랑스인들은 지금까지도 전설처럼 위대했던 그 시절을 그리워하고 있다.

프랑스의 침략 행위

루이 14세의 첫 목표는 국경선을 넓히는 것이었다. 이것은 그때까지도 여전히 스페인령이었던 네덜란드의 영토들과 프랑슈-콩테 지방에서 스페인과 무력 충돌을 해야 한다는 것을 의미했다. 그리고 스페인을 물리친 네덜란드와 전쟁이 시작되었다. 네덜란드인들은 격렬하게 항전했지만, 대외문제에 있어서 루이 14세가 원하던 것들을 모두 얻게 되는 평화조약을 1678년에 체결하면서 전쟁은 끝을 맺었다. 그 이후 루이는 즉시 독일을 표적으로 삼았다. 영토 정복 이외에도 그는 제국의 황제 지위를 원했고, 그것을 얻기 위해서 투르크인들과도 기꺼이 동맹을 맺었다.

1688년에 하나의 전환점이 왔다. 이 해에 네덜란드의 오렌지 공 윌리엄이 자기 아내인 메리 스튜어트를 영국으로 보내 그녀의 아버지 대신 영국의 왕위에 앉혔다. 이때부터 루이 14세는 영국해협 건너편에 까다로운 새로운 적을 두게 되었다.

네덜란드의 윌리엄은 강력한 힘을 가진 개신교 국가인 영국을 적절히 이용했다. 그래서 영국은 크롬웰 시절 이래 처음으로 프랑스 루이에 반대하는 유럽 국가동맹을 지지하면서 동맹군에 가담했다. 교황까지도 은밀하게 이 동맹에 가담했다. '아우크스부르크 동맹 전쟁'이라고도 부르는 이 전쟁을 통해, 유럽의 개신교 국가들뿐만 아니라 스페인과 오스트리아까지 프랑스 국왕의 지나친 야심을 견제했다. 동맹 전쟁 후 체결된 평화조약에서 루이는 처음으로 양보조건을 받아들여야 했다.

스페인의 왕위계승 전쟁

1700년에 스페인의 카를로스 2세는 후손을 남기지 않고 죽었다. 그것은 유럽이 오랫동안 기다려 왔던 사건이었다. 왜냐하면 카를로스 2세는 병약하고 우유부단한 인물이었기 때문이다.

그의 죽음은 위기인 동시에 엄청난 기회이기도 했다. 그래서 그의 죽음에 앞서 많은 사전 준비가 진행되고 있었다. 그의 죽음은 왕조의 생존과도 직결되어 있었다. 과거의 결혼 동맹들로 인해 야기된 불화는 합스부르크 황제와 루이 14세가 그 문제를 놓고 다투어야 한다는 것을 의미했다. 루이 14세는 자신의 손자에게 스페인의 왕위를 물려주려고 했다.

영국인들은 스페인령 아메리카가 누구 손으로 넘어가게 될지 알고 싶어 했고, 네덜란드인들은 스페인령 네덜란드의 운명을 알고 싶어 했다. 부르봉이나 합스부르크에 스페인의 모든 유산이 고스란히 상속될 거라는 전망은 모든 이들을 깜짝 놀라게 만들었다. 카를 5세의 제국에 대한 야심이 되살아 날 것을 두려워한 그들은 서로 분할 협약을 맺었다.

하지만 카를로스 2세는 루이 14세의 손자에게 스페인 전체를 유산으로 남겼다. 루이는 자신이 서명한 협약을 파기하면서 그 유산을 받아들였다. 루이는 또한 추방된 반란자 스튜어트를 영국의 제임스 3세로 인정함으로써 영국인들을 분노하게 했다.

'카를로스 2세의 성체성사' 라는 제목의 이 그림은 스페인 왕 카를로스 2세가 미사에 참석하는 장면을 묘사한 것이다.

*위트레흐트 평화조약
1713~1715년 네덜란드 위트레흐트에서 프랑스, 스페인, 영국, 네덜란드, 프로이센, 사부아가 체결한 조약. 프랑스가 지지하는 펠리페 5세가 스페인 왕이 되었고 이로써 스페인 왕위계승의 논란이 종결되었다.

결국 합스부르크, 네덜란드 연방, 영국의 대동맹이 맺어졌다. 그리고 스페인 왕위계승 전쟁이 시작되어 12년 동안 계속되었다. 이 전쟁에서 루이 14세는 마침내 굴복했다. 1713년부터 1714년 사이에 이루어진 위트레흐트 평화조약*에 의해 루이의 손자가 스페인 국왕으로 즉위하는 것은 인정하지만 스페인과 프랑스의 왕권이 통합되는 것은 절대로 불가능하다는 타협안이 체결되었다.

스페인 최초로 부르봉가의 왕이 스페인 왕위에 올랐지만, 그는 스페인과 함께 네덜란드가 아니라 인도 대륙을 받았다. 그 황제에게 인도 대륙을 준 것은 네덜란드를 주지 않는 것

에 대한 일종의 보상인 동시에, 프랑스가 네덜란드를 더 이상 공격하지 못하게 하기 위한 방어 장치와도 같은 의미를 지니고 있었다.

오스트리아 역시 이탈리아 내에서 이익을 얻었다. 프랑스는 그레이트브리튼에 해외 영토들을 양보했다. 그레이트브리튼은 1707년 스코틀랜드가 합병됨으로써 영국 잉글랜드 섬 전체를 포괄하며 수립된 연합 왕국이었다. 스튜어트는 프랑스에서 쫓겨났고, 루이 14세는 영국의 개신교를 인정했다.

서유럽의 정치적 국경선 확립

스페인 왕위계승 전쟁을 종결시킨 위트레흐트 평화조약은 그로부터 75년 후 프랑스 대혁명이 일어나기 전까지 유럽 서쪽 대륙의 실질적인 안정을 보장해 주었다. 하지만 모든 이들이 그 조약에 만족한 것은 아니었다. 스페인 왕위계승 문제는 결국 프랑스 루이 14세의 손자인 부르봉가의 펠리페 5세에게 유리한 방식으로 타결되었고, 신성 로마 제국 황제는 이를 인정하지 않으려고 했다.

그러나 알프스 북쪽 서유럽의 주요 국경선들은 1714년 이후로 거의 그대로 유지되었다. 물론 그 당시 벨기에는 존재하지 않았지만, 오스트리아령 네덜란드는 현재의 벨기에에 해당하며, 네덜란드 연방은 현재의 네덜란드에 해당한다. 프랑스는 프랑슈-콩테 지방을 지키게 되었고, 1871년부터 1918년까지를 제외하고는 루이 14세가 획득한 알자스와 로렌 지방 역시 그대로 유지했다. 스페인과 포르투갈은 1714년 이후로 현재의 국경선 내에서 분리된 채로 남아 있게 되었다. 이 나라들은 여전히 광활한 식민지 영토를 갖고 있었지만, 이후로 다시는 유럽의 중심 세력으로 재도약할 수 있는 힘을 비축하지 못했다.

그레이트브리튼은 서유럽에서 새롭게 떠

98 근대 유럽의 형성

스페인 남동쪽의 알만사에서 벌어진 전투 장면을 묘사한 그림. 이 전투는 스페인 왕위계승 전쟁의 향방을 결정짓는 전환점이 되었다. 1707년 4월 24일, 부르봉가의 승리는 루이 14세의 손자인 펠리페 5세의 스페인 왕권을 확고하게 만들었다. 그러나 반 프랑스 동맹이 결성되면서 펠리페는 스페인과 프랑스의 왕권을 통합시키지 못했을 뿐만 아니라 자신의 소유였던 스페인 영토도 유지하지 못하게 되었다.

오른 막강한 세력이었다. 1707년 이래로 영국은 더 이상 북쪽으로부터의 위협 때문에 괴로움을 당하지 않았다.

여전히 통합되지 않은 이탈리아는 또다시 30년 남짓한 기간 동안 불확실한 상황에 처했다. 이 기간에 이탈리아는 폴란드 왕위계승 전쟁, 오스트리아 왕위계승 전쟁 등 유럽에 분쟁이 생길 때마다 열강의 세력 다툼에 이리저리 휩쓸리며 희생되었다. 1748년 이후 이탈리아 반도에서 유일하게 명맥을 유지하고 있던 토착 왕가가 있었다. 바로 사부아 왕가였다. 이 왕조는 알프스 남쪽과 사르디니아 섬에 위치한 피에몬테를 지배했다.

교황령들은 15세기 이래로 이탈리아 정치의 중요한 세력이 되었고, 사실상 이탈리아의 한 군주국으로 간주될 수 있었다. 그러나 그것은 왕조적인 군주국이 아니었다. 그리고 쇠약해져 가던 베네치아, 제노아, 루카 공화국들 역시 이탈리아 독립을 위한 깃발을 들어 올리지 못하고 외부 세력에 멸망당했다. 그리고 다른 나라들에 살고 있는 외국 통치자들이 이탈리아를 지배했다.

국가 정치의 시대

서유럽의 정치적 지형은 오랫동안 앞서 말한 상태로 유지되어 오고 있었다. 이로 인해 모

스페인 왕가의 통치 기간(1516~1833년)

카를로스 1세 1516~1556년	펠리페 2세 1556~1598년	펠리페 4세 1621~1665년	카를로스 2세 1665~1700년	펠리페 5세 1700~1746년	루이 1세 1724년	페르디난트 6세 1746~1759년	카를로스 3세 1759~1788년	요제프 보나파르트 1808~1813년

1550년	1600년	1650년	1700년	1750년	1800년	1850년

펠리페 3세 1598~1621년	왕위계승 전쟁 1701~1714년	카를로스 4세 1788~1808년	페르디난트 7세 1813~1833년

술탄 슐레이만(1520~1566, 재위)의 오랜 통치 기간 동안, 오스만 제국은 발칸 반도를 향해 진격했고, 모하치 전투(1527) 이후 오스만 투르크는 헝가리를 완전히 점령하면서 동유럽을 위협했다. 모하치 전투에서는 헝가리 왕 러요시 2세가 전사했고, 1529년에 투르크 군대는 오스트리아의 수도 빈(비엔나)을 향해 진격했다. 이 판화에서 볼 수 있듯이, 1532년에 신성 로마 제국 황제인 카를 5세는 투르크인들의 빈 포위공격을 물리치기 위해 온 힘을 다했다.

＊동방문제
오스만 제국이 분열되면서 그 영토의 지배권을 둘러싸고 19세기와 20세기 초에 걸쳐 발생한 외교 문제.

든 정치가들은 얼마 전에 끝난 것과 같은 국가 간의 충돌이 다시 발생하는 것을 가능한 한 막아야 한다는 필요성을 절실히 느꼈다.

1713년 위트레흐트 평화조약에서 조인국들은 힘의 균형을 통해 평화를 유지하려는 목적을 선포했다. 정치가들이 이 같은 목적을 추구했다는 것은 당시로서는 혁신적인 사고의 전환이었다. 하지만 거기에는 현실적인 이유들이 있었다. 전쟁은 과거에 비해 훨씬 더 많은 비용이 많이 들었다. 18세기에 외국의 지원 없이 전쟁을 치를 수 있는 경제력을 갖고 있는 나라는 영국과 프랑스 정도였지만, 그 두 나라조차 전쟁 경비가 부담스럽기는 마찬가지였다. 그런 가운데 스페인 왕위계승 전쟁의 종식은 근본적인 문제들을 실질적으로 해결해 주었다.

이제 새로운 한 시대가 열리고 있었다. 이탈리아를 제외하고 서유럽의 그 당시 정치적 판도는 이미 20세기의 정치적 판도를 그대로 드러내고 있었다. 이제 왕조주의는 대외정책의 원칙으로서 중요한 위치를 차지하지 못했다. 국가 정치의 시대가 시작되었던 것이다.

라인 강 동쪽과 엘베 강 동쪽의 상황은 달랐다. 이 지역에서는 대변화가 이미 일어났고, 1800년 이전에는 더욱 많은 변화가 일어났다. 이런 변화가 처음 진행되기 시작한 것은 아주 먼 과거인 16세기 초부터였다. 그 당시 유럽의 동쪽 경계선은 합스부르크 오스트리아가 지키고 있었고, 광활한 폴란드령 리투아니아 왕국은 14세기에 결혼을 통해 이루어진 야기엘론 왕조가 다스리고 있었다. 그 왕국들과 베네치아 해상제국은 당시 동유럽 정치의 큰 어려움 중 하나였던 오스만 제국 세력과 대항해야 한다는 부담을 안고 있었다. '동방문제'＊라는 용어는 그 당시에 만들어지지 않았다. 만약 그 용어가 그 당시에 있었더라면, 당시 사람들은 그것을 이슬람에 맞서 유럽을 지키는 문제로 받아들였을 것이다.

오스만 제국의 투르크인들은 승리를 거두면서 18세기까지 계속 영토를 정복해 나갔다. 그러나 그 무렵 그들의 세력은 급속히 쇠퇴하기 시작했다. 그렇지만 콘스탄티노플 점령 이후로 200년이 넘는 세월 동안 투르크인들은 동유럽의 외교 정책과 전략에 영향을 미쳤다.

| 오스만 제국의 위협 |

콘스탄티노플 점령 이후로 100년 이상 지속된 해상 싸움과 오스만 제국의 영토 확장을 위한 움직임이 계속되었다. 이로 인해 주로 피해를 입은 것은 베네치아였다. 베네치아는 다른 이탈리아 도시국가들에 비해 비교적 오랫동안 부와 명성을 누렸지만 오스만 제국의 투르크인들과의 오랜 전쟁으로 인해 군사력이 약화되면서 상업도 쇠퇴하기 시작했다. 1479년, 투르크인들은 이오니아 반도를 빼앗고, 흑해에서 교역을 할 경우 세금을 내야 한다고 강요했다. 그로부터 2년 후에 베네치아는 키프로스를 차지해 그곳을 교역의 중심지로 활용했지만, 1571년에 그곳마저 오스만 제국에 빼앗겼다.

1600년에도 베네치아는 제조업체 덕분에 여전히 부유한 도시국가이긴 했지만, 상업 중심지로서의 역할은 상실했다. 처음에는 앤트워프, 그 후에는 암스테르담이 베네치아의 역할을 대신했다. 베네치아는 더 이상 네덜란드 연방이나 영국과 같은 수준의 상업국가

가 아니었다.

오스만 제국의 공격은 18세기 초에 잠시 주춤했으나 그 후로 다시 계속되었다. 1669년에 베네치아 사람들은 자신들이 크레타 섬을 잃었다는 사실을 인정해야만 했다. 1664년 투르크인들은 헝가리를 공격했다. 이것은 오스만 제국의 마지막 유럽 왕국 정복이었다. 우크라이나는 결국 오스만 제국의 종주권을 인정했고, 폴란드는 포돌리아를 포기해야 했다.

1683년에 영토 확장 사업이 절정에 달한 투르크인들은 빈(비엔나)을 함몰시키기 위해 포위 공격을 시작했다. 하지만 투르크인들의 공격은 실패로 끝났고, 헝가리 정복을 시작으로 계속되어 오던 오스만 제국의 승리 역시 그것으로 끝이 났다. 오스만 제국의 위대한 시절은 사라졌다.

오스만 제국의 쇠퇴

투르크인들은 여러 가지 문제들로 인해 오랫동안 혼란에 빠졌다. 그들의 군대는 더 이상 최신의 군사 기술력을 보유하지 못했다. 오스만 제국의 군대에는 17세기의 전쟁을 좌우하는 결정적인 무기인 야전용 대포가 없었다. 그리고 해상에서도 투르크인들은 여전히 옛날의 갤리선*을 이용한 전법에 집착하고 있었다. 그래서 그들이 선박을 바다에 떠 있는 포병대로 활용하는 대서양 국가들의 군사력에 맞서 승리한다는 것은 점점 더 어려워졌다.

그런데 오스만 제국의 세력은 지나칠 정도로 확장되어 있었다. 그것은 유럽과 아프리카뿐만 아니라 아시아에서도 분명하게 드러났다. 1639년에 오스만 제국이 페르시아를 시작으로 이라크까지 정복하면서 아랍과 이슬람 세계 거의 전체가 오스만 제국의 통치하에 놓였다. 그처럼 광활하게 영토를 확장하다 보니 부적합한 통치구조나 무능력한 통

▲ 1480년 젠틸레 벨리니(약 1429~1507)가 그린 이 그림의 인물은 '정복자' 술탄 메메트 2세(1429~1481)이다. 메메트 2세는 콘스탄티노플을 빼앗아 이스탄불로 개명한 뒤 오스만 제국의 수도로 삼았고, 이후 발칸 반도 쪽으로 영토를 확장하면서 베네치아 영토들을 공격했다.

＊갤리선
고대·중세시대 지중해에서 쓰던 배 중 하나. 배의 양쪽에 주로 사용하는 노가 두 줄로 많이 달렸으며 돛을 보조적으로 사용했다. 전쟁 때에는 병선兵船으로 사용되었으며, 베네치아 등지에서 사용한 대형 갤리선이 유명하다.

*인두세
성인이 된 사람에게 부과된 조세. 납세자의 성별, 신분, 소득 등에 관계없이 부여되었다. 중세 후반 이후에는 국가의 군사비 등으로 징수되다가 18~19세기에는 거의 폐지되었다.

치자가 각 지역에서 발생하는 갈등과 긴장관계를 완화시키기에는 힘에 부쳤다.

17세기 중반에 오스만 제국의 한 재상이 전체주의적 개혁을 통해 질서를 회복하고 제국의 영토들을 단결시켜 최후의 공세를 펼치고자 했다. 그러나 그는 오스만 제국 자체의 본질적인 약점을 극복할 수 없었다. 정치적 통합체라기보다는 군사력에 의한 강제적인 점령지라고 할 수 있는 오스만 제국의 영토는 위험천만하게도 충성심을 전혀 얻어 낼 수 없는 신민들에게 의존하고 있었다.

오스만 제국은 비이슬람교 공동체들의 관습과 제도에 대해 대체로 관대했다. 오스만 제국은 '밀레 시스템'이라는 독특한 통치체제를 만들어 그 공동체들을 다스렸다. '밀레

이 수사본 삽화에 묘사된 것은 오스만 제국의 술탄 셀림 1세가 항해 여행을 하는 모습이다. 그는 시리아, 아라비아, 이집트를 정복하고, 오스트리아의 빈을 포위 공격하라고 명령했다.

시스템'이란 오스만 제국이 지배하는 모든 타이방 민족의 언어, 관습, 문화, 종교를 그대로 인정하면서 단지 조세만 받는 제도를 말한다. 이 제도에 의해 그리스 정교와 아르메니아인들, 유대인들은 보호를 받았고, 그들의 관습과 제도를 그대로 유지할 수 있었다. 예를 들어 그리스 기독교인들은 오스만 제국에 인두세*를 지불함으로써 콘스탄티노플에 있는 교황으로부터 통치를 받을 수 있었다.

그리고 지역 공동체들의 지도자들은 오스만 제국의 핵심이었던 군사기구를 지원하기 위한 제도들을 자체적으로 만들었다. 그로 인해 결국 신민들의 권력은 막강해졌고, 그 동안 지리멸렬하고 무능한 오스만 주지사들은 자신들의 사리사욕을 채우기에만 바빴다. 그 때문에 술탄의 신민들은 술탄의 통치와 일체감을 느끼는 게 아니라 오히려 술탄의 통치를 더 멀리하게 되었고, 유럽에서 오스만 제국의 영토는 점점 줄어들었다.

유럽에서 후퇴한 오스만 제국

1683년 오스만 제국은 제2차 빈 포위공격의 실패를 전환점으로 쇠락의 길을 걷기 시작했다. 하지만 이때만 해도 투르크인들이 완전히 힘을 잃은 것은 아니었다. 그 이후로 오스만 제국의 세력은 끝없이 쇠락해 가다가, 1918년에 이르러 다시 한 번 콘스탄티노플의 인접한 내륙 지역과 과거 오스만 제국의 심장부라고 할 수 있는 아나톨리아로 세력이 축소되었다.

1683년, 폴란드 왕 얀 소비에스키가 군대로 이끌고 빈으로 달려가 투르크군을 무찌른데 이어 헝가리의 해방이 뒤따랐다. 1687년에 한 불운한 술탄이 퇴위당해 감금된 사건은 투르크의 쇠락을 확실히 입증해 주었다. 1699년에 헝가리는 황폐화된 채로 다시 합스부르크 영토가 되었다. 그리고 18세기에는

도 역시 오스만 제국의 세력은 쇠퇴해 있었다. 18세기 말에 이르러 칼리프 통치권은 명맥을 유지하고 있긴 했지만 실질적으로는 쇠퇴하던 시기의 아바스 왕조*와 비슷한 실정이었다. 모로코, 알제리, 튀니스, 이집트, 시리아, 메소포타미아, 아라비아는 거의 모두 반쯤 독립된 상태에 있었다.

| 폴란드의 영욕 |

오스만 제국의 유산을 물려받은 것은 동유럽을 대표하던 합스부르크가와 한때 위세를 떨쳤던 폴란드–리투아니아 연합공화국이 아니었다. 오스만 제국이 무너질 때 가장 큰 타격을 입은 것도 그들이 아니었다.

폴란드는 사실상 독립국가로서의 역사가 끝나 가고 있었다. 리투아니아와 폴란드의 정략결혼을 통한 연합은 오히려 그 두 국가 사이의 진정한 결합을 방해했다. 1572년에 야기엘론 왕조의 마지막 왕이 후손을 남기지 않고 죽자, 그 왕위는 명실 공히 선거를 통해

트란실바니아, 부코비나 그리고 흑해 연안의 대부분이 오스만 통치권에서 벗어났다.

1800년대에 이르러 러시아는 오스만 제국에게 기독교 신민들을 특별히 보호할 것을 주장하면서 그들 사이에 반란을 부추기려고 시도했다. 18세기에 아프리카와 아시아에서

◀ 메메트 4세의 아들인 술탄 무스타파 2세는 1695년부터 1703년까지 오스만 제국을 통치했다. 그는 통치기간 동안, 1699년 카를로비츠 평화조약을 조인한 신성동맹의 회원국들, 즉 오스트리아, 베네치아, 폴란드, 러시아 등으로부터 압박을 받았다. 이 평화조약 이후로 오스만 제국의 세력은 쇠퇴하기 시작했다.

*아바스 왕조
750~1258년 이슬람 세계를 지배한 왕조. 13세기 중엽까지 명맥을 유지했으나 945년부터는 정치상의 실권이 거의 없었다. 결국 몽골족의 침략으로 멸망했다.

1683년에 오스만 제국의 빈 포위 공격을 폴란드의 왕 얀 소비에스키가 이끄는 다국적군이 패퇴시켰다. 이 17세기 그림에서 묘사한 것처럼 투르크인들은 굴욕적인 패배를 당한 후, 과거의 영광을 잃고 천천히 쇠퇴해 가기 시작했다.

위대한 힘의 새로운 세계 103

유럽에서 후퇴하기 시작하는 오스만 제국의 세력

16세기 중반에 오스만 제국은 실질적으로 그 규모에 있어서 유스티니아누스의 비잔틴 제국과 맞먹었고, 눈부신 수도 이스탄불에서 제국 전역을 통치했다. 오스만 제국의 중요한 대들보는 풍부한 인력자원과 천연자원 그리고 왕조와 정부기관의 안정된 지도력과 더불어, 고도의 기술을 가진 강력한 군대였다. 그러나 영토 확장이 중단되고 18세기에 상황이 역전되자, 그런 대들보는 허물어졌다.

결국 오스만 제국은 유럽 전제군주국들의 표적이 되었다. '빈 전투'는 1699년에 조인된 카를로비츠 평화조약으로 끝이 났고, 오스만 제국은 폴란드, 오스트리아, 베네치아에게 영토를 넘겨주어야 했다. 그리고 1718년 파사로비츠에서 협정이 체결되면서, 오스만 제국은 합스부르크 제국의 황제에게 더 많은 영토들을 넘겨주었다. 하지만 오스트리아는 1739년 벨그라드 협정에 의해 오스만 제국에게 그 영토들 중 일부를 되돌려 주어야 했다.

1800년에 이르러 완전히 힘을 잃은 오스만 제국이 19세기까지 존속할 수 있었던 것은 오로지 유럽 국가들이 자신들끼리 서로 경쟁한 덕분이었다.

선출된 인물에게 주어졌다. 계승자는 프랑스인이었다.

그 이후 17세기 내내 폴란드의 유력자들과 외국의 왕들은 매번 선거 때마다 서로 다투었고, 그러는 동안 폴란드는 오스만 제국, 러시아, 스웨덴으로부터 계속 심각한 위협을 받았다. 스웨덴은 30년 전쟁 동안 북쪽 영토들로 밀고 내려왔다. 그리하여 1660년, 폴란드는 마침내 폴란드 연안의 일부를 스웨덴에게 내주어야 했다.

폴란드 내의 내부 분열 역시 악화되었다. 반종교개혁으로 인해 폴란드 개신교도들에 대한 종교 박해가 가해졌고, 농노 반란이 계속 일어났다.

폴란드의 사회구조

영웅적인 얀 소비에스키가 폴란드 왕으로 선출된 것은 외국 통치자들에 의한 모략의 결과가 아니었다. 그는 중요한 전쟁에서 많은 승리를 거두었고, 분열되어 있던 폴란드를 잘 이끌어 나갔다.

그러나 폴란드에서 선출된 왕들에게는 귀족이나 지주 세력과 균형을 이룰 만한 법적인 권한이 거의 없었다. 뿐만 아니라 상비군

17세기에 제작된 이 그림 속의 인물은 스웨덴의 크리스티나 여왕(1626~1689)과 그의 신하들이다. 스웨덴이 30년 전쟁 동안 감행해 왔던 유럽으로의 군사적 확장은 이 여왕의 통치 기간인 1648년에 체결된 베스트팔렌 조약과 더불어 끝났다.

도 없었기 때문에 귀족들이 자신들의 이익을 손에 넣기 위해 무력으로 위협하거나 반란을 일으켜도 대항할 힘이 없었다.

폴란드 의회의 핵심 세력들은 만장일치 제도를 도입해 어떤 개혁도 용납하지 않았다. 하지만 폴란드에는 개혁이 절실하게 필요했다. 지형적으로는 명확하게 구분되어 있지 않았다 하더라도 종교적 특색만큼은 뚜렷하게 구분되어 있던 폴란드는 지방색이 극도로 강한 하나의 귀족계급이 실권을 장악하고 있었다. 그렇기 때문에 폴란드가 생존하기 위해서는 신속한 개혁이 필요했다.

폴란드는 근대화되어 가는 세계 속에서 아직 중세적인 틀을 벗어나지 못하고 있던 공동체였다. 얀 소비에스키는 이런 상황을 바꾸어 나갈 아무런 힘이 없었다. 폴란드의 사회구조는 개혁에 대해 지극히 적대적이었다.

폴란드의 귀족계급이나 신사계급은 엄청난 부를 소유하고 있는 몇몇 대가문에 예속되어 있었다. 그 대가문들 중 하나인 라지빌 가문

은 아일랜드 크기의 절반에 해당하는 거대한 영지를 소유하고 있었고, 바르샤바보다 더 큰 궁전을 갖고 있었다. 포토츠키 가의 영지는 네덜란드 공화국의 약 절반에 해당할 만큼 방대했다.

소지주들은 그처럼 막강한 영향력을 휘두르고 있는 가문들에 감히 맞설 수 없었다. 1700년에 그들이 소유하고 있던 영지들은 전 영토의 10분의 1에도 미치지 못했다. 합법적으로 폴란드의 '국민'이었던 1백만 명 이상의 신사계급들은 대부분 가난했다. 그래서 그들은 자신들의 이익만을 추구하는 세력가들의 지배를 받아야 했다.

폴란드 사회의 맨 밑바닥에는 농민들이 있었다. 그들은 유럽에서 가장 비참한 농민들이었다. 그중 어떤 이들은 봉토 부담금을 놓고 지주들과 끝없이 계속되는 싸움을 벌였다. 봉토 부담금에 관해서도 지주들은 농민들의 사활을 좌우하는 1,700개의 권리를 갖고 있었다.

도시들은 힘이 없었다. 도시들의 총 인구는

위대한 힘의 새로운 세계 105

이 그림은 이탈리아 화가 베르나르도 벨로토가 그린 24개의 바르샤바 풍경 시리즈 중 하나다. 이 화가는 1767년부터 1780년 사망할 때까지 폴란드의 수도 바르샤바에서 살았다.

신사계급 인구의 절반밖에 되지 않았고, 17세기에 일어난 전쟁들로 인해 극도로 황폐해져 있었다.

프로이센과 러시아 역시 농경지와 봉건적 기반시설들에 있어서 폴란드와 다를 바 없이 시대에 뒤떨어진 채로 존속하고 있었다. 폴란드는 완전히 파산한 동쪽의 세 국가들 중 하나에 불과했다.

폴란드는 외국인 왕의 통치 하에서 18세기를 맞이했다. 작센의 선제후인 그 왕은 1697

이 17세기 그림에 묘사된 인물은 얀 소비에스키로 알려진 폴란드의 얀 3세(1624~1696)이다. 뛰어난 군인이었던 그는 1674년에 폴란드 왕으로 선출되었다. 폴란드, 작센, 그 외 게르만의 많은 공국들이 1683년 오스만의 침공으로부터 빈을 지키기 위해 연합군을 만들어 얀 소비에스키에게 지휘를 맡겼다. 그가 이끈 연합군은 함락 직전의 빈을 구했고, 그로 인해 그는 유럽 문명을 지킨 군주라는 명성을 얻게 되었다.

년에 얀 소비에스키의 뒤를 이어 선출되었지만 얼마 지나지 않아 스웨덴 사람들이 그를 퇴위시켰고, 그 후 러시아인들이 그를 다시 왕위에 복귀시켰다.

| 러시아의 세력과 폭군 이반 |

러시아는 동유럽에서 새롭게 떠오르는 막강한 세력이었다. 러시아의 국가적 정체성은 1500년대에 이르러 겨우 자리 잡기 시작했다. 그로부터 200년이 지난 후에도, 대부분의 서양 정치가들은 러시아가 지닌 잠재력을 거의 알아보지 못하고 있었다. 하지만 폴란드와 스웨덴은 이미 그것을 알아차리고 있었다. 현재 우리가 세계에서 가장 강력한 국가 중 하나로 생각하고 있는 러시아의 출현이 얼마나 급속도로 그리고 깜짝 놀랄 정도로 눈부시게 이루어졌는지 깨닫기 위해서는 역사를 더듬어 볼 필요가 있다.

유럽 시대가 시작되던 당시, 이반 대제는 러시아의 미래에 대한 로드맵을 설계했다. 그리고 그 로드맵은 오랫동안 그대로 유지되었다. '모든 러시아의 황제' 라는 차르 칭호를 공식적으로 부여받은 최초의 인물은 1547년에 즉위한 이반 대제의 손자 이반 4세였다.

이반 4세가 대관식에서 그 칭호를 수여받았다는 것은 모스크바 공국의 대공이었던 그가 많은 사람들을 다스리는 실질적인 황제가 되었다는 것을 의미했다.

그는 '폭군' 이라는 별명을 얻을 정도로 막강한 인물이었음에도 불구하고, 유럽의 문제들에서 그다지 중요한 역할을 하지 않았다. 뿐만 아니라 러시아는 17세기까지도 별로 알려지지 않은 나라였고, 그래서 프랑스의 한 국왕은 10년 전에 죽은 러시아 황제에게 그

가 죽었다는 사실을 모르고 편지를 보낼 정도였다. 미래의 러시아의 모습은 서서히 구축되어 가고 있었지만, 서양에서는 그런 기미를 거의 알아차리지 못하고 있었다.

이반 대제 시대 이후에도 러시아는 여전히 영토상으로 불완전했고 많은 위험에 그대로 노출되어 있었다. 투르크인들은 유럽 남동쪽으로 밀고 들어갔는데, 그들과 모스크바 공국 사이에 우크라이나가 있었다. 우크라이나에서 자신들의 독립을 맹렬하게 지키려고 했던 사람들은 코카서스인들이었다. 그들은 아주 오랜 세월 동안 강력한 이웃 국가들이 없었기 때문에 독립을 쉽게 지킬 수 있었다.

러시아의 동쪽에는 우랄 산맥이 하나의 경계선으로 자리 잡고 있긴 했지만, 실제적으로는 거의 경계선 역할을 하지 못하고 있었다. 러시아의 통치자들은 러시아가 언제나 적들로 둘러싸인 채 고립되어 있다고 생각했다. 그래서 그들은 거의 본능적으로, 방어에 유리한 자연적인 국경선과 그들을 즉시 도울 수 있는 예속민들이 살고 있는 곳을 국경선으로 삼고자 했다.

그 첫 단계는 러시아의 심장 지대를 이루고 있던 지역들, 즉 이반 대제가 획득한 지역들을 하나로 통합하는 것이었다. 그다음 단계는, 북쪽의 평야 지대로 영토를 확장하는 것이었다.

폭군 이반이 왕위에 올랐을 때, 러시아는 발트 해의 작은 연안과 러시아 북서부의 백해 연안에 까지 뻗어 있는 광활한 영토를 차지했다. 그곳에는 아주 적은 수의 원시적인 부족들이 흩어져 살고 있었지만, 그 지역을 획득함으로써 러시아는 서쪽으로 진출할 수 있는 통로를 얻었다.

이반 4세는 발트 해로 진출하고 싶었지만 그럴 만한 기회가 전혀 없었다. 그러나 1571년 타타르족이 침략해 모스크바를 불태우자,

그는 그 기회를 재빨리 이용하여 상황을 역전시켰다. 그는 타타르족을 카잔과 아스트라한에서 내몰고, 볼가 강 유역 전체에 대한 지배권을 획득하면서 카스피 해만큼 먼 곳까지 세력을 확장시켰다.

이반 4세의 아시아 영토 확장 사업

이반 4세의 통치 기간에 시작된 러시아 영토 확장 사업은 우랄 산맥을 넘어 시베리아까지 진출했다. 하지만 그것은 영토 정복이라기보다는 이주의 성격이 더 강한 것이었다. 오늘날에도 러시아 영토의 대부분은 아시아에 있다. 그리고 거의 200년 동안 러시아의 차르들과 그 계승자들이 그곳을 다스렸다. 하지만 이것은 후일 시베리아 국경선에 관한 모순된 정치적 상황을 낳게 되었다.

처음 우랄 산맥 너머로 이주해 간 러시아인들은 노브고로드라는 지역에서 건너 온 정치

이 초상화의 주인공은 러시아 황제 이반 4세(1530~1584)이다. 과격하고 의심 많은 성격으로 '폭군 이반'이라는 별명으로 불리던 그는 국가 구조뿐만 아니라 러시아 정교에도 큰 영향력을 미쳤다. 그는 러시아 정교회에 정교달력과 정교회법을 도입했다. 폭군 이반은 수천 명의 대귀족들을 박해하거나 살해 또는 추방한 잔인한 황제로 기억되기도 한다.

성 바실 성당은 이반 4세가 타타르족과 싸워 승리한 후 1554년부터 1560년 사이에 모스크바의 크렘린* 외곽에 세운 것이다.

＊크렘린
중세시대 러시아 도시 중심부에 있던 요새. 대체로 강가의 전략적 주요지점에 있었으며, 벽과 망루 등으로 둘러싸 도시의 다른 지역과 구분했다. 크렘린은 이후로도 러시아 정부의 중심지 역할을 했다.

적 망명자들이었던 듯하다. 그 후로 그곳으로 이주해 간 사람들 가운데는 농노 신분에서 벗어나기 위해 탈출한 사람들과 독립을 빼앗긴 카자흐족이 있었다. 시베리아에는 농노제도가 없었기 때문이다. 1600년 무렵에는 우랄 산맥에서 약 1,000km 너머까지 러시아에서 이주해 간 사람들이 있었다. 그리고 그 이주자들은 국가 공물인 모피를 징수하기 위해 파견된 관리들에게 철저하게 감시를 당했다.

그 지역의 젖줄 역할을 하는 레나 강과 아무르 강은 아메리카의 국경선에 있는 강들보다 훨씬 더 중요한 역할을 했다. 사람들은 상품들을 싣고 우랄 산맥에서 동쪽으로 480km 떨어진 지점의 토볼스크에서부터, 4,800km 떨어진 지점의 오호츠크 항구까지 불과 3개의 수로만으로 간단히 강을 건널 수 있었다. 강을 건너고 나면 해로로 불과 640km 거리에 사할린이 있었다. 사할린은 일본 열도 최

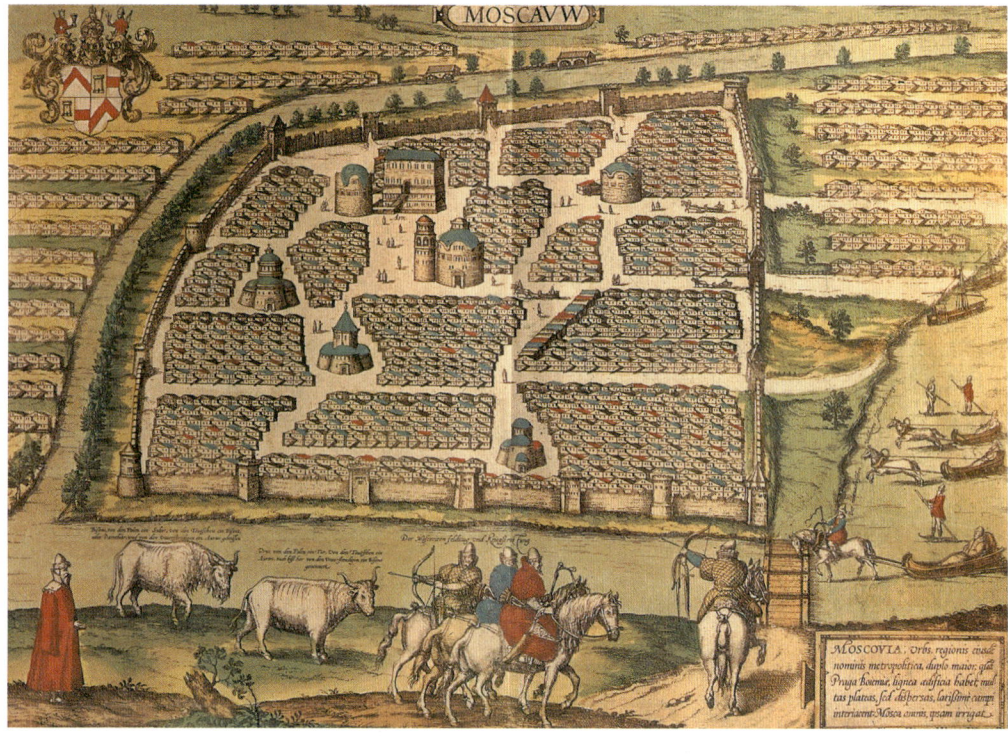

이반 대제로 알려진 이반 3세의 통치 기간 동안, 모스크바는 16세기의 이 삽화에서처럼 곡류, 아마포, 사료를 수출하던 상업 중심지였다. 모스크바에 영국의 머스코비 상사가 설립되면서 이 도시는 서양과의 교역이 활발해졌다. 17세기에는 수많은 유럽 상인들이 '슬로보다'라고 불리는 외국인 거주 지역에 살고 있었다.

북단에 위치했다.

1700년 무렵 우랄 산맥 동쪽에는 20만 명의 이주자들이 살고 있었다. 그 무렵에 이미 청나라와 러시아 사이에 국경선 분쟁이 빈번하게 발생해 국경선을 확정짓기 위한 네르친스크 조약*이 체결되어 있었다. 오늘날 이 조약은 중국 정복에 관한 협정으로 알려져 있다.

러시아와 서유럽

이반 황제의 죽음으로 인해 발생된 혼란 시대에도 러시아의 동쪽 영토 확장 사업은 그다지 영향을 받지 않았다. 그러나 서쪽으로의 영토 확장 사업은 몇 차례를 방해를 받았다. 발트 해로 나가는 출구를 잃게 되고, 리투아니아인들이나 폴란드인들에게 모스크바까지 점령당하는 일이 발생했기 때문이다.

러시아는 17세기 초에도 여전히 유럽의 중심 세력이 아니었다. 스웨덴은 러시아에 계속 압력을 가했다. 그리고 1654년부터 1667년까지 대전쟁이 일어나서야 비로소 차르들

은 스몰렌스크와 소러시아*를 되찾았고, 1812년까지 그곳을 지킬 수 있었다. 국경선들과 협약들로 인해 이제 러시아는 하나의 국가로서 현실적으로 인정받게 되었다.

1700년에도 러시아는 여전히 흑해 연안을 소유하지 못했지만, 러시아의 남서쪽 국경선은 드네프르 강의 서쪽을 거의 장악하면서, 위대한 역사적 도시 키예프와 동쪽 강안에 살고 있던 카자흐족을 러시아에 포함시킬 수 있었다. 카자흐족은 폴란드인들로부터 자신들을 보호해 달라고 차르에게 탄원했고, 특별한 반자치적인 정부 조직으로 인정받았다. 이 조직은 소비에트 시대까지 존속했다.

러시아가 획득한 영토들 중 상당 부분은 오스만 제국과 스웨덴이 차지하고 있던 폴란드의 영토를 빼앗은 것들이었다. 그런데 러시아가 1687년 갑자기 오스만 제국과 맞서 폴란드와 동맹을 맺었다. 러시아와 폴란드의 동맹은 역사적인 대사건이었다. 왜냐하면 이 동맹은 1918년 이전까지 유럽 정치가들의 골

*네르친스크 조약
1689년 시베리아 동남부의 네르친스크에서 청나라와 러시아가 체결한 조약. 러시아의 동방 진출로 청나라와 분쟁이 계속되다가 아무르 강 지역에서 충돌이 일어나면서 양국이 이를 계기로 평화조약을 맺었다. 이 조약을 통해 두 나라는 국경을 스타노보이 산맥과 아르군 강으로 정했다.

*소러시아
볼셰비키 혁명 전 우크라이나의 명칭. 제정 러시아 시대에 위정자 측이 카르파티아루테니아, 폴란드 동부, 흑해 서안을 포함한 옛 우크라이나 지방에 대하여 사용한 이름이다.

위대한 힘의 새로운 세계 **109**

*류리크 왕조
러시아의 건국자로 알려진 류리크가 러시아를 건설한 9세기 후반부터 표트르 1세가 죽은 1598년까지 러시아를 지배한 왕조.

*볼셰비키 혁명
1917년 10월 러시아에서 발생한 프롤레타리아 혁명. 일반적으로는 1905년 제1차 러시아 혁명과 1917년 2월 혁명을 포함한 러시아의 사회변혁 혁명을 일컫는다. 소련공산당의 전신인 러시아 사회민주노동당 정통파를 가리키는 볼셰비키에서 비롯되었다.

*보야르
중세 러시아 사회의 막강한 세력을 가진 부유한 지주들로 이루어진 특권층. 군대와 민간 행정기관에서 높은 지위를 차지했으며, 중요한 국가 문제에 대해 군주에게 조언하는 보야르 의회를 구성했다.

'보야르'라 불리는 대지주들은 러시아 상류 귀족계층을 이루고 있었다. 이 그림에 묘사된 것은 1576년 신성 로마 제국 황제 막시밀리안 2세에게 파견된 러시아 대귀족들이다. 이들은 모피를 비롯해 진귀한 러시아 특산물들을 막시밀리안 황제에게 받칠 선물로 가져갔다.

첫거리가 된 '동방문제'의 시작이었기 때문이다. 1918년에 유럽 정치가들은 러시아의 오스만 제국 침입에 있어서 어떤 한계선을 긋는 문제에 대해 더 이상 자신들이 관여할 수 없다는 사실을 알게 되었다.

러시아의 세력 형성은 불가항력적인 정치적 결과였다. 군주제는 러시아의 근간이자 원동력이었다. 러시아는 국가 형태를 확정 지을 만한 지정학적인 특색도 없고 단일 민족도 아니었다. 설사 러시아가 정교라는 종교를 통해 통합되었다 하더라도, 다른 국가의 슬라브족들 역시 정교를 믿고 있었다. 따라서 황제의 권력과 사유지의 확장이 러시아의 국가 건설에 있어서 핵심적인 역할을 떠맡았다.

폭군 이반은 행정 개혁가였다. 그가 통치하던 시기에 영지 대신에 개인 군대를 직접 이끄는 직업적인 귀족계급이 처음 출현했다. 그것은 타타르족들과 대항하기 위해 모스크바 공국의 제후들이 군대를 소집하면서 이용한 제도에서 발전된 것이었다. 이 제도를 통해 막강한 군대가 탄생되었다. 그래서 폴란드 왕이 영국 여왕 엘리자베스 1세에게, "만약 러시아가 서양의 기술력까지 갖춘다면 러시아는 그 누구도 대적할 수 없는 천하무적이 될 것"이라는 경고까지 할 정도였다. 그 예상이 실현되려면 아직 오랜 세월을 기다려야 했지만, 그것은 분명히 선견지명이 있는 예상이었다.

로마노프 왕조와 교회 길들이기

러시아는 때때로 좌절과 실패를 겪기도 했지만, 그 실패는 국가의 생존을 위협할 정도로 심각한 것들은 아니었던 것 같다.

류리크 왕조*의 마지막 황제가 1598년에 죽은 이후로 1613년까지 귀족 가문들과 폴란드의 간섭론자들은 왕위를 놓고 서로 다투었고 왕위 찬탈이 계속 일어났다. 그러다가 1613년, 미하일 로마노프가 황제로 즉위하면서 새로운 왕조가 시작되었다. 그는 러시아 동방교회의 총 주교였던 아버지의 그늘에서 벗어나지 못한 병약한 통치자였지만, 볼셰비키 혁명*이 일어나 러시아 제정이 붕괴될 때까지 300년 동안 러시아를 다스리게 될 로마노프 왕조의 시조가 되었다.

미하일 로마노프의 뒤를 이은 계승자들은 경쟁자인 귀족들과 싸워 이겼고, 최고 결정기관이었던 보야르 의회를 폐지했다. 보야르*들은 폭군 이반에 의해 억눌려 있던 자신들의 세력을 되살리려 했으나 실패했다. 그 계급들 이외에 러시아 내부에서 황제의 경쟁 상대가 될 수 있는 것은 교회뿐이었다.

17세기에 러시아의 교회는 분열로 인해 약화되었다. 그리고 1667년에 러시아 역사에 있어서 주목할 만한 일대 혁신이 일어났다. 동방교회의 총 주교가 황제와의 싸움 이후 성직을 박탈당한 것이다. 러시아에서는 성직

110 근대 유럽의 형성

서임권을 위한 투쟁이 전혀 일어나지 않았다. 그래서 그 이후로 러시아 교회는 세속 관직에 종속되었다.

일반인들 가운데 종교개혁 이후 변질된 러시아 정교에 대해 불만을 갖는 사람들이 늘어났고 여기서 문화적으로 매우 중요한 종교적 분리 운동이 시작되었다. 이들은 정치적 반대 세력으로 성장했다.

그러나 러시아는 서유럽에서 교회와 국가 간의 갈등이 어떤 결과를 가져왔는지 전혀 모르고 있었을 뿐만 아니라, 종교개혁의 영향 역시 알지 못했다.

러시아 제국의 전제정치

러시아 교회가 왕권의 지배를 받음으로써, 마침내 러시아에서 강력한 전제군주정이 뿌리를 내릴 수 있었다. 러시아 전제군주제의 특징은 이렇다. 우선 황제는 거의 신성불가침의 무한한 권력을 가진 것으로 여겨졌다. 그리고 모든 신민들은 황제에게 은혜를 입었고 따라서 황제에게 절대적으로 충성할 것을 강요당했다. 이처럼 황제가 법적 강제력을 토대로 신민들을 통제하면서 충성을 강요한 것은 토지 소유 문제와 직결되어 있었다. 그리고 교회를 제외한 국가 내의 모든 제도와 단체들은 황제에게 예속된 것으로 여겨졌다. 따라서 그 자체로 독립적인 지위를 전혀 가지지 못했으며 오직 전제군주정의 강력한 중앙집권적 관료제를 위해 존재할 뿐이었다. 또한 황제는 군의 실질적인 지배자이자 최고 통수권자였다.

이런 특성들이 러시아에 처음부터 존재했던 것은 아니며 모든 시대에 똑같이 적용된 것도 아니었다. 그러나 이 특성들은 서양 기독교 국가들의 군주제와 '차리즘'이라고 불리는 러시아의 전제군주제를 구분해 준다. 서양의 기독교 국가에서는 중세시대에 도시와 영지, 길드, 그 외에 많은 단체들이 특권과 자유를 확립했고, 그것을 바탕으로 후일 입헌주의가 정착했다.

과거 모스크바 공국에서 최고위 관리는 '노예'나 '하인'을 뜻하는 칭호를 갖고 있었다. 하지만 그와 같은 시대에 이웃의 폴란드령 리투아니아에서는 최고위 관리들이 '시민'으로 불리고 있었다.

루이 14세는 왕권신수설을 철저하게 신봉하면서 최고 지상권을 갈구했다. 하지만 그의 신하들과 백성들은 그를 절대군주라고 생각하긴 하지만 독재군주라고는 결코 생각하지 않았다. 루이 14세는 법과 신의 율법에 따르는 권력자가 되어야 한다는 생각을 항상 갖고 있었기 때문이다.

영국에서는 훨씬 더 놀라운 군주제가 발달했다. 입헌군주제가 바로 그것이었다. 영국과 프랑스의 군주제는 그 성격이 각기 다르긴 했지만, 그 둘 모두 러시아 군주제로서는 상상도 할 수 없는 실리적이고 이론적인 제한조건들을 받아들였다. 영국과 프랑스는 러시아가 전혀 모르는 서양 전통의 특징을 지니고 있었다. 러시아에서 전제군주제가 계속되는 동안 유럽 국가들은 러시아의 전제군주제를 독재정치라고 비웃었다. 하지만 러시아에서는 그것이 러시아에 절실하게 요구되던 정치체제였고 러시아에 적합한 체제였다. 그리고 러시아의 국가적 특성상 그것은 어떤 측면에서 지금도 여전히 러시아에 적합한 정치체제일지도 모른다.

18세기 사회학자들은 광활한 평야 지대로 이뤄진 국가는 독재적인 전제정치를 선호한다고 즐겨 말했다. 이것은 너무 단순하게 요약된 말이긴 하지만, 러시아처럼 아주 다양한 지역들과 수많은 민족들을 포함하고 있는 국가에서는 언제나 분열이 일어날 위험이 도사리고 있었다. 러시아 황제를 뜻하는 '차르'라는 칭호가 '모든 러시아의 차르'를 의미했다는

위대한 힘의 새로운 세계 111

사실은 그러한 현실을 상기시켜 준다. 그리고 오늘날까지도 러시아의 영토와 민족의 다양성을 반증하는 사건들은 많이 일어나고 있다. 따라서 러시아는 주변 국가들이 러시아의 내부 분열을 이용해 침략할 수 있는 빌미를 제공하지 않기 위해 항상 지방 세력들을 강력하게 다스리며 중앙집권화해야만 했다.

러시아의 귀족계급

보야르 신분과 칭호를 사용하지 못하도록 폐지한 것은 보야르가 관료로 중용되는 특권을 상실했다는 것을 의미했다. 이제 러시아는 관료들을 신분보다는 국가에 대한 공헌도와 능력 위주로 선발하기 시작했다. 따라서 러시아 귀족들은 자신들의 국가에 대한 충성심과 공헌도를 보이기 위해 노력했다.

17세기에 러시아의 귀족계급들은 자신들의 봉사에 대한 대가로 토지를 하사 받았고 그 이후로는 농노를 하사 받았다. 하지만 1722년에 표트르 대제가 제정한 '관등표'에 의해 귀족의 지위는 수정되었고, 모든 토지는 '관등표'에 정해진 대로 업무에 따른 승급 체계에 따라 수여되었다. 이 제도는 그동안 특권을 누려 오던 다양한 귀족계급들을 하나

의 계급으로 통합시키는 결과를 가져왔다.

그 이전까지 귀족에게 부과된 의무들은 매우 광범위했고 죽을 때까지 이행해야 하는 종신 의무가 부과되는 경우도 많았다. 그러나 18세기에 이르러 그 의무들은 점차 감소했고, 마침내 완전히 사라졌다. 그럼에도 여전히 국가에 대한 충성과 봉사만이 귀족이 되기 위한 유일한 방법이었다.

그리고 러시아의 귀족은 다른 나라들의 귀족처럼 자신의 영지에서 독립적인 군주로 군림할 수 없었다. 새로운 특권들이 그들에게 수여되었지만, 이전처럼 보야르 가문 출신이 우선적으로 관료로 임명되는 문벌 제도와 같은 배타적인 제도는 다시 등장하지 않았다.

그 대신 새로운 귀족이 대거 등장하여 귀족의 수가 엄청나게 증가했다. 그들 중에는 매우 가난한 이들도 많았다. 왜냐하면 러시아에는 장자 상속권이 없었기 때문이었다. 그래서 아무리 많은 재산을 갖고 있다 해도, 3~4세대가 지나면 후손들에게 뿔뿔이 흩어져 버렸다. 18세기가 끝나갈 무렵, 귀족이 소유한 농노 수는 대부분 100명이 채 되지 않았다.

| 표트르 대제 |

러시아의 모든 통치자 중에서 가장 훌륭한 전제군주이자 개혁가로 러시아를 근대화하고 유럽의 강대국으로 만든 인물은 표트르 대제였다. 그는 10세에 왕위에 올랐다. 그리고 그가 죽었을 때, 그가 남긴 유산은 제정 러시아가 2세기 동안 유럽의 선두국가로 살아남을 수 있게 해 주었다.

어떤 측면에서, 그는 전통적인 사회를 근대화로 이끌기 위해 인정사정없이 분투했던 20세기의 강력한 독재주의자들을 닮았다. 하지만 그는 분명히 그 시대의 전제군주였

'청동 기사상'으로 불리는 이 동상은 1782년 표트르 대제(1672~1725)를 추모하기 위해 제작된 것이다. 러시아 역사상 가장 위대한 황제로 추앙받고 있는 표트르 대제가 자신이 세운 도시이자 러시아의 근대화와 서구화를 위한 추진력의 상징인 상트페테르부르크를 굽어보고 있다.

112 근대 유럽의 형성

다. 표트르 대제는 전쟁에서의 승리에 모든 관심의 초점을 두었다. 그래서 재위 기간 중 러시아에서 전쟁이 없었던 기간은 겨우 1년뿐이었다. 그리고 그는 그 목적을 이루기 위해서는 러시아를 서구화하고 근대화해야 한다는 사실을 받아들였다.

러시아는 광대한 영토를 갖고 있는 나라였지만 흑해, 카스피 해, 발트 해로 진출할 수 있는 통로가 없었다. 그래서 표트르 대제는 그런 통로를 얻기 위해 개혁이 절대적으로 필요하다고 생각했다. 그가 그런 생각을 갖게 된 것은 어린 시절의 성장 과정 때문일 수도 있다.

표트르 대제는 궁정에 갇혀 지내지 않고 궁정 밖에서 자유롭게 생활했다. 그는 모스크바의 외국인 거주 지역에서 자랐다. 그가 1697~1698년에 서유럽을 순례했다는 사실은 널리 알려져 있다. 그 순례는 그가 기술 문명에 지대한 관심이 있었다는 사실을 분명히 보여 주었다. 아마도 표트르 대제는 러시아가 주변국들의 침략으로부터 영원히 해방될 수 있도록 러시아를 군사 대국으로 만드는 것과 러시아의 근대화는 같은 맥락이라고 생각했던 듯하다. 그가 그 두 가지 중 어느 것에 우위를 두었건 간에, 그의 개혁들은 그 이후

1720년에 제작된 이 초상화의 주인공은 골로프스킨 백작이다. 그는 러시아 황제 표트르 1세의 서유럽 여행에 동반했다. 골로프스킨 백작은 1706년에 외무대신으로 러시아의 외교 문제들을 책임지고 있었다. 그로부터 3년 후 그는 러시아의 총리로 임명되었다.

계속해서 이념적인 잣대로 이용되었다.

여러 세대를 거치면서 러시아인들은 표트르 대제가 이룩한 것들과 그 업적이 러시아에 어떤 의미를 가지고 있는지에 대해 경외심을 가지고 뒤돌아보았다. 19세기에 어떤 러시아인은 다음과 같은 글을 썼다.

"표트르 대제는 오로지 한 장의 백지를 발견했다. …… 그는 거기에 유럽과 서양이라는 단어를 적었다."

카를 12세의 통치 기간 (1697~1718) 동안 스웨덴의 도시 스톡홀름의 모습을 묘사한 판화이다. 스페인의 절대군주였던 카를 12세는 발트 해에 대한 스웨덴의 지배권을 확립하기 위해 러시아를 침공했다. 그러나 그의 야심은 표트르 대제에 의해 좌절되었다.

위대한 힘의 새로운 세계 113

러시아의 영토 확장(1500~1800년)

러시아는 16세기에 동쪽으로 영토 확장 사업을 해 나감으로써 카스피 해만큼 멀리 떨어진 볼가 계곡을 지배할 수 있었고, 몽골족을 이용하여 중앙아시아로 이르는 무역로들의 지배권을 획득할 수 있었다. 그 후 시베리아 정복이 시작되었다. 17세기 말, 러시아는 태평양까지 세력을 뻗어 나갔다.

그러나 러시아의 남진 계획은 결코 쉬운 일이 아니었다. 남쪽에는 오스만 제국과 용맹을 떨치던 카자흐 군이 강력하게 버티고 있었기 때문이다. 서쪽으로의 영토 확장은 그보다 훨씬 더 복잡하고 어려웠다. 발트 해 국가들의 해군력과 군사력이 러시아보다 월등하게 앞서 있었기 때문이다. 그러나 표트르 대제 시대부터 18세기 말까지 러시아의 영토는 남쪽과 서쪽 모두에서 확장되었다. 이것은 16세기 폴란드 왕이 영국의 엘리자베스 1세에게 보낸 편지에서 확인할 수 있다.

"…… 폐하가 러시아인들에게 예술과 선진기술들뿐만 아니라 지금까지 그들이 전혀 모르고 있던 상품들과 무기까지 제공하고 있기 때문에…… 그들은 그것을 이용하여 군사력을 강화하고 다른 나라들을 침략하려 할 것입니다. …… 러시아의 국경과 인접해 있는 우리는 그들을 아주 잘 알고 있습니다. 야만적이고 잔인한 러시아인들은 다른 기독교 제후들의 위엄과 자유와 생명뿐만 아니라 그 신민들의 존엄성과 자유와 생명까지 빼앗을 수 있으므로, 이 사실을 더 늦기 전에 폐하에게 엄중히 알려드리는 바입니다."

H. G. 쾨니히스베르거의 『근대 세계 : 1500~1789년』 중에서

이 지도들은 1500년부터 1689년까지(위), 그리고 1689년부터 1812년까지(아래)의 러시아의 영토 확장 결과를 보여 준다.

표트르 대제 치하에서의 영토 확장

표트르 대제가 이룬 제국의 영토 확장은 쉽게 확인할 수 있다. 그는 자신의 대외정책을 실천에 옮기기 시작했다. 우선 모스크바 남쪽을 보호하기 위해 캄차카와 부하라 오아시스로 원정대를 보내 오스만 제국의 지원을 받는 크림 타타르족을 물리쳤다. 하지만 그는 거기서 만족하지 않고 해상을 통해 서쪽으로 나아갔다. 이 원정을 계기로 흑해에 함대를 건설했고 한동안 우크라이나 지역의 아조프 해를 차지했다. 하지만 폴란드와 스웨덴이 신성동맹을 깨뜨림으로써 표트르 대제는 그 지역을 포기해야만 했다.

발트 해로 진출할 수 있는 출구를 얻기 위해서는 스웨덴을 침공했다. 스웨덴과 치른 전투는 처절했다. 동시대인들이 '북방전쟁'*이라고 명명했던 그 전쟁은 1700년에 시작되어 1721년까지 지속되었다.

1709년 카를 12세가 이끌던 세계 최강의 스웨덴 군대가 우크라이나 중부의 폴타바에서 러시아군에 대패하자 세계는 뭔가 엄청난 변화가 일어났다는 사실을 깨달았다. 그 이

*북방전쟁

발트 해의 지배권을 놓고 러시아와 스웨덴이 벌인 전쟁. 러시아의 표트르 대제가 승리하여 발트 해 동남 쪽 해안지역을 차지하게 되었고, 이로써 러시아는 서방 진출의 근거를 마련했다.

114 근대 유럽의 형성

후 표트르 대제의 치세 동안 러시아는 세계 열강의 하나로 등장하면서 그 변화가 사실임을 입증했다.

1721년 프랑스의 중재로 스웨덴이 핀란드의 서해안 도시 니스타드에서 러시아와 강화조약을 맺음으로써 북방전쟁은 막을 내렸다. 이 조약 이후 러시아는 리보니아, 에스토니아 그리고 카렐리야의 일부를 얻음으로써 발트 해 진출의 오랜 꿈을 이루었고, 그와 동시에 유럽의 열강에 들게 되었다. 강대국으로 군림해 오던 스웨덴의 황금시대는 이제 끝이 났다. 스웨덴은 새로운 강자로 등장한 러시아에게 자리를 내주어야 했다.

그보다 몇 년 앞서, 프랑스의 『황실 연감』은 이미 로마노프 왕조를 유럽의 영향력 있는 통치 가문들 중 하나로 기록했다. 러시아는 북방전쟁에서 승리함으로써 서양과의 접촉이 더욱 용이해졌다. 표트르 대제는 이미 1703년 초부터 전쟁의 승리와 강화조약을 예상하고 있었고, 그로 인해 서양과 접촉할 수 있는 길이 열릴 것이라는 점을 예견하고 있었다.

그래서 그는 스웨덴 침략을 막기 위해 1703년 신도시 상트페테르부르크를 건설했고, 스웨덴과의 전쟁에서 승리한 후 발트 해 진출을 모색하기 위해 1712년 제정 러시아 수도를 모스크바에서 상트페테르부르크로 옮겼다. 이후로 상트페테르부르크는 200년 동안 러시아의 수도가 되면서, 어느 유럽 도시 못지않은 아름다운 도시로 변모했다.

그렇게 해서 제정 러시아의 정치와 문화의 중심은 유럽과 멀리 떨어져 있던 모스크바 공국에서 서양과 지리적으로 가깝기 때문에 진보된 서양 문명을 더 빠르게 받아들일 수 있는 러시아의 변방으로 옮겨 가게 되었다. 이제 러시아의 서구화는 더욱 가속화될 수 있다. 그것은 과거와의 의도적인 단절이었다.

러시아의 서구화

물론 모스크바 공국이 유럽으로부터 완전히 고립된 적은 한 번도 없었다. 한 교황은 이반 대제를 로마 가톨릭교로 개종시키기 위해 이반 대제의 결혼을 주선하기까지 했다. 유럽 국가들과의 교류는 항상 있었다. 로마 가톨릭교의 폴란드인들과 영국 상인들은 엘리자베스 1세 시대에 모스크바와의 무역로를 개척하여 교역을 했다. 지금도 크렘린에는 당시의 영국 보석세공사들이 만든 화려한 작품들이 그대로 전시되어 있다.

무역은 계속되었다. 그리고 때때로 외국인 전문가가 러시아로 건너오기도 했다. 17세기에 유럽 군주들이 파견한 최초의 영구 대사들이 러시아에 상주했다. 그러나 러시아인들 사이에는 그들에 대한 불신과 두려움이 항상 있었다. 그래서 17세기 후반에는 외국인들의 주거 지역을 제한하기까지 했다.

표트르 대제는 외국인을 차별하는 관행을 없앴다. 그는 조선공, 총포 기술자, 야금 기술자, 교사, 군인 등 전문가들을 원했다. 그래서 그들에게 러시아에서 일할 수 있도록 특권들을 주었다. 행정에 있어서도 관료직의 세습

1698년, 표트르 대제는 모든 대지주, 귀족, 상인들에게 긴 수염을 자르라고 명령했다. 이 시사만화는 표트르 대제의 그 명령이 불러일으킨 경악스러움을 풍자한 것이다.

상트페테르부르크는 1703년에 표트르 대제에 의해 세워졌다. 그가 만든 새 도시는 번성하여 문화적·산업적 중심지가 되었다. '상트페테르부르크의 네바 강과 항구, 교역소'라는 제목의 이 채색판화는 1815년에 제작된 것이다.

을 근절시키고 능력 위주로 관료를 선발하려고 노력했다. 그는 기술을 가르치기 위한 학교들을 세우고 과학 아카데미를 창설했다. 러시아에 과학이라는 개념이 도입됨으로써, 이제까지 성직자들의 전유물로 인식되어 오던 학습과 교육은 전문가들의 손으로 넘어가게 되었다.

다른 많은 위대한 개혁가들과 마찬가지로 표트르 대제는 불필요한 허례허식을 타파해 나갔다. 그는 신하들에게 활동하기에 불편하고 화려한 관복 대신 유럽식의 간편한 복장을 하도록 지시했다. 그리고 성직자와 농민을 제외한 모든 러시아인들에게 수염을 기르지 못하게 했고, 여자들에게는 외출 시에 독일식 옷차림을 하게 했다. 그러한 정신적 문화 충격은 시대에 뒤떨어져 있던 러시아에 꼭 필요한 것이었다.

표트르 대제는 자신이 하고자 하는 것들에 조언이나 동의를 구하지 않았고, 자신이 원하는 것은 무엇이든 강제적으로 실행시켰다. 그것은 그가 절대적인 권력을 갖고 있었기 때문에 가능했다.

대귀족 중심의 국회인 '두마'는 해산되었고 임명제에 의한 새 의회가 만들어졌다. 표트르 대제의 명령에 반대하는 사람들은 가혹한 대가를 치렀다. 물론 보수적인 관료 제도를 개혁하는 일은 쉽지 않았다. 하지만 그는 중세적이고 낡은 정부 형태를 효율적인 전제 정치 형태로 바꾸고, 시대에 뒤진 행정기구와 통신기관을 개혁했다. 근대화의 가장 놀라운 성과는, 민병 중심이었던 러시아 군대에 근대적인 정규군을 창설하여 군대를 전면적으로 개혁했다는 점이다.

하지만 대다수 러시아인들은 이러한 위로부터의 개혁에 냉담했다. 그의 개혁은 기술자들과 소수의 상류계층에게만 영향을 미쳤을 뿐이다. 그 결과는 상트페테르부르크의 서구화된 상류 귀족계층에게서 극명하게 드러났다. 1800년에 이르러 그들은 대체로 프랑스어를 사용했고, 서유럽의 유행이나 새로운 사조들을 재빨리 받아들였다. 그러나 지방의 신사계급들은 그들을 경멸하거나 불쾌하게 생각했다. 상트페테르부르크의 상류계층은 러시아 내에서 완전히 이질적인 집단이었다.

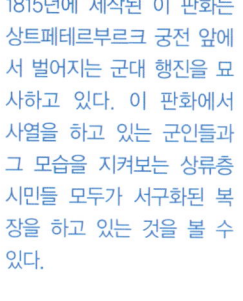

1815년에 제작된 이 판화는 상트페테르부르크 궁전 앞에서 벌어지는 군대 행진을 묘사하고 있다. 이 판화에서 사열을 하고 있는 군인들과 그 모습을 지켜보는 상류층 시민들 모두가 서구화된 복장을 하고 있는 것을 볼 수 있다.

평민들은 오랫동안 새 학교에서 혜택을 얻지 못했다. 성직자와 귀족들을 제외한 대부분의 러시아 대중들은 여전히 문맹 상태였다. 그리고 글을 배울 기회가 있는 사람들이라 해도 대부분 마을 성직자에게 배운 초보적인 수준에서 그쳤다. 러시아의 민중들이 읽고 쓰는 교육을 받을 수 있게 된 것은 20세기가 되어서였다.

러시아의 농노 제도

러시아는 사회구조 역시 점점 더 세분화되어 갔다. 유럽에서 농노 제도가 가장 늦게까지 존속한 국가는 러시아였다. 기독교 국가들 가운데 '강제노동 제도'가 더 오래 지속된 곳은 에티오피아와 아메리카 대륙뿐이었다. 이처럼 18세기에는 거의 모든 곳들에서 농노 제도가 점점 약화되어 가고 있었다.

하지만 그와 같은 시기에 러시아에서는 그 제도가 오히려 확산되고 있었다. 이런 현상이 일어나게 된 이유는 토지에 비해 노동력이 턱없이 부족했기 때문이었다. 러시아에서 토지의 가치는 대개 그 토지의 크기가 아니라 그

토지에 묶여 있는 농노들의 수로 평가되었다.

러시아에서 농노들의 수는 17세기에 증가하기 시작했다. 이 시기에 러시아 황제들은 귀족들에게 토지를 할당해 줌으로써 귀족들의 비위를 맞추려 했다. 그리고 귀족들에게 하사한 토지 중에는 자유농민의 토지가 포함되어 있는 경우도 있었다. 자유농민들은 빚 때문에 지주들에게 종속되었고, 그들 중 많은 이들은 일을 해서 빚을 갚기 위해 농노가 되었다.

한편, 법은 농노에 대해 점점 더 많은 제약 조건들을 부과했고, 러시아의 경제구조는 농노 제도에 전적으로 의지했다. 농노들을 되찾고 억누르기 위한 법안들이 꾸준히 늘어났다. 그리고 표트르 대제가 농민들로부터 인두세를 징수하고 군대 징발을 하는 권한을 지주들에게 맡기자, 지주들은 그런 권한들을 이용하여 막대한 부를 형성했다. 그렇게 해서 표트르 대제는 러시아의 지배계급인 지주들에게 이익을 안겨 주었고 지주권력을 강화시켰다. 결국 러시아의 귀족들은 황제를 위해 임무를 수행하는 세습관리가 되었다.

18세기 말경의 지주는 자신의 농노들에게 사

러시아 화가 미하일 시바노프는 농민들의 삶을 주로 묘사했다. '약혼 I'이라는 제목의 이 그림은 1789년에 제작된 것으로, 결혼을 약속하는 서약식 장면을 그렸다.

사로이 사형을 집행하는 것만 제외하고는 공식적으로 할 수 없는 일이 거의 없었다. 만약 농노들이 노동을 게을리 하여 의무적인 생산량을 올리지 못할 경우, 지주들은 그로 인해 발생한 손해액을 제멋대로 정해 강제로 징수했다. 결국 시베리아로 달아나거나 심지어 외국으로 도망가는 농노들의 수가 계속 늘어났다.

1800년대에는 러시아 국민의 절반 정도가 지주들에게 종속된 사유 농노였고, 나머지 대다수는 국가에 종속되어 있는 국유 농노였기 때문에 왕에 의해 언제라도 귀족들에게

양도될 수 있는 위험에 처해 있었다.

새로운 토지들이 귀족 지주들에게 할당되면, 그 토지에 거주하는 사람들 역시 자동적으로 지주의 농노가 되었다. 그것은 사회에 심각한 악영향을 미쳤다. 러시아인들은 언제 농노로 전락할지 모르는 현실 속에서 무력해질 수밖에 없었고 계층 간의 장벽은 더욱 견고해졌다.

19세기 말, 러시아에 심각한 변화의 조짐이 일기 시작했다. 그리고 그 변화는 20세기 내내 러시아의 가장 심각한 문제가 된다. 농노

＊흑토 지대
흑토가 널리 분포한 지대. 토질이 뛰어나 중요한 곡물 생산 지대가 되었다. 흑해 연안의 우크라이나와 남부 러시아에서 중앙아시아에 이르는 드넓은 지역이 대표적인 흑토 지대이다.

러시아의 차르들과 차르들의 통치 기간(1462 ~ 1825년)

이반 3세 (이반 대제) 1462~1505년	바실리 3세 1505~1533년	페도르 1세 1584~1598년	페도르 2세 1605년	알렉세이 1세 1645~1676년	페도르 3세 1676~1682년	표트르 1세 (표트르 대제) 1689~1725년	예카테리나 1세 1725~1727년	이반 6세 1740~1741년	표트르 3세 1762년	파울 1세 1796~1801년	알렉산더 1세 1801~1825년
1500년	1550년	1600년		1650년		1700년		1750년		1800년	
이반 4세 (폭군 이반) 1533~1584년		보리스 고두노프 1598~1605년		미하일 로마노프 1613~1645년 로마노프 왕조	이반 5세와 표트르 1세 1682~1689년	표트르 2세 1727~1730년	안나 이바노프나 1730~1740년	엘리자베타 페트로브나 1741~1762년		예카테리나 2세 1762~1796년	

들은 가혹한 경제적·정치적 요구들을 더 이상 감당할 수 없었고, 결국 그들의 분노는 폭발하기 일보 직전에 이르렀다. 하지만 농노의 숫자가 엄청난 까닭에 러시아의 농노 제도는 쉽게 개혁을 단행할 수 없었다.

인구와 경제

노예 노동력은 러시아 경제의 중추 역할을 담당했다. 유명한 흑토 지대*를 제외하고는, 18세기에 비로소 개척하기 시작한 러시아의 대부분 농토는 토양이 척박했다. 그리고 최고의 농경지라 해도 농경법이 대단히 낙후되어 있었다.

20세기까지 농산물 생산량은 증가하는 인구를 단 한 번도 따라잡지 못했던 듯하다. 그러나 기근과 전염병이 주기적으로 발생하여 자연적으로 인구의 균형이 맞춰졌다. 18세기에 러시아의 인구는 거의 두 배로 증가했는데, 약 3천 6백만 명 중 7백만 명가량은 새로운 영토를 획득함으로써 추가된 인구였고, 나머지는 자연적인 증가에 의해 불어난 인구였다. 이것은 다른 유럽 국가들보다 훨씬 더 빠른 성장률이었다. 이 인구 중에서 도시에서 사는 사람들은 기껏해야 25명 중 한 명 정도였다.

그러나 러시아 경제는 그 세기 동안 놀랄 정도로 발전했고, 세계에서 유일하게 농노 제도를 산업화에 이용했다. 이것은 분명히 표트르 대제의 위대한 업적 중 하나였다. 최초의 두 로마노프 황제 치하에서 산업화가 시작되긴 했지만, 일관된 추진력을 가지고 러시아의 산업화가 본격적으로 시작된 것은 바로 표트르 대제 때부터였다. 하지만 산업화의 결과는 빠르게 나타나지 않았다. 산업화를 시작할 당시 러시아의 산업 수준은 매우 열악했고, 18세기 유럽 경제 역시 급속한 성장을 이룰 만한 상태가 아니었다.

곡물 생산량이 증가하면서 18세기에 훗날

1784년에 제작된 초상화로 축제를 위해 민속의상으로 치장한 러시아 여인의 모습을 그린 것이다.

러시아의 주력 수출 상품이 된 러시아 곡물이 수출되기 시작했지만, 그것은 잉여 생산물이 풍부했기 때문이 아니었다. 많은 땅을 무리하게 농경지로 만들고, 수출을 위해 지주와 조세 징수인들이 서로 짜고 농민들로부터 농작물을 빼앗았기 때문이었다. 농민들은 심한 가난과 굶주림에 허덕였다. 이것은 일시적인 현상이 아니라 제정시대 동안 계속된 현상이었다. 표트르 대제 통치 하에서 농민들은 수확량의 60%를 세금으로 냈다. 그것은 농민들에게 너무나 가혹한 부담이었다.

러시아에는 생산성을 증가시킬 만한 농업 기술이 없었고, 행정 제도 역시 점점 더 지주들에게만 유리해져 갔기 때문에, 생산량은 눈에 띄게 줄어들었다. 19세기 후반에 이르

위대한 힘의 새로운 세계 119

러서도 일반 러시아 농민은 하루 종일 죽도록 일을 해야 겨우 입에 풀칠을 할 수 있었기 때문에 여가 시간 같은 것은 상상도 할 수 없었다. 그들은 쟁기조차 없었기 때문에 땅을 일궈 농사를 짓는 것이 아니라 흙을 대충 들춰내 씨를 뿌리고 때를 기다려 수확량을 거둬들이는 것이 고작이었다. 그럼에도 불구하고 농업 기반은 어쨌든 러시아를 막강한 군사력을 갖춘 강대국으로 변모하게 만들었고 산업화의 원동력이 되었다.

1800년경 러시아는 세계에서 가장 많은 양의 선철(무쇠)을 생산했고, 많은 양의 철광을 수출했다. 물론 그것은 표트르 대제의 업적 중 하나였다. 그는 러시아의 풍부한 광물자원에 주목했고, 그 자원들을 개발할 수 있도록 전문적인 행정기구를 설립했다. 그리고 전국적으로 자원 조사 작업을 실시했으며 서양으로부터 광산 기술자들을 불러들였다. 광물이 매장된 지역은 국가가 보상금을 지불하고 매입했다. 자기 땅에 광물을 묻어 두고 보상금을 노리거나 국가의 땅을 빼앗으려고 조사를 방해하는 지주들은 사형으로 처벌했다.

채굴한 광물을 운송하기 위해 운송수단과 교통망이 발달했고, 러시아 산업의 중심부가 서서히 우랄 산맥 쪽으로 옮겨졌다. 강은 매우 중요한 역할을 하기 시작했고, 표트르 대제 사후 불과 몇 년 만에 발트 해는 카스피아 해와 수로로 연결되었다.

산업화

그 세기 동안 러시아 무역의 수출입 균형을 이뤄 주던 광물과 벌목 산업을 중심으로 제조업이 발달하기 시작했다. 표트르 대제 재위 기간에 100개 미만이던 공장들은 1800년에 이르러 3,000개 이상이 되었다.

1754년 이후, 수입품에 대한 관세 장벽이 폐지되면서 러시아는 세계에서 가장 큰 자유무역 지대가 되었다. 러시아는 제조업자들에게 농노를 노동력으로 이용할 수 있도록 허락했고 독점권도 주면서 적극적으로 산업을 장려했다. 러시아의 산업은 개인들의 사업에서 출발한 것이 아니라 정부의 강력한 산업 육성 의지에 의해 생겨났고, 따라서 기존의 사회적 현실과 충돌할 수밖에 없었다.

국내 무역에는 세금이 적용되지 않았지만, 원거리 국내 무역은 별로 없었다. 1800년대에 대부분의 러시아인들은 1700년대와 마찬가지로 자급자족적인 지역 공동체에서 장인들이 생산해 내는 물품들에 의지하며 살았기 때문에 화폐경제가 거의 이루어지지 않았다.

장인의 작업장보다 공장의 규모가 더 작은 경우도 많았던 듯하다. 외국 무역은 여전히

러시아 데미도프 가문의 일족 중 한 명을 그린 이 초상화는 1773년에 제작된 것이다. 데미도프 가문은 우랄 산맥과 시베리아의 광산을 통해 엄청난 부를 축적했다.

외국 상인들의 손아귀에 있었다. 정부가 사업가들에게 광산 채굴권을 주고 광산 노동력을 위해 농노를 동원할 수 있도록 전폭적으로 지원해 주었지만, 그것으로 러시아의 산업을 급성장시킬 수는 없었다.

표트르 대제의 후계자들

표트르 대제의 갑작스러운 죽음 이후, 러시아의 개혁 의지는 구심점을 잃고 흔들렸다. 그 누구도 그를 대신할 수 없었고, 개혁을 주도하던 행정 관료들 역시 그의 개혁 의지를 지속시킬 만큼 충분한 교육을 받지 못한 상태였다.

표트르 대제는 자기 아들을 고문해 죽였으며 후계자를 지목하지 않은 상태에서 세상을 떠났다. 그의 뒤를 이은 사람들은 그처럼 결단력이 있는 성격도 아니었고 모두가 두려워 떨 만큼 절대적인 권력을 쥐고 있지도 못했다. 그러자 그동안 숨죽이고 있던 큰 귀족 가문들이 왕권을 위협하기 시작했다.

1730년에 표트르 대제의 손자인 표트르 2세가 죽자, 로마노프 왕가의 남자 혈통은 대가 끊겼고, 러시아 왕궁은 파벌 싸움에 휘말려 들

었다. 하지만 그의 조카인 안나가 왕위를 계승하면서 왕권의 회복이 이루어지기 시작했다.

안나 이바노프나는 표트르 2세를 억눌렀던 귀족들에 의해 왕위에 즉위하긴 했지만, 왕권을 손에 넣은 후 재빨리 그들을 억눌렀다. 그리고 왕권을 강화한다는 것을 상징하기 위해 표트르 대제 사후에 모스크바로 옮겼던 러시아의 수도를 다시 상트페테르부르크로 옮겼다. 그 사실에 보수파들은 기뻐했다. 안나는 외국 출신의 장관들에게 도움을 청했다. 이러한 파격적인 기용은 1740년 그녀가 죽을 때까지 충분한 효과를 가져왔다.

안나의 후계자는 안나의 언니 예카테리나 1세의 손자인 이반 6세였다. 이반은 아직 갓난아기였다. 그래서 그가 즉위한 지 1년 만에 표트르 대제의 딸 옐리자베타가 쿠데타를 일으켜 왕위에 올랐고, 이반은 감옥에 갇혀 있다가 20여 년 후에 죽임을 당했다.

옐리자베타 페트로브나는 친위대의 지지를 받고 있었고, 러시아인들은 외국인들 때문에 화가 나 있었다. 1762년, 옐리자베타는 겨우 6개월 동안 즉위하다가 강제로 퇴위당한 이반 6세의 뒤를 따라 세상을 떠났다.

◀ 러시아 여제이며 표트르 대제와 예카테리나 1세의 딸인 옐리자베타 페트로브나(1702~1762)는 부모의 경제 개혁 정책을 계속 이어 나갔고, 스웨덴과 프로이센에 맞서 전쟁을 치렀다. 말을 타고 있는 여제를 묘사한 이 초상화는 1743년에 제작된 것이다.

옐리자베타 페트로브나의 통치 기간에 이탈리아 건축가 바르톨로메오 라스트렐리는 상트페테르부르크에 겨울 궁전을 지어 달라는 의뢰를 받았다. 겨울 궁전은 1754년부터 짓기 시작해 1762년 완성되었다. 1891년에 제작된 이 판화에 그 결과물이 나타나 있다.

위대한 힘의 새로운 세계 121

이 18세기 초상화의 주인공은 바로 예카테리나 여제(1729 ~1796)이다. 이 초상화는 러시아 전통 의상을 차려 입은 여제의 모습을 보여 준다.

엘리자베타가 죽자, 황제에 즉위한 표트르 3세는 독일 공주이자 자신의 아내인 소피아를 제거하려 했다. 그러자 후일 예카테리나로 개명한 소피아는 자신의 연인을 시켜 자기 남편인 표트르를 암살하고 스스로 여황제의 지위에 올랐다. 그녀가 바로 예카테리나 여제로 불리는 예카테리나 2세이며 후일 표트르처럼 '대제'로 알려졌다.

| 예카테리나 여제 |

예카테리나 여제의 화려한 명성은 많은 사실들을 가려지게 만들었고 그래서 그의 동시대인들은 예카테리나 여제의 진면목을 잘 모르고 있었다. 그중 가장 의구심이 드는 부분은

그가 황제에 오르게 된 과정이다. 하지만 쿠데타를 일으켜 권력을 강탈하지 않았더라면, 남편에게 살해되었을 것이다. 어쨌든 그런 사실들은 황제의 권한이 표트르 대제 시대 때보다 실제적으로 약화되었다는 것을 보여 준다.

그는 고매한 이상을 갖고 있었고 억압받던 러시아의 피지배층들을 잘살게 만들겠다는 투지에 불타 있었다. 하지만 귀족들의 힘으로 황제에 오른 그는 불안한 왕권을 유지하기 위해 귀족들에게 더 많은 이익을 주어야만 했다. 뿐만 아니라 그가 추진했던 일련의 개혁들은 현실과는 너무나 동떨어진 것들이었기 때문에 모두 실패하고 말았다. 예카테리나는 루터파였던 종교를 러시아 정교로 개종하면서까지 러시아를 위해 최선을 다하려고 했다. 하지만 독일 출신인 그는 영원한 외국인이었다. "나는 죽지 않기 위해 군림해야 한다." 한때 이렇게 말한 예카테리나 여제의 통치는 대단한 결과를 가져왔다.

예카테리나 여제의 통치 기간에 표트르 대제의 통치 시기보다 더 많은 발전이 이룩되긴 했지만, 혁신적인 측면에서는 표트르 대제의 힘을 따라가지 못했다. 그 역시 학교를 세우고 예술과 과학을 후원했다. 하지만 표트르는 실리적인 것에 관심을 집중시켰던 반면, 예카테리나 여제는 계몽사상가들의 사상을 정책에 반영시키려고 했다.

그가 만든 러시아 헌법은 결국 사문화되었다. 예카테리나 여제는 진보적인 이상주의를 꿈꾸었지만 현실은 그의 이상주의를 용납하지 않았고, 그 역시 자신이 갖고 있던 이상주의에서 멀어져 갔다.

그것을 본 작가 알렉산드로 라디시체프는 예카테리나 여제가 초기에 품고 있던 진보적인 이상들과 얼마나 동떨어져 있는지에 대해 신랄하게 비판했다. 그는 비판의 대가로 시베리아로 유형을 떠났다. 그는 예카테리나

122 근대 유럽의 형성

여제를 과감히 비난했고, 러시아인들 중 최초로 정책에 이의를 제기한 용기 있는 지성인이었다.

예카테리나 여제는 결국 자신의 권력 유지를 위해 귀족계급을 옹호했다. 그는 지주들의 여제였고, 그래서 그들에게 더 많은 특권과 권한을 주는 한편, 농민들이 지주들에 대해 탄원하지 못하게 만들었다. 예카테리나 여제가 통치한 34년 동안 지주들이 농노들에게 자신들의 권한을 함부로 남용하지 못하도록 판결한 횟수는 불과 20회뿐이었다.

그중에서 가장 의미심장한 것은, 1762년에 귀족들의 병역의무가 폐지된 것이었다. 그리고 그 후로도 귀족계층에게 많은 특권이 주어지면서, 표트르 대제가 실시했던 귀족계급에 대한 정책들은 예카테리나 여제의 시대에 이르러 오히려 후퇴했다.

귀족계급은 개인세, 신체적 체벌, 군대 숙영지 제공 의무를 면제받았고, 오직 자신들과 동등한 계층에 의해서만 재판에 회부될 수 있었으며 공장과 광산에 대한 독점권을 부여받았다. 지주는 어떤 의미에서 전제군주정의 협력자였다.

경직되어 가는 러시아의 사회구조

장기적인 관점에서 바라보았을 때, 귀족계급과 전제군주정 사이의 긴밀한 유대 관계는 치명적이었다. 다른 유럽 국가들이 자국의 사회구조를 느슨하게 풀어 주기 시작하는 동안, 예카테리나 여제 시대의 러시아는 오히려 더 엄격하게 사회구조를 경직시켰다. 이것은 이후 50년 동안 러시아에서 일어날 일련의 난관들과 변화들에 효과적으로 대처하지 못하게 만들었다.

혼란의 대표적인 징후는 농민들의 반란이었다. 농민들의 반란은 17세기에도 종종 발생했지만, 1773년에 일어난 푸가초프 반란은 규모 면에서 이전의 반란들과는 비교가 되지 않았다. 푸가초프 반란은 19세기 이전의 러시아 농경사회에서 발생한 반란들 중 최대 규모의 반란이었다. 푸가초프 반란 이후에도 계속해서 반란이 일어났지만, 그 반란들은 강력한 치안을 통해 진압할 수 있는 규모였다.

계속된 농민 반란은 어쩌면 당연한 일이었다. 농민들에게 부과된 과중한 노역은 예카테리나 여제 통치 기간 동안 흑토 지대에서 극에 달했다. 얼마 지나지 않아, 지식인층 사이에서 그런 사회현상을 비난하는 사람들이 나타났고, 민중들의 억압받는 삶은 그들이 즐겨 다루는 주제들 중 하나가 되었다. 이는 그 이후 200년 동안 많은 개발도상국들에게 민중 봉기에 대한 모범적인 전례를 제공해 주었다.

근대화는 과학기술 문제에 국한된 것이 아니라 그 이상의 의미를 가지고 있다는 사실이 분명해졌다. 하지만 러시아는 서구의 자유주의 사상을 받아들이지 않으려 하면서 과학기술적인 근대화만을 요구했다.

결국 경직된 사회구조를 유지함으로써, 러시아는 대담한 지도력과 강력한 군사력으로 확보한 위상을 유지하기 위해 필요한 변화들을 이룩하지 못했다.

예카테리나 여제의 유산

1796년 예카테리나 여제가 죽었을 때, 러시아는 거대한 제국으로 성장해 있었다. 그를 위대한 여왕으로 만든 것은 막강한 군사력과 외교정책의 성공이었다. 그는 7백만 명의 새로운 신민들을 러시아에 안겨 주었다.

예카테리나 여제는 "가진 것이라고는 드레스 서너 벌밖에 없는 가난한 소녀'가 러시

◀ 카자흐족인 에메리안 푸가초프는 자신이 암살을 피해 살아남은 예카테리나 여제의 남편인 표트르 3세라고 주장하면서 러시아 남부 지방에서 반란을 이끌었다. 푸가초프는 결국 체포되어 1775년에 사형당했다.

위대한 힘의 새로운 세계 **123**

18세기에 제작된 이 초상화의 주인공은 프로이센을 탄생시킨 프리드리히 빌헬름(1620~1688)이다. 그는 30년 전쟁에서 승리한 뒤 계속해서 군대, 지주 귀족층과 밀접한 관계를 유지하면서 중앙집권화를 추진해 나갔다.

아로 왔을 때 러시아는 아주 너그럽게 대해 주었고, 그래서 아조프, 크리미아, 우크라이나로 그 빚을 갚았다"고 말했다.

하지만 그것은 그녀의 전임자들이 이끌어 온 외교정책에서 벗어나지 않는 것이었다. 군주제가 위협을 받고 있을 때조차, 표트르는 폴란드와 오스만 제국에 대해 강경한 외교정책을 펼쳐 나갔다. 러시아 주변 세력들이 18세기 동안 점점 더 큰 어려움을 겪고 있었다는 사실은 러시아가 폴란드와 오스만 제국에 대해 강경책을 쓸 수 있는 계기가 되었다.

스웨덴은 이미 경쟁 세력에서 탈락한 상태였고, 평형추 역할을 하던 프로이센과 합스부르크 제국은 서로 으르렁거리며 싸우고 있었기 때문에 러시아는 허약한 폴란드와 무너져 내리고 있던 오스만 제국 둘 모두에 대해 주변의 방해 없이 강경책을 펼쳐 나갈 수 있었다.

| 프로이센 왕국 |

1701년, 프리드리히 빌헬름의 아들이며 브란덴부르크 선제후로서는 프리드리히 3세인 프리드리히 1세가 즉위함으로써 프로이센 왕국이 탄생했다. 이후 프로이센 왕국은 1918년까지 지속되었다. 호엔촐레른 가문은 1415년 이래로 자신들의 영토에 꾸준히 주변 지역들을 병합시키면서 계속 왕을 배출했다. 16세기에 당시 공국이었던 프로이센은 독일 기사단을 몰아낸 후 쇠퇴하기 시작한 폴란드를 브란덴부르크에 통합했다.

호엔촐레른 왕조는 한 선제후가 1613년에 칼뱅파로 개종한 후 종교에 대해 관용정책을 펼쳤다. 그 신민들은 여전히 루터파였다. 호엔촐레른 왕조가 직면한 한 가지 문제는 영토가 광범위하게 흩어져 있고 신민들 또한 다양한 민족들로 이루어져 있다는 점이었다. 그들의 영토는 프로이센 동부에서 라인 강 서쪽까지 흩어져 있었다.

17세기 후반, 프로이센은 스웨덴으로부터 영토를 빼앗음으로써 점점이 흩어져 있던 자국의 영토를 연결할 수 있었다. 그러나 절대주의를 강화하고 정부군을 창설하여 근대 유럽에서 가장 강력한 군사력을 갖고 있던 스웨덴과 싸워 승리한 '대선제후' 프리드리히 빌헬름조차 실패를 경험한 적이 있었다.

무력을 이용한 영토 확장과 강경 일변도의 대외정책을 통해 프리드리히 1세와 그의 계승자는 계속해서 황제 지위를 추구하면서 루이 14세에 맞서 대동맹을 추진할 수 있었다. 그 사실만으로도 프로이센이 유럽의 강국이라는 사실은 충분히 증명되었다. 영토 확장과 대프랑스 동맹을 위해서는 막대한 비용이 필요했다. 그런데 프로이센의 국가 재정은 1740년 프리드리히 2세가 즉위할 당시 유럽에서 가장 튼튼하고 부유했다.

프리드리히 2세

프리드리히 2세가 '대왕'으로 알려진 것은, 그가 합스부르크가로부터 슐레지엔 지방을

빼앗고 합스부르크가와 폴란드 왕국을 분할시켰을 뿐만 아니라, 과중한 세금을 부과하고 외국과의 침략 전쟁에 국민들을 희생시킴으로써 프로이센의 부를 획득하고 강력한 군대를 만들었기 때문이었다.

그는 자신의 아버지를 증오했는데 악명 높았던 아버지 못지않게 인간적으로 그다지 훌륭하지 않았던 듯하다. 왜냐하면 심술궂고 원한에 사무쳐 있었으며 양심의 가책을 느끼지 못하는 인물이었기 때문이다. 그런 반면 그는 대단히 지성적이었고, 플루트 연주와 작곡을 하고 지성인들과 대화를 즐기는 등 아버지보다 훨씬 더 교양이 풍부했다. 또한 자신의 왕조를 위해 헌신했고, 왕조의 이익은 곧 영토 확장과 권위의 확대라고 생각했다. 그는 너무 멀리 떨어져 있어 병합하기 불가능한 영토는 과감히 포기했으나, 그 대신 보다 귀중한 영토들을 프로이센에 추가했다.

슐레지엔 정복의 기회는 1740년에 오스트리아의 카를 6세 황제가 딸 하나를 남기고 죽었을 때 찾아왔다. 그는 자신의 딸에게 왕위를 물려주고 싶어 했다. 그 딸이 바로 마리아 테레지아였다.

프리드리히 2세는 마리아 테레지아의 왕위 계승권을 인정하는 대신에 슐레지엔을 달라고 오스트리아에 요구했다. 그것은 터무니없는 요구였다. 카를 6세는 1780년에 사망할 때까지 프리드리히 2세를 결코 용서하지 않았고, 자신의 개인적인 원한을 앙갚음하기 위해 복수의 칼날을 갈았다. 그로 인해 결국 오스트리아 왕위 계승 전쟁이 일어났고 프로이센은 슐레지엔을 얻게 되었다.

프로이센은 그 이후의 전쟁들에서도 슐레지엔을 굳건히 지켰고, 프리드리히 2세는 통치의 마지막 해에 마리아 테레지아의 아들이자 계승자인 요제프 2세의 일련의 시도들을 좌절시키고 합스부르크 유산에 대한 보상으

18세기에 제작된 이 그림은 프로이센의 프리드리히 2세가 아르젠 후작과 함께 포츠담의 상수시 궁전 건축 현장을 둘러보는 모습을 담았다.

로 바이에른 지방을 차지하기 위해 독일 제후들의 동맹을 이끌면서 그를 압박했다.

이 일화는 부유한 슐레지엔 지방을 차지하려는 욕망과 독일 제후들의 패권 다툼 이상의 중요한 의미를 지니고 있었다. 이것은 18세기의 유럽 사회에서도 여전히 과거의 왕조주의가 얼마나 깊이 뿌리 내려져 있었는가를 확인할 수 있는 증거인 동시에, 유럽의 판도를 가늠할 수 있게 해 주는 증거이기도 하다.

프리드리히 2세는 독일에 대한 지배권을 놓고 합스부르크가와 호엔촐레른가 간의 싸움을 시작했다. 이 문제는 1866년 프로이센과 오스트리아가 전쟁을 치르면서 비로소 해결되었다. 그러나 그 과정 속에서 호엔촐레른가가 오스트리아 황제에 반대하는 게르만족의 애국적 감정에 호소했다는 사실은 주목할 만하다. 그 황제의 본질적인 관심들 중 많은 것들이 비게르만적이었기 때문이다.

프로이센이 오스트리아와 좋은 관계를 유

위대한 힘의 새로운 세계 125

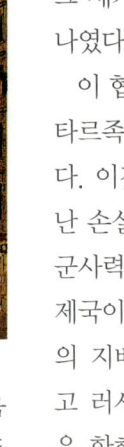

이 18세기 판화는 오스트리아의 수도 빈의 중심지를 묘사한 것이다.

지한 시기도 있었지만, 그 두 국가 간의 싸움은 1740년에 시작되어 이후로 오랫동안 갈등 관계에 놓였다. 그처럼 오스트리아와 프로이센이 독일 민족의 주도권을 둘러싸고 경쟁과 갈등을 거듭하는 동안, 오스트리아는 한 가지 문제를 안고 있었다. 그것은 오스트리아가 순수한 게르만 국가라기보다는 게르만과 비게르만적 요소가 어느 정도 뒤섞여 있는 사회라는 사실이었다.

크림 반도 지역의 혼란

마리아 테레지아가 정치를 펼쳐 나가는 데 있어서 불리한 요인들이 통치 기간 동안 분명하게 드러났다. 오스트리아령 네덜란드는 전략적인 이점을 가져다 주기보다는 통치의 어려움만을 가중시켰다. 그러나 최악의 혼란은 동쪽에서 발생했다.

요새 건설을 둘러싼 사소한 충돌과 크림 반도 지역 타타르족의 침입으로 인해 러시아와 오스만 제국 간의 긴장이 고조되었다. 크림 반도의 타타르족은 '황금군단'으로 널리 알려진 중앙아시아 투르크계의 일족으로 오스만 제국이 종주권을 갖고 있는 민족들 중 하나였다.

그 후 1768년부터 1774년까지, 예카테리나 여제는 통치 기간 중 가장 성공적인 전쟁을 치렀다. 오스만 제국과의 평화협정이 '쿠추크

카이나르지'라는 전혀 알려지지 않은 불가리아의 작은 마을에서 조인되었다. 이 협정은 그 세기를 통틀어 가장 중요한 협정들 중 하나였다.

이 협정으로 오스만 제국은 크림 반도의 타타르족들에 대한 자신들의 종주권을 포기했다. 이것은 물질적으로나 정신적으로나 엄청난 손실이었다. 물질적으로는 그들의 막강한 군사력을 잃어야 했고, 정신적으로는 오스만 제국이 이슬람 민족 중에서 최초로 타타르족의 지배권을 포기해야 했기 때문이다. 그리고 러시아는 배상금과 함께 흑해에 대한 자유 항해권과 부크 강과 드네프르 강 사이의 영토를 획득했다.

이 협정의 조항들 중 '콘스탄티노플에 짓게 될 교회와 그 교회를 위해 봉사하는 사람들의 이권이 침해될 경우 언제든 투르크인들에게 이의를 제기할 수 있다'는 것이 있었는데 이것은 러시아 정부가 술탄의 지배 하에 있던 기독교도 그리스인들의 보증인이자 보호자로 인정받았다는 것을 의미했다. 그리고 그것은 러시아가 투르크 문제들에 언제든지 개입할 수 있다는 것을 보장하는 것과 다름없는 것이었다.

그것은 분쟁의 끝이 아니라 분쟁의 시작이었다. 1783년, 예카테리나 여제는 크림 반도를 병합했고, 오스만 제국과 다시 한 번 전쟁을 일으켜 국경선을 드네스테르 강까지 확장시켰다. 다음 목표는 프루트 강이 분명했다. 프루트 강은 흑해에서 약 160km 정도 떨어진 지점에서 도나우 강과 만나는 곳에 있었다. 그러므로 러시아가 도나우 강 입구까지 차지하게 될 가능성 때문에 오스트리아는 극도로 불안해했다. 하지만 그것보다 더 큰 문제는 러시아가 폴란드를 집어 삼키려 한다는 사실이었다.

스웨덴이 세력을 잃자 러시아는 실질적으

126 근대 유럽의 형성

로 폴란드의 수도 바르샤바를 마음대로 주무르고 있었다. 예카테리나 여제가 즉위시킨 폴란드 왕은 러시아가 시키는 대로 고분고분 말을 들었고, 그래서 러시아는 마음껏 이권을 챙길 수 있었다.

폴란드 내부는 유력자들 간의 파벌 싸움으로 혼란이 일어났고 개혁은 불가능해졌다. 사실 개혁이 이루어지지 않고는 폴란드가 러시아에 맞서 저항하기가 힘들었고, 따라서 폴란드의 독립이 이루어질 가능성은 전혀 없었다. 그리고 폴란드에 개혁의 기회가 잠시 찾아왔을 때, 러시아는 그 기회를 억누르기 위해 종교적 분열을 이용해 연맹을 만들었다. 그 연맹은 폴란드를 곧바로 내전 상태에 돌입하게 만들었고, 그로써 폴란드의 독립은 좌절되었다.

폴란드 분할

독립국가로서의 폴란드의 최후는 오스만 제국이 1768년에 폴란드의 자유를 수호한다는 구실로 러시아에 선전포고를 하면서 시작되었다. 그로부터 4년 후인 1772년에, 최초로 폴란드의 '분할'이 이루어졌다. 이 분할로 러시아, 프로이센, 오스트리아는 폴란드의 영토 중 3분의 1가량을, 그리고 폴란드 국민의 절반을 서로 나누어 가졌다.

폴란드를 위태롭게 유지시켜 왔던 세력 균형은 완전히 깨졌다. 이후로 두 차례의 분할이 더 이루어진 후, 러시아는 폴란드 영토의 상당 부분을 자국의 영토에 흡수하면서 가장 넓은 영토를 가진 국가가 되었다. 하지만 그 다음 세기인 제1차 세계대전 후 그런 결과가 결코 이익인 것만은 아니라는 사실이 드러났다. 폴란드가 독립하면서 상황이 오히려 역전되었기 때문이다.

프로이센 역시 독일 신민들보다는 슬라브 족을 더 많이 분할 받음으로써 이익을 보았다. 하지만 세 국가 중에서 가장 이익을 많이 본 것은 러시아였다. 1500년 이래로 동유럽의 판도는 이미 결정된 상태였고, 폴란드의 분할은 19세기에 오스트리아와 러시아의 관심을 딴 곳으로 돌리게 할 만큼 더 매력적인 표적이 전혀 없었을 때 시작되었다. 결국 독립국가로서의 폴란드는 3차 폴란드 분할로 완전히 사라지게 되었다.

새 시대의 시작

예카테리나 여제가 러시아를 위해 위대한 업적을 많이 이루었던 것은 사실이다. 그러나 그는 전임자가 구축해 놓은 힘을 적절히 사용했을 뿐이었다. 1730년대에 이미 러시아의 군대는 독일 서남부의 네카르 강까지 진출해 있었다. 그리고 1760년에는 또 다른 군대가 베를린으로 행군해 들어갔다. 1770년대에는 지중해에 러시아 함대가 있었다. 그로부터 몇 년 후, 러시아 군대는 스위스에 주둔해 있었고, 20년 후에는 또 다른 러시아 군대가 파리로 진격했다.

그런데 그처럼 강대한 군사력은 역설적이게도 시대에 뒤진 사회적·경제적 구조에 기초한 것이었다. 아마도 이것은 표트르 대제가 실행했던 개혁에서부터 내재해 있던 문제였을 것이다. 러시아 국가는 근본적으로 서로 양립될 수 없는 사회에 기초해 있었다. 그리고 후일 러시아의 비평가들은 이 문제에 대해 많은 논평들을 했다. 하지만 뒤늦게 왈가왈부한다고 해서 시곗바늘을 뒤로 돌릴 수 있는 것은 아니다.

러시아의 출현이 그랬던 것처럼 프로이센이 출현하면서 새로운 시대의 시작을 알리는 동안, 오스만 제국은 세력 균형을 다투는 중요한 경쟁국의 대열에서 영원히 사라졌다. 그리고 네덜란드 연방과 스웨덴이 장차 가지게 된 국제적 비중은 1500년대에는 상상조차 할 수 없었던 것이었다. 이 두 나라들의 영향

위대한 힘의 새로운 세계 **127**

최초의 폴란드 분할을 묘사
한 그림이다. 동유럽 군주들
이 전리품인 폴란드를 나누
어 갖는 모습이다.

력은 1800년대에 모습을 드러냈다가 사라졌
다. 네덜란드 연방과 스웨덴은 그때까지도 여
전히 중요한 국가들이긴 했지만, 주변 국가에
불과했다.

프랑스는 16세기의 경쟁적인 왕조 시대에
도 국민국가로서 최강국이었다. 사실상 프랑
스의 국력은 상대적으로 더 강대했고, 서유럽
에서의 프랑스의 지배권은 확고부동했다. 그

128 근대 유럽의 형성

러나 프랑스 역시 새로운 도전자들과 직면하게 되었다. 그리고 그중 한 나라는 이미 프랑스를 패배시킨 적이 있었다.

유럽 연안의 섬에 틀어박혀 있던 작은 영국 왕국에 혜성처럼 등장한 한 왕조가 그레이트 브리튼을 세계의 중심에 올려놓았다. 이것은 러시아의 변화만큼이나 놀랍고도 갑작스러운 변화였다. 그 변화는 과거의 유럽 외교사에서 결코 찾아볼 수 없었던 일이었다.

그로부터 300년 후인 1800년대에 이르러, 유럽의 갈등과 분쟁의 주요 무대는 과거 이탈리아가 지배했던 라인 강과 네덜란드로부터 독일 중부와 동부, 도나우 계곡, 폴란드, 발트 해 등으로 옮겨졌다. 하지만 그것보다 훨씬 더 주목할 만한 변화는, 갈등의 무대가 해외로 옮겨졌다는 사실이었다. 실제적으로 새로운 시대가 시작된 것이다.

동유럽의 판도를 새롭게 바꾸어 놓았다는 사실만으로도 이 시대를 새로운 시대라고 명명할 수 있겠지만, 루이 14세 통치 기간에 근대 최초로 제국주의적인 대규모의 전쟁들이 시작되었다는 사실이야말로 새로운 시대의 시작이었다고 말할 수 있다.

4 | 세계를 향한 유럽의 맹공격

16세기에 들어서 세계 역사에는 전례 없는 변화가 나타났다. 하나의 문화가 전 세계로 확산되기 시작한 것이다. 이런 일은 1500년 이전까지는 단 한 차례도 없었다. 선사시대 이래로 인류 문명은 각기 차별화되고 분화되는 경향을 보여 왔다. 하지만 이제 문명의 흐름은 완전히 뒤바뀌고 있었다.

18세기 말에 이르자 그러한 변화는 더욱 뚜렷해지기 시작했다. 러시아를 포함한 유럽 국가들은 이 시기에 이미 세계의 절반 이상에 대해 자신들의 영유권을 주장했고, 유럽 각국은 실질적으로 세계의 3분의 1가량을 지배하고 있었다.

유럽 국가들은 그 무렵 이미 아메리카 대륙 등으로도 이주민들을 보내 그곳을 개척하게 했고, 그래서 새로운 지역에 새로운 문화 중심지가 형성되었다. 이전에 영국령이었던 북아메리카 지역에서 주목할 만한 신생국가가 나타났다. 그리고 남쪽에서는 스페인이 찬란했던 두 개의 고대 문명을 파괴하고 그 자리에 자신들의 문화를 심어 놓았다.

동쪽의 경우는 서쪽이나 남쪽과는 그 성격이 다르긴 했지만, 역시 그에 못지않은 엄청난 변화가 일어났다. 1800년에 동인도 회사의 대형 범선을 타고 세계를 항해한 사람은 어떤 광경을 목격할 수 있었을까? 2만 명가량의 네덜란드인들이 살고 있었던 희망봉을 통과한 후, 좀 더 먼 오스트레일리아까지 나아간다면 이제 막 식민지 이주자들이 모여들기 시작한 모습을 볼 수 있었을 것이다. 그리고 해류에 밀려 아메리카 대륙에 다다른다면 유럽 식민지 공동체들을 목격하고, 이어서 동아프리카, 페르시아, 인도, 인도네시아에서도 유럽인들을 발견할 수 있었을 것이다. 그들은 장기 또는 단기적으로 사업을 하러 그곳에 왔다가 원하던 이익을 챙기고는 고향으로 돌아갈 준비를 하고 있었을 것이다. 그 밖에 중국 광둥에서도, 그리고 폐쇄적인 섬나라 일본에서도 적은 수이긴 하지만 유럽인

1624년부터 1626년 사이에 디에고 벨라스케스가 그린 어느 지리학자의 초상화. 이 초상화의 인물처럼 지리학자들은 16~17세기 동안 사회로부터 대단한 존경을 받았다.

130 근대 유럽의 형성

들을 발견할 수 있었을 것이다.

그때까지 유럽인이 뚫고 들어갈 수 없는 곳은 아프리카 오지뿐이었다. 유럽 식민지 개척자들이 아프리카 대륙 깊숙이 진출하지 못했던 이유는 그곳에 들끓는 질병과 기후적인 악조건 때문이었다.

유럽, 세계로 눈을 돌리다

유럽이 처음 식민지들을 만들어 나가기 시작하면서 세계 역사에 나타난 주목할 만한 사실은, 그 과정이 거의 일방적으로 진행되었다는 점이었다. 다시 말하자면, 유럽인은 세계로 진출했지만, 유럽 밖의 사람들이 유럽으로 들어오는 경우는 거의 없었다. 이국적인 수입품이나 노예 등을 제외하고 유럽인이 아닌 민족들 중에서 유럽으로 들어온 사람들은 투르크인 외에는 거의 전무했다.

하지만 아랍인과 중국인의 항해술이 결코 낙후되었던 것은 아니다. 그들은 대양을 빈번하게 항해했고, 특히 중국인은 나침반을 최초로 만들어 항해에 이용했다. 그러나 케이프 혼이나 희망봉을 돌아 대서양 연안으로 들어가는 배들은 아시아 선박들이 아니라 대부분 본국으로 돌아가는 유럽의 배들이었다.

그것은 세계 역사의 판도를 뒤바꾸어 놓은 대변화였다. 또한 유럽인의 모험심과 경제력, 기술력 그리고 정부의 후원이 결합해 이룩한 변화였다.

이러한 추세는 18세기 말까지 계속될 것처럼 보였다. 이처럼 서서히 형성된 유럽의 패권이 어느 순간 갑자기 사라졌다고 하더라도, 한때 유럽이 세계를 지배했었다는 사실만큼은 분명했다. 비록 그 지배는 일시적이었고 간혹 실패한 적도 있었지만, 한 문명이 그처럼 빠르게 세계로 뻗어 나간 전례는 없었다.

해외 영토 확장의 본질적인 이유

유럽인이 해외로 영토를 확장시켜 나간 데에는 그렇게 할 수밖에 없는 지극히 현실적인 이유가 있었다. 르네상스 시대에 유럽인은 동아시아 지역과 직접적으로 교류하기를 간절히 원했다. 당시에 이 지역은 유럽인이 절실히 필요로 했던 많은 것들을 얻을 수 있는 보물창고와도 같았다.

바스코 다가마*가 인도의 한 왕에게 유럽의 진귀한 물건이라며 자신이 가져온 것들을 보여 주자, 인도 남서부 캘리컷의 인도인들은 그것을 보고 웃었다. 그가 가져간 물건들은 아랍 무역상들이 이미 오래전에 인도로 들여왔던 것들에 못 미치는 보잘 것 없는 것

인도 남부의 캘리컷은 포르투갈인이 최초로 상륙한 인도 항구였다. 바스코 다가마는 1498년에 그곳에서 닻을 내리고 육지에 발을 내디뎠다. 이 판화는 1572년경 캘리컷의 모습을 보여 주고 있다.

*바스코 다가마(1469~1524)
인도 항로 발견에 큰 공을 세운 포르투갈의 항해자. 포르투갈의 마누엘 1세로부터 원조를 받아 리스본에서 아프리카 희망봉을 돌아 인도의 캘리컷에 도착했다. 1524년 포르투갈령 인도 총독에 임명되었다.

세계를 향한 유럽의 맹공격 **131**

1520년경에 제작된 이 그림은, 무장을 한 포르투갈의 대형 상선을 묘사한 것이다. '갈레온'이라는 이름으로 불리던 이 배들은 15~16세기 동안 지중해를 지배했다.

이었기 때문이다.

동양의 우수한 문화와 문명은 일찍이 서양에 알려져 있었다. 그래서 유럽인들은 마르코 폴로의 항해처럼 우발적인 여행이 아니라, 보다 정기적이고 확실하게 동방과 접촉하여 우월한 동양 문화와 문명을 받아들이고 싶어 했다.

중국과 인도 그리고 그 주변국들은 16~17세기에 문화가 절정에 달해 있었다. 뿐만 아니라 그 당시 동방으로 진출할 수 있는 모든 통로를 오스만 제국이 가로막고 있었기 때문에 유럽은 동양의 문화를 신비롭게 여길 수밖에 없었다. 그러다 보니 동양에서 가져온 매력적인 물건들은 엄청난 수익을 보장해 주었고, 그래서 유럽 상인들은 어떤 위험을 겪더라도 동양에서 직접 물건을 들여오고 싶어했다. 위험부담이 크긴 하지만 물건만 성공적으로 가져올 수 있다면 엄청난 수익을 올릴 수 있다는 기대감 때문에 동양 문화와 접촉하려는 유럽인의 열망은 갈수록 커졌다.

1500년대에 이르러 탐사 작업이 충분히 이루어지고 항해 여건이 갖추어지자, 동방과의 무역 품목도 보다 다양해졌다. 여러 차례의 동방 여행으로 지식을 축적한 이들은 정기적

인 항로만 개척된다면 엄청난 부를 단번에 거둬들일 수 있다는 확신을 하게 되었다. 그리고 동방과 직거래를 함으로써 얻은 이익을 토대로 영토 확장을 위한 자금을 준비할 수 있다는 기대감도 서서히 싹트고 있었다.

동방 진출 사업은 세속적인 이익뿐만 아니라 종교적인 측면에서도 기독교의 이익과 부합하는 것이었다. 해외 진출 사업이 진행되자, 기독교는 그곳을 전도 사업을 위한 출구로 생각했다. 하지만 문명우월주의에 사로잡힌 유럽인은 자신들의 문명이 다른 문명보다 훨씬 우월하다고 주장하면서 기독교를 강요하여 해외의 원주민을 당혹스럽게 만들었다.

그 뒤 400년 동안 이뤄진 기독교 전도 사업의 결과는 아주 참혹하고 파괴적인 것이었다. 자신들의 종교야말로 유일하고 진정한 종교라고 확신했던 유럽인은 자신들이 접촉한 지역의 문명을 업신여기고 경멸했다. 그것은 항상 잔인하고 부정적인 결과를 낳았다. 또한 기독교 전도라는 명목 아래 영토 팽창의 야심이 가려져 있었던 것도 사실이었다.

아메리카 정복의 역사를 연구한 저명한 스페인의 한 역사가는 동료들과 함께 인도에 간 뒤 자신들이 그곳으로 가게 된 이유를 이

렇게 오만하게 설명했다. "우리는 신의 뜻에 따르기 위해, 어둠 속에 앉아 있는 이들에게 빛을 주고 모든 사람들을 그들의 바람대로 보다 부유하게 만들어 주기 위해 그곳으로 간 것이다."

유럽인은 자신들의 탐욕을 위해 무력을 남용했고 총과 대포를 앞세워 지배와 약탈을 자행했다. 그리고 그것은 결국 엄청난 범죄로 이어졌다. 물론 그들은 자신들이 얼마나 잔인한 행위를 하고 있는지 의식하지 못한 채 그런 범죄를 저지르는 경우가 많았다. 하지만 그것은 때때로 문명 전체를 파괴하기도 했다. 유럽의 동방 진출이라는 모험적인 의도는 이렇게 탐욕과 지배욕으로 변질되면서 부정적인 일면을 드러냈다.

최초로 인도 연안에 다다른 모험가들은 곧 아시아의 상선들에 접근하여 그 배에 타고 있던 선원들을 학살하고 그들의 뱃짐을 약탈했으며 배에 불을 질렀다. 유럽인은 이런 식으로 우수한 화력을 앞세워 적은 인원을 가지고도 아시아인을 제압할 수 있었다. 그리하여 불과 몇 백 년 만에 유럽은 위대한 인류 문명의 발

생지들을 손쉽게 지배할 수 있게 되었고, 그 결과 세계의 판도는 완전히 바뀌게 되었다.

선박과 대포

바스코 다가마의 뒤를 이어 인도로 간 포르투갈 선장은 캘리컷에 대대적인 함포 사격을 가해 도시를 무참하게 파괴함으로써 자신들의 위력을 과시했다. 그리고 그로부터 얼마 후, 1517년에 중국 광둥에 도착한 포르투갈인들은 우정과 존경의 표시로 예포를 쏘았다. 그러나 그들의 대포 소리는 중국인들을 공포에 사로잡히게 만들었다. 포르투갈인들이 사용한 대포는 중국인들이 갖고 있던 어떤 무기보다 파괴력이 뛰어났고 사정거리도 훨씬 앞서 있었다.

물론 아시아에도 아주 오래전부터 총이 있었다. 그리고 중국에서는 유럽보다 몇 백 년이나 앞서 화약을 발명해 사용하고 있었다. 하지만 중국의 총포 기술은 발전하지 않은 채 초기 상태에 머물러 있었다. 반면에 유럽의 총포 기술과 야금술은 15세기에 엄청난 진보를 이루었고, 그래서 그 당시 세계에서

『지도 갤러리』에 실린 이 그림은 교황 그레고리 13세의 의뢰로 1580년부터 1583년까지 제작된 것으로, 16세기의 갈레온을 묘사한 것이다. 이 대형 범선은 배의 앞머리 끝이 새의 부리처럼 튀어나와 있고, 그 뒤에 정사각형의 구조물이 우뚝 솟아 있으며, 3~4개의 돛대에 가로돛과 세로돛이 달려 있고 한두 줄의 대포가 뱃전에 장착되어 있다.

세계를 향한 유럽의 맹공격 **133**

가장 뛰어난 무기들을 생산해 냈다.

그 이후로도 기술이 비약적으로 진보했고, 가공할 무기를 앞세운 유럽인은 상대적으로 세력이 점점 더 커져 20세기까지 계속 우위를 차지했다. 특히 조선술과 항해술의 발달과 함께 다른 분야에서도 많은 진보가 이루어졌다. 각 분야의 발달된 기술이 서로 결합되면서 놀랄 만한 첨단 무기들이 만들어졌고, 그 무기들을 배에 장착하면서 유럽은 세계를 정복해 나가기 시작했다.

물론 당시의 과학 기술은 아직 완성이라고 말하기에는 거리가 한참 먼 것이었다. 그러나 1517년 포르투갈은 인도양에서 막강한 전력을 자랑하던 오스만 제국의 함대와 싸워 이길 수 있을 만큼 군사 기술의 수준이 우위에 있었다. 오스만 제국 함대는 홍해의 지배권을 유지하는 데 매우 유리한 조건을 갖추고 있었다. 그곳의 수로는 아주 좁았기 때문에, 노를 이용해 항해하는 그들의 갤리선은 기동성이 아주 뛰어났다. 그래서 적선에 접근하여 선제공격을 가하고 재빨리 달아날 수 있었다. 하지만 그런 기동성에도 불구하고 신무기를 장착한 포르투갈인들은 그들을 쉽게 물리치고 수에즈까지 밀고 들어갈 수 있었다.

중국에서 전함으로 이용하던 정크선은 갤리선보다 낫지 못했다. 유럽의 전함들은 노를 이용한 기동성을 포기하고 대신 배에 대포를 장착해 전투력을 증강시켰다. 이 같은 유럽인의 전술은 당시에 확실히 이점으로 작용했다.

1481년에 이미 교황은 아프리카인들에게 무기를 판매하지 말라는 명령을 내렸다. 17세기에 네덜란드인들은 대포 제조 방법이 아

1750년경 아프리카와 아시아 지역에 설립된 유럽의 무역 사무소와 점유지

17세기에 아랍의 페르시아 제국과 오스만 제국은 오랜 쇠퇴기에 접어들었다. 인도양과 아시아에서의 포르투갈의 패권은 네덜란드, 영국, 프랑스로 넘어갔고, 식민지 열강은 이 지역들에서 상업을 발달시켰다. 스페인과 포르투갈은 중앙아메리카와 남아메리카에서 식민지 사업과 개발을 계속해 나갔고, 프랑스, 영국, 네덜란드는 서인도제도와 북아메리카 연안 지대에서 기반을 잡기 시작했다.

(지도)

아이슬란드
페로 제도(덴마크령)
그레이트 브리튼
북해
덴마크와 노르웨이
네덜란드
프랑스
포르투갈
스페인
지중해
시베리아
상트페테르부르크
러시아
네르친스크(러시아령)
한국
일본
태평양
중국
마카오(포르투갈령)
필리핀(스페인령)
마데이라 제도(포르투갈령)
카나리 제도(스페인령)
고레(프랑스령)
아르구앵(프랑스령)
케이프코스트 캐슬(영국령)
카보베르데(포르투갈령)
아크라(영국령)
페르난도 포(스페인령)
상투메(포르투갈령)
크리스티안부르(덴마크령)
대서양
세인트헬레나(영국령)
케이프 프로빈스
무스카트
아라비아
아덴(포르투갈령)
소코트라(포르투갈령)
페르시아
상데르나고르(프랑스령)
콜카타(영국령)
수라트(영국령)
뭄바이(영국령)
고아(포르투갈령)
마드라스(영국령)
퐁디셰리(프랑스령)
실론(네덜란드령)
인도양
몸바사(포르투갈령)
모리셔스(프랑스령)
레위니옹(프랑스령)
마다가스카르
시암
보르네오
셀레베스
수마트라
말라카
동인도
바타비아
자바
뉴기니
티모르(네덜란드와 포르투갈령)
북
0   3,200 km

범례

프랑스령	포르투갈령	네덜란드령
영국령	스페인령	덴마크·노르웨이령

134 근대 유럽의 형성

시아로 빠져나가지 않게 하기 위해 철저하게 보안을 유지했다. 하지만 15세기에 인도에는 오스만 제국의 포병대가 주둔하고 있었는데, 이 포병대가 중국을 공격하려고 하자 포르투갈인들은 중국에 대포를 제공하면서 사용방법을 가르쳐 주었다. 그 후 17세기 예수회 선교사들은 유럽의 총과 대포의 제조법 및 사용방법에 관한 지식을 미리 갖추고 중국으로 건너감으로써 중국의 권력자들로부터 쉽게 신뢰를 얻을 수 있었다.

유럽의 자신감

네덜란드인들이 우려하던 대로 총포 제조방법이 동양으로 유입되긴 했지만, 그것 때문에 유럽이 아시아에서 세력을 잃지는 않았다. 예수회 선교사들이 훈련을 시켰음에도 불구하고, 중국의 군사력은 여전히 낙후된 상태였다. 그것은 단순히 무기 제작 기술의 차이 때문이라기보다는 유럽과 중국의 문화적인 차이에서 비롯된 결과였다.

유럽이 그 시대 초기에 우위성을 누릴 수 있었던 것은 단지 앞선 지식과 기술 때문만이 아니었다. 유럽인은 지식을 대하는 태도에 있어서 다른 문화권의 사람들과 달랐다. 유럽인은 새로운 지식과 기술을 본능적으로 실용화하려고 했다. 그리고 지식과 기술을 실제에 적용시킴으로써 자신들이 변화를 주도할 수 있다는 확신을 얻었다. 아마도 그 당시 유럽과 비유럽을 구분 지을 수 있는 가장 근본적인 차이점은 바로 그것이었을 것이다.

유럽은 다른 문화들이 전혀 상상조차 하지 못하고 있던 미래의 가능성에 대해 개방적이었을 뿐만 아니라 확고한 자신감을 갖고 있었다. 이러한 자신감을 토대로, 유럽인의 심리적 우월감이 오랫동안 지속되었다. 1500년에 이미 어떤 유럽인은 미래를 예견하고 있었다. 그리고 그 예견은 그대로 적중했다.

19세기에 제작된 판화로 16세기 바스코 다가마 선단의 기함이었던 '시나이 산의 성 캐서린'를 묘사한 것이다.

| 포르투갈의 영토확장주의 |

유럽인이 최초로 영토 확장 사업의 표적으로 삼은 곳은 아프리카와 아시아였다. 유럽인은 이들 지역을 장악한 뒤 적절하게 활용했다. 포르투갈은 100년이 넘는 기간 동안 이들 지역에서 주도적인 역할을 해 왔다.

그들은 아주 광범위하게 영토를 확장해 나갔고 동방으로 진출할 수 있는 통로를 성공적으로 개척했기 때문에, 포르투갈의 왕은 교황으로부터 '인도, 에티오피아, 아라비아, 페르시아의 정복과 항해와 무역의 왕'이라는 칭호를 얻을 정도였다. 이 칭호는 포르투갈의 영토 확장 사업의 규모 그리고 그들이 동양을 집중적인 표적으로 삼았다는 사실을 동시에 나타낸다. 그러나 여기서 에티오피아에

초기 근대의 아프리카

북

리스본
알제
튀니스
트리폴리
카이로
이집트
나일 강
카나리 제도 1496
아르구앵 1448
세인트루이스 1638
팀북투
니제르 강
차드 호
마사와 1520
소코트라 1507
카보베르데 1456
대서양
기니비사우 1460
상 조르주
다 미나 1481
아크라 1515
케이프코스트 1664
페르난도 포 1483
모가디슈
상투메 1483
상 살바도르 1501
콩고
루안다 1576
말린디 1520
몸바사 1505
펨바 1520
잔지바르 1503
모잠비크 1507
세인트헬레나 1502
벵구엘라 1617
잠베지 강
테트 1532
세나
소팔라 1505
세인트마리 1570
포트도팽 1643
레위니옹 1643
오렌지 강
림포포 강
델라고아 만 1544
케이프타운 1652

범례
- 1450년 이전까지 유럽에 알려진 지역
- 아프리카의 국가와 지역
- □ 기독교 전도 지역
- □ 아라비아의 활동 영역
- → 무역로
- ■ 포르투갈령
- ■ 영국령
- ■ 프랑스령
- ■ 네덜란드령
- ■ 아랍령
- ● 노예
- ● 금
- ● 소금

0   1,600 km

15세기로 접어들어 아조레스 제도와 마데이라 제도에 대한 탐사와 식민지화가 시작되면서 많은 지역들이 새롭게 발견되었다. 이곳에 기독교의 영향이 미치기 시작했고, 이어서 막대한 이익을 안겨다 주는 무역로가 생겨났다. 포르투갈의 해군은 '항해의 왕자 엔리케'의 격려를 받으면서, 마르코 폴로가 묘사했던 것처럼 향료와 경이로움으로 가득한 동양으로 이르는 새로운 항로를 찾기 위해 위험을 무릅쓰고 미지의 서아프리카 연안으로 들어갔다. 스페인 항해자들 역시 포르투갈의 전례를 그대로 따랐다.

그들은 역시 카나리 제도를 점령했다. 그 두 국가 모두 아프리카 연안을 따라 작은 기지들을 만들었다. 그곳은 항해를 하던 유럽인이 쉴 수 있는 안전한 항구였다. 15세기 말에 이르러 그 지역들 중 많은 곳이 유럽의 중요한 무역 사무소와 거점 지역으로 발전했다. 그리고 중세 유럽의 강력한 제국주의 국가였던 프랑스, 영국, 네덜란드 역시 그 지역에서 여러 상업적 이권을 가지고 있었다.

관련해서만큼은 약간 오해의 소지가 있다. 왜냐하면 당시의 포르투갈은 에티오피아와 별로 접촉하지 않았기 때문이다.

아프리카로 영토를 확장해 나가기 위해서는 위험부담이 너무 컸고 현실적으로 접근이 거의 불가능했다. 포르투갈인은 신이 특별히

아프리카 내륙부에 악질적인 질병들로 울타리를 설치해 놓았다고 생각했다. 그런 이유로 다른 유럽인 역시 19세기 말까지 아프리카에 접근하지 못했다. 그들은 심지어 서아프리카의 연안 지역조차 위험하다고 생각했다. 하지만 노예 무역과 장거리 무역을 위해 절대적으로 필요한 곳이었기 때문에 유럽인은 어쩔 수 없이 위험을 감수하면서 그곳을 이용했다. 아프리카 대륙은 한동안 정글과 사바나로 둘러싸인 채 유럽인이 발을 들여놓을 수 없는 미지의 장소로 남아 있었다. 그 대신 아프리카 내륙 변방에 살고 있는 주민들이 경계 지역까지 나와 유럽인과 교류를 하곤 했다.

동아프리카 지역들은 그보다는 덜 위험했다. 그러나 유럽인은 그 지역들 역시 내륙으로 들어가기 위한 출발점으로 생각하지 않았다. 그들은 단지 그곳에 아랍인들이 구축해 놓은 상권이 탐이 났기 때문에 관심을 가졌다. 포르투갈인은 아랍인을 의도적으로 괴롭혔다. 홍해와 중동 지역을 통해 지중해 동부의 베네치아 상인들에게 공급되는 향신료의 가격을 올리기 위해서였다.

아시아에서 유럽의 시대가 시작되었을 때, 사실 유럽 열강들 중 그 어떤 나라도 처음에는 광범위한 지역들을 정복하려 하거나 식민지화하려는 의도를 가지지 않았다. 18세기 중반까지 유럽인은 아시아에 교역소와 항구 편의시설, 연안 지역에 자체적인 치안 유지를 위한 요새와 기반 시설들을 건설할 수 있는 권한을 요구했을 뿐이었다. 왜냐하면 그 권한들만으로도 초기 제국주의가 아시아에서 추구하고자 했던 목적, 즉 엄청난 이익을 거둬들일 수 있는 무역을 확실하게 보장해 주었기 때문이다.

포르투갈의 무역 독점권

포르투갈은 16세기에 아시아 무역을 지배하고 있었다. 엄청난 화력의 대포와 총을 이용해 자신들의 눈앞에 보이는 것들을 닥치는 대로 파괴하고 그곳에 항구와 요새 그리고 무역소들을 빠르게 만들어 나갔다.

바스코 다가마가 캘리컷에 처음 도착한 이후 12년이 지나서, 포르투갈인은 서인도 연안에서 약 500km 떨어진 고아 지방에 인도양 무역 사무소를 개설했다. 그곳은 상업뿐만 아니라 종교 전도의 중심지가 되었다. 포르투갈인은 그곳을 중심으로 포르투갈 제국의 강력한 지원 하에 자신들의 종교를 전파했고, 프란체스코 수도회 회원들은 거기서 중요한 역할을 맡았다.

1513년에 최초의 포르투갈 선박들이 전설적인 향료 제도*인 몰루카스와 인도네시아, 동남아시아 그리고 유럽의 지평이 시작되는 티모르 등을 비롯해 먼 남쪽 섬들에 다다랐다. 그로부터 4년 후 포르투갈 선박들이 최초로 중국에 다다랐을 때, 유럽과 중국의 직접적인 무역이 마침내 시작되었다. 그리고 10

*향료 제도
인도네시아 동부 술라웨시 섬과 뉴기니 섬 사이에 있는 섬들. 몰루카 제도라고도 한다. 포르투갈과 스페인의 쟁탈지였으며 정향, 육두구 등의 산지이다.

이 16세기 네덜란드 판화에서 묘사하고 있는 것은 고아 지방의 한 도시이다. 고아는 1510년에 아폰소 데 알부케르케에 의해 점령된 이후 계속 포르투갈 식민지로 남아 있다가 1961년 인도 연방공화국에 편입되었다.

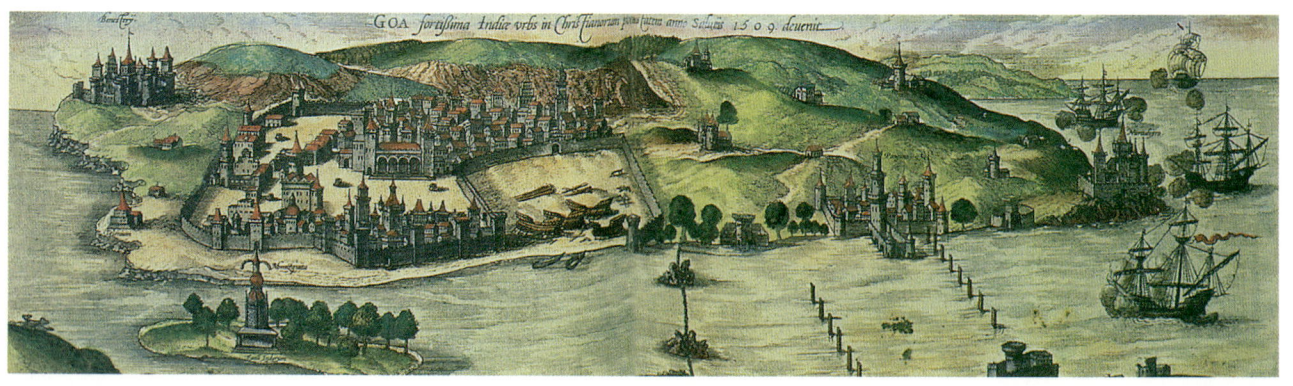

세계를 향한 유럽의 맹공격 **137**

포르투갈 무역 상인들은 아프리카 장인들에게 종종 화려하고 이국적인 물건들을 만들어 달라고 의뢰했다. 16세기에 제작된 아프리카 베닌 양식의 이 소금 그릇은 상아로 만든 것으로 아랫부분은 포르투갈 전사들로 장식되어 있고, 뚜껑 위에 얹혀 있는 배 모형은 포르투갈의 쾌속선 '캐러벨'이다.

년 후, 포르투갈인은 마카오를 무역 기지로 이용해도 좋다는 허가를 받았다. 그리고 1557년에 그들은 그곳에 영구적으로 거주할 수 있는 권한을 얻어 냈다.

카를 5세는 극동 지역에서 필리핀을 제외한 인도양 지역에 대한 스페인의 모든 이권을 포르투갈에게 넘겨주었다. 그리고 그때부터 포르투갈은 그다음 50년 동안 그 지역의 무역권을 장악했다.

그것은 포르투갈이 그 지역의 무역 독점권을 갖게 되었다는 것을 의미했다. 게다가 그것은 유럽과의 무역에만 국한된 독점권이 아니었다. 해상 무역을 독점함으로써 유럽뿐만이 아니라 아시아의 여러 나라들과도 중개무역을 할 수 있게 되었다. 페르시아의 카펫을 인도에 팔고 몰루카스의 정향을 중국에 비싼 값으로 팔았으며, 일본의 구리와 은을 중국에 팔았다.

포르투갈인과 그 후계자들은 아시아 지역 간의 중개무역에서 얻을 수 있는 이익이야말로 유럽과 아시아 간의 무역 불균형으로 인한 손해를 메울 수 있는 아주 유리한 수입 원천이라고 생각했다. 사실 오랫동안 아시아는 은을 제외하고는 유럽으로부터 거의 원하는 것이 없었기 때문이다.

해상 무역의 유일한 경쟁자라고 할 수 있는 아랍인은 동아프리카의 무역기지와 아라비아 반도 남쪽의 소코트라 섬에 주둔하고 있던 포르투갈 함대에 의해 제약을 받고 있었다. 포르투갈인은 페르시아 만 입구에 위치한 무스카트 연안의 호르무즈 해협과 고아 지방을 1507년부터 장악하고 있었다.

그곳들을 기반으로 포르투갈인은 자신들의 세력을 한층 더 넓혀 나갔고, 마침내 홍해로 들어가 페르시아 만 깊숙이 밀고 올라갔다. 그리고 그곳의 바스라 지역에 공장을 세웠다. 그들은 또한, 버마와 시암에서 무역 특권을 가지고 있었고, 1540년대에는 일본에 상륙한 최초의 유럽인이 되었다.

포르투갈이 구축해 놓은 무역 사무소들과 특권들은 그 지역 통치자에게서 정식으로 승인받은 것이었고, 포르투갈 함대의 막강한 화력 덕분에 얻어 낸 것이었다. 하지만 포르투갈인은 해상 무역 특권을 얻어 내는 것 이외에는 더 이상 세력을 확대해 나갈 수 없었다. 그들에게는 함대 병력이 전부였기 때문에 육지에서의 세력 확장은 불가능했다. 결

국 포르투갈은 해상무역을 장악한 상업적 제국으로만 만족해야 했다.

포르투갈의 약점

포르투갈의 패권 이면에는 근본적인 약점이 숨겨져 있었다. 즉 병력 부족과 불안정한 재정기반이 그것이었다. 포르투갈의 패권은 16세기 말까지 계속되었으나, 마침내 네덜란드인에게 패권을 넘겨주었다.

네덜란드인은 그 당시 상업적 제국으로서 가장 발달된 기술과 제도를 가지고 있었다. 그들은 특히 무역을 영토 확장 사업과 연결시켜 무역 제국주의를 이룩했다. 그러나 그들 역시 마침내 인도네시아를 정복하고 식민지화했다.

1580년 포르투갈이 스페인에 합병되었을 때, 마침내 네덜란드에 기회가 왔다. 이 변화는 그때까지 리스본에서 북유럽으로 동양의

상품들을 재수출하는 유리한 무역에서 소외되어 있었던 네덜란드에 자극제가 되었다.

스페인과의 80년 전쟁 역시, 네덜란드에는 또 다른 자극제가 되었다. 왜냐하면 네덜란드는 그 전쟁 덕분에 스페인을 이용해 이익을 얻을 수 있는 지역들로 진출할 수 있었기 때문이다.

네덜란드는 인구가 2백만 명이 채 안 되었기 때문에 독자적인 생존방법을 찾아내야만 했다. 따라서 네덜란드인들에게 상업적 부는 국가 생존이 좌우되는 대단히 중요한 의미를 가지고 있었다.

네덜란드는 북해 지역에서 어업과 운송업으로 얻은 이익을 토대로 해군력을 강화하면서 해상권을 장악해 나가기 시작했다. 그들은 상업에 관한 전문지식과 기술, 탁월한 경제 감각을 갖추고 있었다. 포르투갈이 스페인 연합과 충돌하면서 세력이 흔들리자 아랍

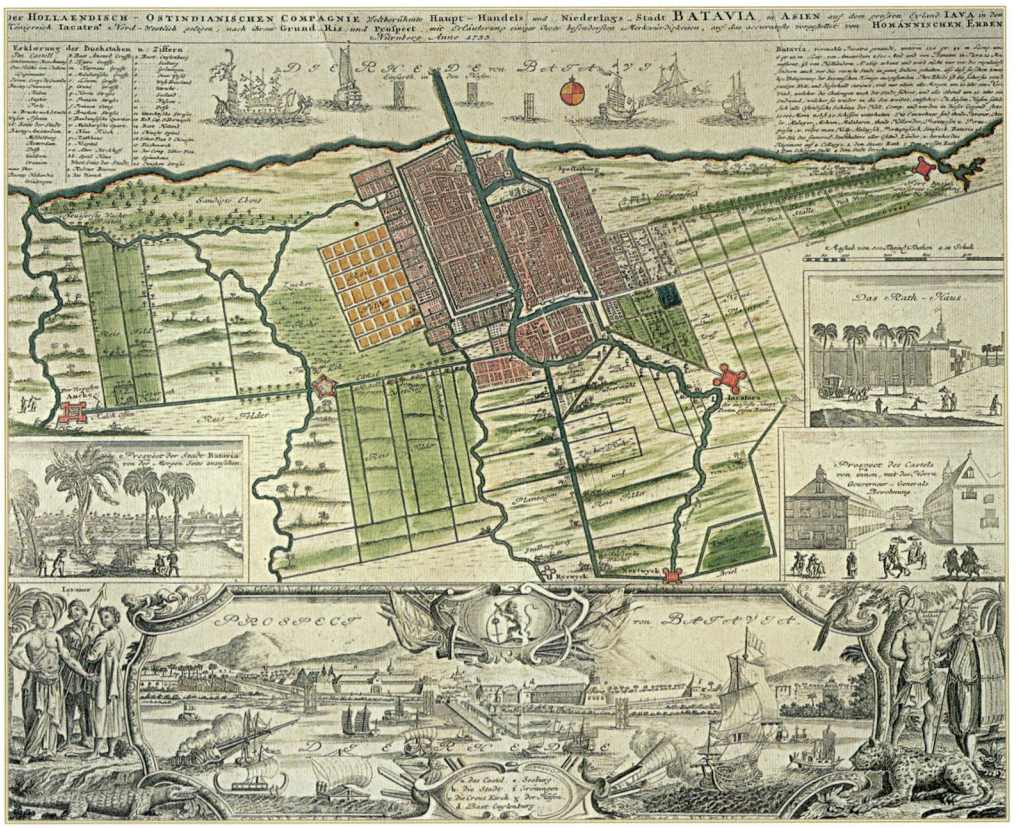

18세기에 제작된 판화로 인도네시아 자바 섬에 위치한 네덜란드 식민지의 수도이자 네덜란드 동인도 회사의 기지로 사용되던 바타비아를 묘사한 것이다.

인들은 재빨리 잔지바르의 동아프리카 상권들을 되찾았다. 네덜란드는 그 절호의 기회를 재빠르게 이용했다.

17세기가 시작되고 처음 몇 10년 동안 포르투갈이 동방에 구축해 놓은 많은 지역들이 붕괴되었고, 네덜란드가 그 지역들의 패권을 대신 차지했다. 네덜란드가 가장 눈독을 들이던 곳 중 하나는 몰루카스였다.

1602년에 마침내 네덜란드 연방의 주도하에 네덜란드 동인도 회사가 세워졌을 때, 개인적인 항해들의 짧은 시기는 끝이 났다.

네덜란드 동인도 회사는 동양에서의 네덜란드의 상업적 패권을 입증해 주는 상징적이면서도 실질적인 조직이었다. 그들 이전의 포르투갈인과 마찬가지로, 그 회사의 관리들은 원주민 통치자들과의 외교를 이용해 경쟁자를 몰아냈고, 각 지역에 흩어진 무역 사무소들과 긴밀하게 연결되어 활동했다.

네덜란드인들은 다른 나라의 경쟁자들을 결코 용납하지 않았다. 1623년, 암보이나에서 열 명의 영국인이 네덜란드인에게 살해당한 사건만으로도 그 사실이 입증된다. 이 사건으로 향료 무역에 개입하려던 영국인의 시도는 한 동안 자취를 감추었다.

네덜란드가 포르투갈의 패권을 차지하기 위해 포르투갈로부터 최초로 빼앗은 무역 기지들 중 하나가 바로 암보이나였다. 그러나 1609년까지 포르투갈의 패권은 그대로 유지되었다.

1609년, 한 주재 총독이 동방에 파견되면서 마침내 포르투갈의 거점 지역들이 몰락하기 시작했다. 작전의 핵심 목표는 인도네시아 자바의 자카르타였다. 네덜란드는 1619년 자카르타를 파괴한 후, 그곳의 지명을 바타비아로 바꾸었다. 그리고 그들은 그곳을 동인도에서 자신들의 세력을 확장할 수 있는 지지 기반으로 만들었다. 그 지역에 설립된

네덜란드 기지는 네덜란드의 식민지 지배가 끝날 때까지 그대로 남아 있었다.

자카르타는 네덜란드 이주자들의 중심지가 되었다. 그리고 자카르타로 이주한 네덜란드인들은 동인도 회사의 세력을 등에 업고 원주민들을 무자비하게 혹사시켰다. 네덜란드는 원주민 통치자들을 협박하여 영국과의 교역을 방해했다. 네덜란드인이 동인도로 이주한 초기 역사는 끊임없는 반란으로 점철되었다. 네덜란드인은 반란자를 노예로 만들거나 국외로 추방했고 종족 전체를 몰살시키는 등 무자비한 만행을 저질렀다. 또한 네덜란드인은 모든 이익을 독차지하기 위해 원주민이 중국과 교역하는 것조차 고의적으로 방해했다.

네덜란드의 무역

네덜란드가 주력하고 있던 것은 향신료 무역이었다. 유럽 향신료 시장의 경제 규모는 어마어마했다. 그 품목은 17세기 동안 암스테르담으로 들어온 수입품의 3분의 2 이상에 달했다.

하지만 네덜란드는 그것에 만족하지 않고 동아시아 무역에서 포르투갈의 자리를 빼앗기 시작했다. 그들은 마카오에서 포르투갈인들을 쫓아낼 수는 없었지만, 마카오를 대신할 만한 곳을 찾기 위해 원정대를 보냈다. 네덜란드 원정대는 현재의 타이완 지역인 포르모사를 발견했다. 네덜란드는 그곳을 거점으로 중국 본토와 무역을 할 수 있게 되었다.

1638년, 포르투갈인은 일본에서 쫓겨났고, 네덜란드인이 그 자리를 대신했다. 그 다음 20년 동안 포르투갈인은 인도양에 있는 섬나라 실론에서도 네덜란드인에게 자리를 빼앗겼다. 그리고 마침내 그들은 오늘날의 타이 지역인 시암의 무역 독점권까지도 또 다른 경쟁 상대인 프랑스에게 빼앗기고 말았다.

프랑스는 1660년에 우연하게 그 지역과 접

촉했다. 그 당시 세 명의 프랑스 전도사들이 시암의 수도로 파견되었다. 그들은 곧 전도소를 만들었고, 시암 왕궁의 그리스인 조언자 덕분에 1685년에는 시암에 외교 군사 사절단을 파견할 수 있었다. 그러나 이처럼 전도유망하게 세력을 확장해 나갈 조짐을 보이던 프랑스는 결국 시암에서 발발한 내란으로 인해 물러나야 했고, 그때부터 시암은 유럽인의 야욕에서 벗어났다.

18세기 초엽까지 네덜란드는 인도양과 인도네시아에서 지배권을 유지하고 있었다. 그리고 중국해에서도 중요한 이권을 독차지하고 있었다. 비록 고아와 마카오 같은 포르투갈 거점 지역들이 계속 명맥을 유지하고 있긴 했지만, 네덜란드는 그 이전에 포르투갈이 차지하고 있던 역할을 그대로 재현하고 있었다.

네덜란드의 세력권은 말라카 해협을 중심으로 형성되어 있었다. 네덜란드는 그 해협을 중심으로 말레이시아와 인도네시아를 거쳐 포르모사, 중국과 일본, 그리고 남동쪽으로 더 내려가서 몰루카스까지 세력권을 펼치고 있었다. 이 지역들은 그 당시 국내 무역이 탄탄하게 형성되어 있었기 때문에 자체적으로 자금 조달이 가능했다. 그리고 유럽보다는 중국이나 일본에서 금괴가 유입되고 있었기 때문에 오히려 중국이나 일본의 화폐가 통용되고 있었다. 네덜란드인들은 좀 더 서쪽으로도 진출해 캘리컷, 실론, 희망봉에 무역 거점을 마련했고, 페르시아에 공장을 세웠다.

동인도 회사의 기지가 있던 바타비아는 대도시였다. 네덜란드인들은 이곳에서 자신들에게 필요한 농작물을 재배하기 위해 대농장을 운영했다. 그러나 이 지역은 네덜란드 정부가 직접 통치하는 게 아니라 네덜란드 동인도 회사가 관리하고 있었다. 동인도 회사는 많은 부분에서 국가의 기능을 수행하긴 했지만, 사실상 엄연히 이윤을 추구하는 기업이었다.

그 지역의 동인도 회사는 네덜란드의 해군력에 의존하고 있었다. 동인도 회사가 부패와 재정 악화로 파산하자, 마침내 그곳은 네덜란드령 동인도로서 네덜란드의 식민지가 되었다.

| 인도에서의 영국인들 |

막강하던 네덜란드의 해군력도 17세기 후반에 접어들면서 위협을 받기 시작했다. 인도양 패권에 도전해 온 것은 뜻밖에도 영국이었다.

영국은 그동안 향신료 무역에 동참하기 위해 부단히 애를 써 왔다. 제임스 1세 시대에 영국 동인도 회사가 있긴 했지만, 그 회사의

이 유화는 17세기 초에 동양으로부터 향료와 진귀한 상품들을 싣고 암스테르담 항구로 돌아오는 네덜란드 동인도 회사의 선단을 묘사한 것이다.

세계를 향한 유럽의 맹공격 **141**

17세기에 제작된 그림으로 네덜란드 동인도 회사에서 파견한 대표단이 벵골의 수도 후글리를 방문하는 모습이 묘사되어 있다.

책임자들은 네덜란드와 협력관계를 유지할 때나 그들과 싸울 때나 늘 밀리면서 자존심에 상처를 입었다. 결국 영국은 1700년까지 네덜란드 때문에 말라카 해협의 동쪽에서 벗어나지 못하고 있었다.

하지만 1580년대의 네덜란드와 마찬가지로, 영국은 과감하게 진로를 변경했다. 그 결과 종교개혁과 산업화가 진행되던 시기에 영국은 역사상 가장 위대한 결과를 얻게 되었다. 영국이 인도에서 패권을 장악한 것이다.

인도에서 영국의 경쟁 상대는 네덜란드나 포르투갈이 아니라, 프랑스였다. 하지만 위협적일 정도는 아니었다. 인도에서 영국의 세력은 매우 점진적으로 떠올랐다. 마드라스에 세인트조지 요새*를 만들고, 찰스 2세가 포르투갈 공주와 결혼하면서 포르투갈이 공주의 결혼 지참금으로 영국에 뭄바이를 넘겨주자, 영국은 비로소 인도 내부에 관여할 수 있는 계기를 마련하게 되었다. 뭄바이는 영국이 완전하게 주권을 확보한 최초의 영토였다.

인도 진출을 위한 교두보인 뭄바이를 통해 영국은 커피와 섬유 무역을 할 수 있게 되었다. 이 무역은 네덜란드의 향료 무역보다 경제 규모는 작았지만, 그 가치와 중요성은 점점 더 커져 갔다. 커피와 섬유 무역은 또한 영국 국민의 생활 습관을 바꾸어 놓았고, 런던에 커피하우스들이 생겨나면서 영국 사회 전체가 변모했다.

곧이어 영국은 중국의 차를 수입하기 위해 인도에서 중국으로 선박들을 보내기 시작했다. 1700년경, 영국인은 자신들의 새로운 기호 음료를 발견했다. 영국의 한 시인은 중국의 차를 '취하지도 않으면서 기분이 좋아지는 음료'라고 칭송했다.

무굴 제국의 붕괴

1689년 실패를 경험한 영국의 동인도 회사는 인도를 군사적으로 지배하는 것이 쉬운 일이 아니라는 것을 깨달았다. 더욱이 영국의 동인도 회사는 반드시 사업의 번창을 추구하지도 않았다. 그들은 가급적이면 무력 충돌을 피하고 싶어 했다.

＊세인트조지 요새
영국 동인도 회사가 인도 마드라스에 세웠던 요새. 훗날 남인도의 영국령 수도가 되었으며 현재 타밀나두 주에 보존되어 있다.

142 근대 유럽의 형성

이 그림은 인도 무굴 제국의 악바르 황제가 갠지스 강을 건너는 모습을 묘사한 것이다. 1605년 악바르 황제의 죽음과 함께 그의 거대한 제국은 종교 갈등으로 인한 내전뿐만 아니라, 인도에서 무역을 하려고 점점 더 압박을 가해 오는 유럽 열강들에 의해 이미 심각할 정도로 위기에 처해 있었다.

*영국식 지명의 변경
인도가 영국 식민지 시절 사용하던 영국식 지명을 고유의 이름으로 바꾸고 있다. 봄베이가 뭄바이로, 캘커타가 콜카타로 이름이 바뀌었다. 영국식 지명은 1947년 인도가 독립한 후에도 50년 넘게 사용되어 현지인이 실제 부르는 지명과 혼동을 일으켰다.

*나와브
인도 무굴 제국의 지방장관을 지칭하던 관직명. 이전에도 존칭으로 사용되었으며, 무굴 왕조 때 관직명으로 일반화되었다. 이후 왕조의 권력이 약해지자 점차 독립적인 지위를 갖게 되었다.

17세기 말에 동인도 회사로서는 획기적인 일이 일어났다. 영국이 그 지역 통치자의 허락을 받고 동인도 회사를 보호하기 위해 콜카타*에 포트윌리엄이라는 요새를 건설한 것이다. 1700년까지 동인도 회사의 경영진들은 새로운 영토를 획득하거나 인도에 식민지를 세운다는 것은 실현 가능성이 전혀 없는 일이라고만 생각해 왔다. 그러나 1707년 무굴 제국의 황제 아우랑제브가 죽고 나서 무굴 제국이 갑자기 붕괴하자, 생각이 바뀌기 시작했다. 그 결과는 아주 천천히 나타났다. 인도는 구심점을 잃으면서 크고 작은 자치 국가들로 분열되었다.

무굴 제국은 1707년 이전에 이미 마라타족 때문에 위협을 받고 있었다. 무굴 제국의 지방분권적인 통치 체제는 나와브*와 총독들을 위한 것이었다. 하지만 마라타족의 세력이 점점 확대되면서 힌두교도들이 세운 마라타 왕국과 나와브들이 세력을 나누어 가지게 되었다. 뿐만 아니라 힌두교의 개혁파인 시크교도들이 제3세력으로 대두되었다.

16세기에 힌두교의 한 분파로 출현한 시크교는 무굴인을 배척하면서 정통 힌두교와 이슬람교를 비판적으로 통합해 새로운 제3의 종교를 만들어 냈다. 시크교는 군사력을 강화해 군사 집단을 만드는 한편, 인도의 계급 제도인 카스트 제도를 부인하면서 인도가 혼란과 분열에 빠져 있던 시기에 급성장했다. 그리하여 마침내 인도 북서쪽에 시크 제국이 나타나기에 이르렀다. 이 제국은 1849년까지 존속되었다.

18세기에 이르러 힌두교와 이슬람교는 종교적인 차이를 극명하게 보이기 시작했다. 힌두교도들은 자신들의 정체성을 회복해 가면서 전통적인 힌두교의 제례의식을 강화하고 공동체로서 세력을 확대시켜 나갔다. 반면에 무굴 제국으로 대표되는 이슬람교는 더욱 보수적으로 변모하면서 혼란과 분열을 겪다가, 결국 1730년대에 이르러 페르시아의 침략으로 영토를 잃는 일이 발생했다.

영국과 프랑스의 경쟁

무굴 제국이 붕괴하자, 많은 나라들이 그 지역에 개입하려는 유혹을 느꼈다. 영국과 프랑스가 그 기회가 나타날 때까지 아주 오랜 세월 동안 이 지역에 개입하지 않았다는 사실은 주목할 만한 일일 것이다. 심지어 1740년대에도 영국의 동인도 회사는 여전히 네덜란드의 동인도 회사보다 경제 규모나 세력 면에서 비교가 되지 않았다. 영국이 그처럼 뒤늦게 개입한 것은, 그동안 계속 무역에만 중점을 두었기 때문이었다.

프랑스에 대해 어느 정도 두려움과 적대감을 느끼고 있었던 영국은 프랑스의 반응을 예의 주시면서 서서히 개입하기 시작했다. 영국은 여러 가지로 유리한 입장에 있었다. 그들은 콜카타에 교두보를 마련할 수 있었는데, 그것은 결과적으로 그들이 영국에 엄청난 부와 영광을 안겨 주게 될 벵골과 그리고 좀 더 아래쪽의 갠지스 강 입구를 손에 넣었다는 것을 의미했다.

영국의 동인도 회사는 영국 해군의 지원을 받으면서 유럽과 연결되는 해상 통로를 확보했다. 그리고 영국 본토의 행정 관료들은 베르사유 궁전의 프랑스 경제 관계자들이 들려주는 조언이 아니라 런던의 동인도 회사 사람들이 들려주는 말에 귀를 기울였다. 프랑스는 영국의 가장 위험한 경쟁 상대가 될 가능성이 컸다. 하지만 프랑스 정부는 항상 유럽 대륙의 복잡한 문제들에 연루되어 있었기 때문에 언제든 혼란이 야기될 수 있었다.

영국이 가진 마지막 이점은, 역설적이게도 영국인들이 다른 나라들에 비해 종교를 전도하려는 열정이 별로 없었다는 점이었다. 개

144 근대 유럽의 형성

로버트 클라이브와 벵골의 장군 미르 자파르가 1757년 플라시 전투를 끝낸 후 만나는 장면을 그린 그림이다. 자파르의 배신으로 플라시 전투에서 승리한 영국은 벵골을 손쉽게 점령할 수 있었다. 영국은 자파르에게 보답하기 위해 그를 벵골의 태수로 임명했다.

신교는 가톨릭교보다 한참 후에야 아시아의 전도 사업을 시작했을 뿐만 아니라, 전도 활동 자체도 별로 활발하지 못했다. 게다가 그들은 이주 초기에 원주민의 관습이나 제도에 대해 간섭하려 들지 않았다.

물론 그것은 중립적인 세력 구도 내에서 과거에 무굴 제국이 그랬던 것처럼 인도인들에게 종교적 자유와 전통적인 관습을 보장해 주기 위해서가 아니었다. 영국인이 원했던 것은 평화였다. 그들은 안정된 인도 사회를 이용해 동인도 회사의 상업적 이익을 극대화시키고 싶었을 뿐이었다. 그래서 영국의 동인도 회사는 그 시기 동안 번창할 수 있었다.

카르나티크의 식민지 쟁탈전

영국은 인도를 차지함으로써 제국주의의 길로 들어서기 시작했다. 처음에 프랑스와 영국은 분열되어 있던 인도의 제후들을 각각 지원함으로써 간접적으로 경쟁을 벌이고 있었다. 1744년, 마침내 프랑스 군대와 영국 군대 간의 전투가 벌어졌다. 이 싸움은 남동쪽 연안 지역의 카르나티크에서 발생했다. 인도인은 자신들의 의지와는 상관없이 영국과 프랑스 간의 전란에 말려들었다.

7년 전쟁(1756~1763)은 결정적이었다. 이 전쟁이 발발하기 전부터 사실상 인도에서는 전쟁이 계속 진행되고 있었다. 심지어 프랑스와 영국이 1784년 이후 공식적으로 평화 상태를 유지하고 있던 기간 동안에도 인도는 잠잠하지 않았다.

카르나티크에 주재하던 프랑스 식민지 행정관인 뒤플렉스의 지휘 하에 프랑스는 자신들의 목적을 달성했다. 뒤플렉스는 무력과 외교를 통해 단기간 내에 토착 제후들을 프랑스 세력으로 만듦으로써 영국인을 깜짝 놀라게 만들었다. 그러나 그는 결국 프랑스로 소환되었고, 프랑스의 동인도 회사는 프랑스 본토의 정치 불안으로 인해 정부의 지원을

세계를 향한 유럽의 맹공격 **145**

제대로 받지 못했다.

하지만 1756년, 영국과 마르타 왕국 사이에 전쟁이 발발하자, 그 틈을 타고 벵골의 태수가 콜카타를 공격하여 도시를 빼앗았다. 이때 포로로 붙잡힌 영국인이 집단 학살당하자 영국인들은 분노했다. 이것이 전설적인 '블랙홀' 사건이었다.

영국 동인도 회사의 로버트 클라이브는 군대를 이끌고 콜카타를 공격해 되찾았고, 이어서 프랑스의 인도 거점인 샹데르나고르를 공격해 함락시켰다. 그 후 로버트 클라이브가 이끄는 영국군은 1757년 6월 22일, 콜카타에서 후글리까지 북서부 방향으로 약 160km 떨어진 지점에 위치한 플라시에서 프랑스군이 일부 포함된 벵골 태수의 대병력과 싸워 승리했다.

전쟁이 일어나기 직전에 벵골군의 장군들이 영국인들에게 매수되었던 까닭에 플라시 전투는 그다지 치열한 공방전은 아니었지만, 세계 역사를 바꾼 결정적인 전투 중 하나였다. 이 전투를 계기로 영국인은 프랑스 세력을 몰아내고 인도 전역을 차지했기 때문이다. 플라시 전투와 함께 프랑스는 남인도에서 완전히 세력을 잃고 말았다.

영국은 인도 전역을 빠르게 식민지화했다. 이것은 미리 계획된 것은 아니었다. 영국 정부는 인도에서 세력을 잃을 경우 엄청난 경제적 손실을 입게 된다는 것을 자각했고, 그래서 동인도 회사를 지원하기 위해 영국의 정규군을 신속하게 파병했다.

영국이 이런 조치를 취한 데에는 이중적인 의미가 담겨 있었다. 인도 문제가 자국의 국가 이익과 직결되어 있다는 것을 인정했다는 사실이 한 가지이고, 소규모의 병력 파병으로 엄청난 이득을 보게 되었다는 것이 다른 한 가지이다.

영국이 파병한 포병대는 병력 수가 아주 적었다. 하지만 그들의 군사력은 전세를 뒤엎을 정도로 결정적일 수 있었다. 뿐만 아니라 당시 인도의 운명은 동인도 회사의 소수 유럽인들과 그들이 훈련시켜 양성한 원주민 병사들에게 달려 있었고, 그 지역에 파견된 관리들의 판단력과 외교술에 좌우되고 있었다.

이처럼 인도에서 혼란과 분열이 계속되고 있었기 때문에, 영국은 소수의 정규군을 이용해 인도를 손쉽게 획득할 수 있었다. 그리고 그들은 더 이상의 분열을 막기 위해서는 강력한 정부가 필요하다는 구실 하에 인도를 지배할 수 있었다.

영국의 초기 인도 지배

1764년에 동인도 회사는 벵골의 공식적인 지배자가 되었다. 하지만 이것은 영국 동인도 회사의 책임자들이 바라던 바가 결코 아니었다. 그들은 통치가 아니라 무역을 원했다. 그러나 벵골 통치를 통해 무역 이익이 보장될 수만 있다면 그 부담을 기꺼이 떠맡을 수 있다고 생각했을 것이다.

이제 문제는 여기 저기 흩어져 있는 프랑스의 무역 거점들뿐이었다. 1763년의 평화조약에서 영국은 프랑스가 그곳들을 요새화하지 않는다는 조건 하에서 다섯 개의 프랑스 무역 사무소들을 유지할 수 있게 해 주었다. 그러나 1769년에 마침내 프랑스의 동인도 회사는 완전히 와해되었다. 그 후 얼마 지나지 않아, 영국은 네덜란드로부터 실론을 빼앗았는데, 그 과정은 제국주의 영토 확장의 과정을 여실히 보여 주었다.

그들이 발을 내디딘 제국주의의 길은 가속화되었고, 스스로 멈추기 힘들게 되었다. 동인도 회사는 이때부터 무역보다는 여러 가지 세금을 부과해 돈과 자원을 수탈하기 시작했고 각종 이권에 개입해 독점무역과 부정부패를 일삼았다. 그들의 횡포는 본국까지 알려졌지

인도에서의 영국의 세력 확장

범례
- 1756~1767년 로버트 클라이브가 획득한 영토
- 1772~1785년 워런 헤이스팅스와 1786~1793년 콘 월리스가 획득한 영토
- 1798~1805년 웨슬리가 획득한 영토
- 영국의 주요 거점
- **굵은 글씨** 홀카르 마라타 왕가
- 마라타 동맹
- 1805년까지 영국과 동맹을 맺은 국가들

무굴 제국의 쇠퇴와 이슬람교도와 힌두교도들 간의 전쟁 덕분에 유럽인은 인도에서 손쉽게 무역 기지들을 마련할 수 있었다. 1664년에 설립된 프랑스의 동인도 회사는 영국의 동인도 회사와 1746년까지 경쟁했다. 영국과 프랑스의 경제적 이권 다툼은 1744년까지 외교적 수단들을 통해 대부분 해결되었다. 그러나 1754년 북아메리카, 서인도제도, 서아프리카 그리고 인도에서 영국과 프랑스 간에 일어난 세력 다툼은 전쟁으로 확대되었다. 1757년에 플라시 전투에서 영국이 프랑스의 지원을 받고 있던 벵골의 태수를 무찌르고 승리함으로써, 영국은 인도에서 프랑스 세력을 몰아내고 인도 전역을 차지할 수 있게 되었다.

만 영국 정부는 동인도 회사를 단번에 없애 버릴 수도 없었다. 왜냐하면 그들이 사업은 뒷전으로 하고 갖은 횡포를 저지르고 있다 하더라도 그들로 인해 영국이 인도에서 영토 확장을 계속 펼쳐 나갈 수 있었기 때문이었다.

그렇다고 그들을 그대로 방관하고만 있을 수도 없었다. 영국 정부는 마침내 동인도 회사의 이사회에 정부의 세력을 침투시켰다.

세계를 향한 유럽의 맹공격 **147**

스페인의 정복자인 디에고 데 알마그로(1475~1538)와 프란시스코 피사로(약 1475 ~1541)는 1531년부터 1535 년까지 잉카 제국을 무너뜨리고, 페루를 스페인의 식민지로 만들었다. 피사로와 함께 페루를 정복했던 알마그로와 그 부하들은 1535년부터 1536년까지 칠레 정복을 추진하려고 했지만 원주민들의 반항에 부딪혀 실패했다. 그 후 페루로 돌아온 알마그로는 피사로를 배신하고 쿠스코로 진격했다가 피사로의 동생에게 패해 처형당했다.

그리고 1784년 영국은 '피트 인도법'이라는 이중 통치 제도를 도입하여 영국 정부가 동인도 회사의 정치적 방침에 대해 통제를 가할 수 있도록 했다. 이 이중 통치체제는 1858년까지 지속되었다. 영국 총리인 윌리엄 피트의 이름을 딴 '피트 인도법'에는 동인도 회사가 원주민 문제들에 관여할 수 없도록 제한하는 조항들이 있었다.

영국 정부는 인도를 원대한 제국주의적 이상을 실현하기 위한 발판으로 삼고자 했다. 그래서 상업 통제권과 일상 행정권은 동인도 회사가 보유하는 대신 중요한 정치 문제는 영국 정부와 직결된 세 명의 이사로 이루어진 비밀위원회가 맡도록 했다. 그로부터 50년의 세월이 지난 후, 영국은 훨씬 더 많은 영토를 획득하게 되었다. 그리하여 19세기에 마침내 계몽 전제주의를 내세운 영국의 본격적인 인도 통치가 시작되었다.

인도가 영국의 식민지가 되긴 했지만, 인도인들은 종교적으로 개종하거나 영국 문화에 동화되지 않았다. 그런 점에서 인도는 유럽 국가들의 그 어떤 식민지와도 성격이 전혀

달랐다. 영국의 제국주의는 다른 유럽 국가들의 제국주의와 완전히 다른 양상을 띠었고, 마침내 영국의 전략, 외교, 대외무역의 양상들까지도 독특한 색채를 띠게 되었다.

| 아메리카의 스페인 정복자들 |

인도와 네덜란드령 인도네시아를 제외하고, 그 세기에 유럽인이 동방에서 획득한 영토들 중에서 아메리카의 광활한 영토와 비교될 만한 곳은 없었다.

콜럼버스의 항해 이후, '서인도' 제도의 주요 섬들에 대한 본격적인 탐사가 신속하게 이루어졌다. 아메리카 대륙을 정복하는 것은 무어인들로부터 북아프리카를 빼앗는 것에 비하면 한결 손쉽다는 것이 곧 밝혀졌다. 실제로 북아프리카를 빼앗기 위한 싸움에서 스페인은 무어인들에게 스페인 남부 그라나다를 잃었다. 그 후 스페인은 이베리아 반도에서 무어인들을 몰아내기 위해 '레콩키스타'를 전개했다.

스페인의 식민지 정착은 특히 히스파니올라와 쿠바에서 빠르게 진척되었다. 1523년, 아메리카 대륙 최초의 성당을 세우기 위한 주춧돌이 놓여졌다. 그리고 스페인은 성당 주춧돌이 놓인 그 자리에 최초의 식민도시를 건설하기 시작했다. 그곳이 바로 산토도밍고로, 신대륙 최초의 대학 역시 1538년 이 도시에 세워졌다.

스페인 이주자들에게는 경쟁 상대가 없었다. 그들은 땅이면 땅, 광산이면 광산, 뭐든 원하는 대로 쉽게 손에 넣을 수 있었다. 그리고 16세기 말 스페인은 브라질을 제외하고 중앙아메리카와 남아메리카 전체를 얻었다.

그 지역에 최초로 이주한 스페인인들은 대

148 근대 유럽의 형성

부분 가난한 카스티야의 신사계급으로 야심 만만하고 억척 같았다. 그들은 아메리카 대륙으로 건너가자마자 노획물을 하나라도 더 얻으려고 혈안이 되었다. 그러나 그들은 기독교를 전도한다는 사명과 카스티야 왕권의 위대함을 예찬하는 것도 잊지 않았다.

최초의 아메리카 대륙 진출은 1499년에 베네수엘라에서부터였다. 그 후 1513년에 스페인 탐험가 발보아가 파나마 지협을 건너면서, 유럽인은 최초로 태평양을 보았다. 발보아의 원정대는 그 지역에 집을 짓고 농작물을 심었다.

마침내 스페인 정복자들의 시대가 시작되었다. 스페인 정복자들 중, 후세 사람들의 상상력을 사로잡은 가장 모험적인 인물은 에르난 코르테스였다.

코르테스와 피사로

1518년 말경, 코르테스는 수백 명의 부하들을 이끌고 쿠바를 떠나 멕시코로 향했다. 그는 의도적으로 그곳 통치자를 비웃고 그들의 권위를 떨어뜨렸다. 그의 멕시코 원정은 찬란했던 아스테크 문명*의 운명을 바꿔 놓았다. 코르테스는 아스테크 황제 몬테주마 2세를 인

질로 삼아 1년 동안이나 그곳을 통치하면서 약탈과 살인을 일삼았다.

하지만 그 무렵 스페인은 국가 재정의 4분의 1을 멕시코와 페루에서 가져온 금괴와 은괴로 충당하고 있었다. 그 때문에 스페인 정부는 빼앗은 금의 5분의 1만 정부에 바친다면 어떤 약탈도 눈감아 주곤 했다.

이 17세기의 삽화에 묘사된 것처럼 왕실 자문위원회는 스페인령 아메리카 내에서 차츰 세력을 키워 나가면서 사법권을 관장하고 왕에게 조언을 했다. 그들은 1542년부터 새롭게 실시된 부왕 정치체제를 도와 식민지의 통치와 행정을 이끌었다. 식민지에 파견한 부왕들은 왕의 혈족이었다.

*아스테크 문명

15세기부터 16세기 초, 스페인의 침입 전까지 멕시코 고원에 발달한 아메리카 인디언의 고대 문명. 멕시코 북방 아스틀란 지방의 민족에서 유래했으며, 건축물과 역법 등이 발달했다.

1716년에 제작된 이 회화의 제목은 '리마 시로 입성하는 페루 부왕 니콜라스 카라치올로'이다. 카를로스 3세가 1776년에 개혁을 실시하기 전까지 스페인령 아메리카 식민지의 부왕은 식민지 최고의 권력자였다. 그는 페루의 왕실 자문위원회 의장이자 군대의 총사령관이었으며, 왕실 사법부의 대표이자 재정 책임자였다.

세계를 향한 유럽의 맹공격 149

아메리카 탐사

범례
- 잉카
- 아스테크
- 금
- 은
- 카브랄 1500년
- 알마그로 1535~1537년
- 베스푸치 1499년
- 베스푸치 1501~1502년
- 코르테스 1519~1521년
- 콜럼버스 1492~1493년
- 콜럼버스 1502~1504년
- 데 소토 1539~1542년
- 마젤란 1519~1521년
- 오렐라나 1540년
- 피사로 1531~1533년
- 코로나도 1540~1542년
- 드레이크 1579년

지구가 둥글다는 생각과 더불어, 동양에 이르는 항로를 찾기 위한 탐험이 시작되었다. 그리고 1498년, 마침내 크리스토퍼 콜럼버스가 아메리카 대륙을 발견했다. 아메리카에서 유럽의 영향력은 17세기 동안 점점 커져 갔다. 이 시기에 신세계에서 획득한 거대한 영토 덕분에 스페인과 포르투갈은 유럽의 강대국으로 변모했다.

유럽이 아메리카를 식민지화한 이후 많은 변화가 일어났다. 해외 무역이 폭발적으로 증가했고, 농경이 변모했으며, 귀금속이 유럽으로 유입되었고, 대대적인 인구 이동과 인종 간의 혼합이 이루어지기 시작했다. 이후로 수백 년 동안 아메리카는 거대한 투자 대상이자 많은 유럽인에게 희망과 기회의 땅이 되었다.

의 고향인 카스티야처럼 고원지대에 위치했기 때문에 친숙한 느낌마저 들었다.

많지 않은 병력으로 코르테스가 중앙 고원지대를 지배하고 있던 아스테크 제국을 정복한 것은 물론 영웅적인 일이었다. 하지만 그것은 코르테스 군대가 많은 이점들을 갖고 있었고 행운마저 따라 주었기 때문에 가능했다. 그곳 사람들은 기술적으로 원시적이었다. 그래서 그들은 정복자들이 가져온 총과 대포, 강철, 말을 보고 깊은 감명을 받았다.

물론 아스테크 사람들이 코르테스 군대에 저항하지 않았던 것은 아니었다. 하지만 아스테크 사람들은 코르테스를 자신들이 기다리던 신의 화신이며 그래서 그가 자신들의 소원을 이루어 줄 거라는 혼란스러운 감정에 사로잡혔다. 그 때문에 아스테크의 저항은 쉽게 저지될 수 있었다. 그리고 아스테크 사람들은 스페인 병사들에 의해 유입된 질병과 전염병들에 매우 쉽게 감염되었다.

게다가 아스테크 사람들 역시 정복자이자 혹독한 착취자였다. 아스테크 사람들의 지배를 받고 있던 인디오들은 새로운 정복자들이 나타나자, 그들을 자신들을 해방시켜 줄 구원자로 생각하거나 적어도 주인이 바뀐다는 의미만으로도 그 정복자들을 기쁘게 받아들였다.

그렇게 해서 여러 가지 조건들이 스페인 군대에게 유리했다. 그렇지만 결국, 스페인인들의 강인함, 용기 그리고 잔인함이 결정적인 요인이었던 것은 분명한 사실이다.

1531년 피사로가 코르테스와 유사한 정복을 페루에서 시작했다. 이것은 멕시코 정복보다 훨씬 더 주목할 만한 성과였다. 그리고 피사로의 페루 정복은 스페인 정복자들의 탐욕과 오만함과 잔혹성이 얼마나 무시무시했는지를 더 강렬하게 보여 주었다.

제국의 새로운 식민지 건설은 1540년부터

1519년 2월, 코르테스는 베라크루스 연안에 상륙한 후, 자기 부하들에게 되돌아갈 수 없다는 것을 확실히 알리기 위해 타고 온 배들을 모두 불태웠고, 그 후 멕시코의 중앙 고원지대까지 행군을 시작했다. 제국주의 전체 역사에서 가장 극적인 이야기 가운데 하나가 여기서 탄생했다.

멕시코에 다다랐을 때, 코르테스 군단은 자신들이 발견한 문명에 대경실색했다. 엄청난 양의 황금과 보석 이외에도, 그곳은 자신들

150 근대 유럽의 형성

시작되었다. 그리고 거의 동시에 포토시에서 엄청난 은광 지대가 발견되었다. 이곳은 이후로 300년 동안 유럽으로 유입되는 은괴의 주요 공급처가 되었다.

| 스페인 제국 |

1700년경, 아메리카 대륙에서 스페인 제국은 명목상으로는 멕시코 일대에서부터 라 플라타 강에 이르는 광대한 지역을 아우르고 있었다. 스페인 제국은 파나마와 아카풀코를 지나 필리핀까지 해상으로 연결되어 있었다.

그러나 지도상의 이 광활한 영역은 오해의 소지가 있다. 캘리포니아, 텍사스, 리오그란데 북쪽 멕시코의 땅에는 극소수의 사람들이 살고 있었다. 다시 말해 그 지역들은 대부분 몇 채의 요새와 무역 사무소, 전도 단체들만이 차지하고 있었을 뿐이었다. 게다가 남쪽의 칠레에는 정착민이 거의 없었다.

인구 밀도가 높은 중심 지역은 세 곳이었다. 그중에서 멕시코 지역은 스페인령 아메리카에서 가장 발달된 곳이었다. 그리고 페루는 많은 광산 덕분에 각광을 받았고 집중적으로 개발되었다. 마지막으로 보다 넓게 퍼져 있고 식민지화된 지 오래된 카리브 해의 몇몇 섬들이 있었다. 스페인이 식민지화하기에 부적합하다고 판단한 지역들은 오랫동안 그대로 방치되었다.

카스티야 왕국의 이사벨라 여왕과 아라곤 왕국의 페르난도 왕에 의해 통일을 이룬 스페인은 그들이 인도 대륙이라 생각했던 아메리카 대륙의 멕시코와 리마에 총독을 파견해 그 지역을 다스리게 했다. 그리고 그 지역들에는 왕이 직접 권한을 행사할 수 있는 왕실 자문위원회가 있었다.

이론적으로 볼 때, 이런 제도는 중앙집권화를 이루는 데 상당히 도움이 될 수 있었다. 하지만 그 지역들은 본국과 너무 멀리 떨어져 있었기 때문에 실제적으로 중앙집권화가 거의 이루어지지 않았다. 당시의 통신망으로 멕시코나 페루를 스페인에서 철저하게 통제한다는 것은 불가능했다. 그래서 초기 식민지의 총독들과 총독 휘하의 사령관들은 식민지 최고의 권력자로서 거의 독립적인 지위를 누렸다. 그러나 식민지들은 스페인에 세금을 바쳐야 했다. 스페인은 식민지들로부터 거둬들인 세금으로 국가 재정을 충당했다.

사실상 100년이 넘는 기간 동안 유럽에서 식민지를 개척하는 국가는 스페인과 포르투갈뿐이었다. 그리고 그 100년 동안 내내, 식민지 통치자와 이주자뿐만 아니라 본국 역시 큰 이익을 얻었다. 그것은 주로 식민지에서 유입되는 금과 은 덕분이었다.

1540년 이후, 엄청난 양의 은이 대서양으로 밀려 들어왔다. 하지만 그 은은 불행하게도 카를 5세와 펠리페 2세 사이에 벌어진 전쟁 비용으로 탕진되었다. 1650년경에 이르러서는 180t의 금 제품들은 말할 필요도 없고, 1만 6,000t의 은이 유럽으로 유입되었다.

스페인 제국의 경제

스페인이 식민지들로부터 금이나 은 이외에 다른 경제적 이익을 얻었는지는 단언하기가 쉽지 않다. 스페인은 그 시대의 다른 식민지 세력들과 마찬가지로, 식민지와의 무역량은 본국의 수요를 충족시킬 정도면 된다고 믿고 있었다. 그러한 믿음 때문에 그들은 식민지들과의 무역은 법과 군대의 힘으로 강력하게 통제되어야 한다고 생각했다.

더욱이 스페인은 초기 식민지 경제이론의 또 다른 일반론을 보여 주었다. 즉 본국의 시장을 혼란에 빠뜨리거나 악영향을 미칠 우려가 있는 산업들을 식민지 시장에 허용해서는

세계를 향한 유럽의 맹공격 151

멕시코 정복 당시 에르난 코르테스(1485~1547)와 그의 부하들은 원주민들에게 온갖 만행을 저질렀다. 촐룰라 시의 주민들은 스페인 원정대에게 식량 공급을 거부하면서 저항했다. 이 그림에서 볼 수 있듯이 그들의 저항은 실패로 끝났다. 스페인 군대는 촐룰라를 파괴하고 주민들을 학살했다.

＊크레올
식민지에서 태어난 스페인 사람들을 뜻한다. 스페인어로 '크리오요'라고 한다. 원래는 신대륙, 즉 아메리카에서 태어난 스페인 사람만을 뜻했지만, 점차 포괄적인 의미로 변했다. 이들은 신분 상승의 기회가 제한적이었으며 이를 계기로 독립운동을 벌이기도 했다.

＊페닌술라레스
스페인에서 태어나 신대륙으로 이주해온 사람들로 '반도인'이라는 뜻이다. 식민지에서 태어난 크레올과 구분되어 신분 상승 등의 특권을 누릴 수 있었다.

안 된다는 견해가 그것이었다. 하지만 스페인은 이런 식민지 정책으로 인해 다른 국가들보다 손해를 보았다.

스페인 정부는 아메리카에서 채굴 산업과 수공예 생산품 이외의 어떤 산업 발전도 용납하지 않았다. 그러나 스페인 사람들이 '주제넘은 장사꾼'이라고 불렀던 외국의 무역선들이 점차 스페인 영토 내로 밀려들어오는 것을 막을 수 없게 되었다.

스페인 식민지는 스페인 본국에서 현실적으로 제공할 수 없는 것들, 특히 노동력 부족을 해소하기 위한 노예가 절실하게 필요했다. 광업은 제쳐 두고, 주변 섬들과 멕시코의 경제는 농경에 의존하고 있었기 때문이다.

얼마 지나지 않아, 서인도제도의 스페인 식민지들은 흑인 노예들의 노동력에 의존하게 되었다. 스페인 왕은 통치자들이 식민지 원주민들을 마음대로 노예로 만들어 식민지의 부를 독차지하게 될 것을 걱정했다. 그래서 그것을 견제하기 위해 식민지에 노동력을 공급하면서 왕이 통치 권력을 행사할 수 있는 방법을 고민했다. 스페인 정부가 생각해 낸 최초의 제도는 일종의 봉건적인 위임통치 제도였다. 이 제도는 서인도제도에서 시작되어 멕시코까지 확장되었다.

'엔코미엔다'라고 불리는 이 제도는 식민지 통치자에게 스페인 국왕을 대신해 원주민을 통치할 수 있는 원주민 통치사역권을 위임하는 것이었다. 식민지 통치자는 원주민을 보호해 주면서 그 집단들로부터 노동력을 제공 받았다. 하지만 이 제도는 사실상 노예 제도의 변형이나 다름없었다.

원주민들에 대한 위협
광범위한 지역의 원주민을 노동력으로 이용하기 시작한 당시, 원주민의 존재는 식민지 점령 세력들에게 그다지 이질적으로 느껴지지 않았다. 왜냐하면 중앙아메리카와 남아메리카를 아우르는 라틴아메리카와 북아메리카의 식민지 점령 세력들은 그보다 훨씬 다양한 인종으로 이루어져 있었기 때문이었다. 수백 년간 무어인들에게 이베리아 반도를 점령당했던 스페인인과 포르투갈인은 다인종 사회에 대해 거부감이 별로 없었다.

얼마 지나지 않아 라틴아메리카에 혼혈 인구가 나타났다. 포르투갈이 30년간의 싸움 끝에 마침내 네덜란드로부터 되찾은 브라질에는 점점 흑인 혼혈 인구가 증가했다. 이러한 혼혈 현상은 아프리카에서 공수된 노예들에게서 비롯된 것이었다. 포르투갈인들은 아프리카 식민지에서도 인종 간의 혼혈에 전혀 신경을 쓰지 않았다. 그리고 포르투갈 사람들이 흑인과 백인 간에 별로 인종 차별을 하지 않았다는 사실은 그들의 제국주의가 다른 나라들의 제국주의보다 비교적 덜 잔인했다는 것을 나타낸다.

광범위한 지역에서 인종적으로 혼합된 사회가 형성된 것은 스페인과 포르투갈 제국이 식민지에 남긴 유산 중 하나였다. 그러나 사실상 그들 사회는 인종에 따라 계층화되어 있었다. 지배계층은 언제나 이베리아 반도 출신들과 크레올＊들이었다.

하지만 시간이 흐르면서, 크레올들은 페닌술라레스＊들이 고의적으로 자신들을 주요 직

책에 임명하지 않는다는 사실을 깨닫게 되었고, 그래서 페닌술라레스들에 대해 적개심을 품게 되었다.

크레올 밑으로도 혈통에 따라 계층이 분명하게 분리되었다. 물론 가장 낮은 계층은 순수 인디오였다. 그들 대부분은 고유 언어를 가지고 있었지만, 스페인 전도사들의 노력으로 정복자의 언어가 지배적인 언어가 되었다. 언어의 통일은 중남 아메리카의 문화적 통일을 이루는 데 가장 큰 밑바탕이 되었다.

19세기 초상화로 이 그림에서 묘사한 인물은 바르톨로메 데 라스 카사스로 추정된다. 그는 스페인령 아메리카에서 원주민의 권리를 보호하기 위해 싸웠다.

| 신세계에서의 가톨릭교 |

공용어가 형성됨으로써 미치게 된 언어적 영향력과 비교할 만한 또 하나의 중요한 영향력은 바로 로마 가톨릭교의 전파였다. 가톨릭교를 통해 정복자들은 식민지 대륙을 더욱 효과적으로 지배할 수 있었다.

로마 가톨릭 교회는 스페인령과 포르투갈령 아메리카의 식민지 초기 역사에 지대한 역할을 했다. 탁발 수도 전도사들, 특히 프란체스코 수도회의 수도사들이 선구적으로 그 역할을 수행했다. 그리고 그들의 계승자들은 300년 동안 아메리카 토착민들의 문명 속으로 파고들어가 그들과 함께 생활하면서 전도 활동을 펼쳐 나갔다.

초기 수도사들은 인디오들에게 스페인어를 가르치지 않았고, 스페인들의 부당한 대우나 횡포로부터 그들을 보호하려고 했다. 그러다가 수도사들은 인디오들을 선발해 선교 기지로 데려와 그들에게 바지를 입히고 기독교 교리와 라틴어를 가르쳤다. 그리고 인디오들을 그들의 부족에게로 다시 돌려보내 그 모든 것을 전파시켰다. 그로부터 몇 세기가 지난 후, 당시 선교 기지가 있던 몇몇 지역에서 새로운 국가들이 등장하게 되었다.

긍정적이든 부정적이든, 가톨릭 교회는 처음부터 인디오의 보호자 역할을 수행했다. 그로 인한 장기적인 결과는 이후 수백 년 동안 로마 가톨릭 신도들이 세계 지도상에서 어느 지역에 가장 많이 분포되어 있었는지를 통해 확인할 수 있다.

하지만 그에 앞서 가톨릭 교회는 눈에 띄는 훨씬 더 많은 의미를 드러냈다. 1511년 산토 도밍고 도미니크회의 한 수도사는 스페인인들이 식민지 원주민들을 착취하고 학대하는 것에 대해 부당함을 폭로하면서 인디오들을 인간으로 대우해야 한다고 주장했다. 그로 인해 스페인 정부는 식민지의 가톨릭 교회가 인도주의와 신세계에 대한 기독교 선교 사명을 충실히 이행하고 있다고 믿었다. 그에 따라 이후 인디오를 보호하기 위한 법률이 통과되었고, 성직자들의 조언을 얻어 원주민의 권리와 그들을 보호할 수 있는 방법을 찾기 시작했다. 그러나 아메리카는 스페인 본토와 너무 멀리 떨어져 있었기 때문에 그런 법률들이 실효성을 발휘하는 것은 거의 불가능했다. 뿐만 아니라 식민지에 전염병의 재앙이 닥치고 노동력이 부족해지자, 그들을 보호하

영국의 프랜시스 드레이크
(1540~1596)는 서인도제도
에서 스페인과 포르투갈의
선박들을 닥치는 대로 약탈
해 빼앗은 금은보석을 영국
으로 실어 날랐다. 영국 여왕
엘리자베스 1세는 해적인 그
에게 기사 작위를 수여했다.

회 수사들이 하루 동안 1만 5,000명의 인디
오들에게 세례를 베풀었다. 교회는 원주민들
에게 복음을 전파하고 교구를 보호하기 위해
최선을 다했다. 하지만 분명하게 짚고 넘어
가야 할 것은, 당시 교회는 식민 제국주의의
하수인에 불과했고, 따라서 그들의 그러한
노력은 자국의 세력을 확대하기 위한 것에
지나지 않았다는 사실이다. 그래서 어떤 이
들은 끊임없이 스페인 왕에게 항의를 했다.
그들 중에서 특히 도미니크회 수도사 바르톨
로메 데 라스 카사스를 주목해 볼 필요가 있
다. 그는 아메리카 대륙 이주자 중에서 최초
로 신부가 된 인물이었다.

그는 신학자이자 가톨릭 교회의 주교로서
카를 황제에게 인디오 착취와 식민지 통치자
들의 폭정과 인디오에 대한 착취를 알리고 노
예제나 다름없는 엔코미엔다 제도를 철폐해
야 한다고 용기 있게 주장했다. 그는 식민지
원주민들의 처지를 개선하는 데 일생을 바쳤
고, 그의 노력은 나름대로 성공을 거두었다.

그는 식민주의자들이 자신에게 고해성사를
해 와도 그들의 죄를 사해 주지 않았다. 그는
인디오에 대한 식민주의자들의 대우에 분노
했고, 그들의 철저한 중세적 사고에 반대했다.
그러나 그 역시 흑인 노예를 소유하고 있었고
아리스토텔레스와 마찬가지로 어떤 인간은
'태어나면서부터' 노예로 태어난다고 생각했
다. 하지만 그는 인디오들이 그런 노예에 속한
다고 생각하지는 않았다.

그는 시대를 앞서 식민주의의 부당함을 최
초로 비판한 인물로 역사에 기록되었다. 약
200년 후 계몽주의를 연구하는 한 역사가가
자신의 평론에 그의 저술들을 인용하면서 그
러한 역사적 사실이 세상에 알려졌다.

가톨릭 교회의 지배

수백 년 동안 가톨릭 교회의 설교와 의식들

기가 훨씬 더 어려워졌다.

초기 식민지 이주자들은 카리브 해 원주민
들에게 천연두를 전염시켰다. 그리고 코르테
스의 부하가 아메리카 본토로 들어가면서 천
연두는 그 지역까지 확산되었다. 이것은 아
마도 아메리카에서 인디오들이 급격히 감소
했던 결정적인 원인이었을 것이다.

그런 한편, 교회는 원주민들을 개종시키기
위해 지속적으로 노력하고 있었다. 멕시코
남부의 소치밀코에서는 두 명의 프란체스코

154 근대 유럽의 형성

은 실질적으로 식민지 원주민들이 유럽 문화를 접할 수 있는 유일한 통로였다. 그들은 가톨릭에서 자신들이 공감할 수 있는 부분을 발견했다. 특히 성모 마리아 숭배는 그들의 마음을 사로잡았다. 그것은 아마도 원주민들의 전통적인 신앙과 유사한 부분이 있었기 때문일 것이다.

원주민들 중 유럽식 교육을 받을 수 있었던 사람은 극소수였다. 멕시코에는 17세기까지 원주민 출신의 주교가 없었고, 원주민 출신의 사제를 제외하고는 원주민에게 교리문답 이상의 지식을 가르치지 않았다.

가톨릭 교회는 많은 성직자들의 헌신적인 노력에도 불구하고, 사실상 여전히 외부에서 들어온 식민지 종교에 불과했다. 역설적이게도 성직자들이 원주민 기독교 교인들을 보호하려고 노력하자 원주민 사회의 권력층은 성직자들을 배타적으로 대했고, 그래서 오히려 원주민 사회와 융화하기가 더욱 어려워졌다.

그것은 어쩌면 불가피한 것이었다. 스페인령 아메리카와 포르투갈령 아메리카에서 가톨릭 교회는 본국의 정치적 권한을 대신하는 기관에 지나지 않았다. 가톨릭 교회는 식민지 각지에 흩어져 있는 행정기구들을 중앙집권화하기 위한 역할을 수행하고 있었다. 그들이 열성적으로 전도 활동을 펼쳐 나간 것은 미개한 원주민들을 개종시켜 기독교인으로 만들겠다는 성스러운 사명감 때문만은 아니었다.

얼마 지나지 않아, 멕시코 지역의 스페인 식민지에서 종교재판소가 세워졌다. 리오그란데 남쪽의 아메리카 가톨릭 교회는 대표적인 반종교개혁 세력이었다. 이것은 훨씬 더 훗날 의미심장한 결과들을 낳았다.

성직자들 중에서 남아메리카 독립을 위한 혁명 세력으로 활동한 이들도 있긴 했지만, 하나의 조직이었던 가톨릭 교회는 결코 진보주의적인 입장을 택하려 하지 않았다. 장기

적으로 볼 때 이것은 교권주의*였고, 종교가 라틴아메리카 국가의 독립에 직접적인 연관이 있다는 것을 의미했다.

라틴아메리카에서 진보주의가 등장하면서 유럽 내에도 반 교권주의 단체들이 형성되었다. 이것은 영국령 남아메리카에서 비슷한 시기에 등장한 다종교적 사회와 완전히 대조되는 현상이었다.

카리브 해 지역의 농업

본토 식민지들로부터 어마어마한 금이 유입되었지만, 유럽은 근대 초기 동안 카리브 해의 섬들 역시 경제적인 측면에서 대단히 중요한 지역으로 생각했다. 그것은 이 지역의 농산물, 그중에서도 특히 설탕 때문이었다.

설탕은 아랍인들에 의해 최초로 유럽, 시칠리아, 스페인으로 유입되었고, 그 후로 유럽인들에 의해 다시 대서양의 마데이라 제도와 카나리아 제도로, 그다음에는 신세계로 전해졌다. 카리브 해와 브라질 두 지역 모두 사탕수수로 인해 경제적으로 크게 변모했다.

중세 사람들은 감미료로 꿀을 이용했다. 그

＊교권주의

교황 지상주의. 교회 지도자들이 자신은 일반 신자들과는 다른 성직자임을 강조하면서 권력 집단화하여 각종 혜택을 누리고, 교인들을 권력으로 지배하려는 경향.

이 18세기 판화는 스페인 식민지였던 현재의 도미니카 공화국 지역인 서인도제도 히스파니올라 섬에서 흑인 노예들이 담배를 제조하는 모습을 보여 주고 있다.

＊플랜테이션

서양의 자본과 기술을 바탕으로 원주민과 이주 노동자의 값싼 노동력으로 이루어지는 재식농업栽植農業. 주로 열대·아열대 지역에서 기업적 농업으로 성행했다. 무역 상품으로 가치가 큰 향신료, 커피, 카카오, 사탕수수 등을 재배했다.

러나 1700년경에 이르러, 값은 여전히 비쌌지만 설탕이 유럽인의 식생활에서 생필품으로 자리 잡았다. 담배, 목재, 커피와 더불어 사탕수수는 카리브 해 섬들의 주요 생산 품목이었다. 그리고 이 생산물을 수출하면서 식민지 이주자들은 본국에 막대한 영향력을 행사할 수 있게 되었다.

카리브 해 지역의 대규모 농업의 역사는 스페인 이주자들과 더불어 시작되었다. 그들은 유럽에서 가져온 과수목들을 심어 재배하기 시작했고 가축들도 키웠다. 그들은 쌀과 사탕수수를 들여와 재배를 시작했지만, 오랫동안 노동력 부족으로 곤란을 겪었다. 유럽인의 학대와 질병들로 인해 섬의 원주민 수가 급격히 감소했기 때문이었다.

그 이후 해적 행위와 밀수입이 시작되었다. 스페인은 대안틸레스 제도 같은 카리브 해의 보다 광범위한 섬들을 점령했지만, 수백 개의 작은 섬들은 여전히 점령되지 않은 채로 남아 있었다. 그 섬들은 대부분 대서양 연안에 흩어져 있었다.

그곳은 영국, 프랑스, 네덜란드의 해적들과 밀수업자들의 관심을 끌기에 충분했다. 그들은 이런 섬들을 멕시코의 스페인 식민지에서 본국으로 돌아가는 스페인 선박들을 습격해 약탈하거나 밀수품을 원하는 스페인 이주자들과 밀거래를 할 수 있는 유용한 장소라고 생각했다.

유럽의 이주민들은 베네수엘라 연안에도 정착해 살고 있었다. 그곳에서는 육류 저장에 사용하는 소금이 풍부하게 생산되었다. 그 연안에 이주한 유럽인들은 17세기에 영국의 특허 회사들과 네덜란드 서인도 회사를 주도하게 되었다.

영국의 식민지 정착

17세기 초에, 영국인들은 수십 년 동안 신세계에서 '플랜테이션'＊에 적합한 장소들을 찾고 있었다. 그들은 처음에는 북아메리카 본토에서 플랜테이션을 시도했다. 그러다가 그 후, 1620년대에 서인도제도 동부의 리워드 제도에 속한 세인트 크리스토퍼와 바르바도스를 적합한 장소로 선택했다. 그 두 곳 모두 번창했다. 1630년까지 세인트 크리스토퍼에는 약 3,000명, 바르바도스에는 약 2,000명의 이주민들이 살고 있었다. 그 두 지역이 번창한 주요 원인은 담배 생산이었다.

신세계로부터 유럽에 유입된 담배와 매독은 유럽에 대한 신세계의 복수 같았다. 유럽에서 처음 매독이 발견된 것은 1493년 스페인의 카디스에서였다. 어쨌든, 담배 식민지들은 영국 경제에서 아주 큰 비중을 차지했다. 그것은 그 지역들에서 나오는 관세 수입 때문만이 아니라, 카리브 해의 인구가 증가함에 따라 무역 규모가 커지면서 스페인 제국이 주도하던 무역에 영국이 끼어들 새로운 기회를 제공해 주었기 때문이었다.

얼마 지나지 않아, 영국의 이 수지 맞는 사업에 프랑스가 끼어들었다. 서인도 제도에서 프랑스는 윈드워드 제도를 점령했고, 영국은 리워드 제도의 나머지를 차지했다. 1640년대에 서인도제도에는 약 7,000명의 프랑스인들이 살고 있었고, 영국인들은 5만 명이 넘었다.

설탕과 노예

17세기 중반 이후, 그동안 신세계로 이주해 가던 영국인들은 북아메리카로 방향을 전환했다. 이후로 서인도제도에는 이전처럼 많은 백인 이주자들이 몰려들지는 않았다. 그것은 부분적으로는 담배와 더불어 설탕이 주요 농산물이 되었기 때문이었다.

담배는 소자본으로도 생산이 가능했다. 따라서 자본이 없는 백인 이주자들이 몰려들어

담배 농사를 짓기 시작했다. 반면에 사탕수수 농사에는 대규모의 토지와 노동력이 필요했다. 다시 말해 플랜테이션처럼 대자본과 값싼 노동력이 결합되어야만 수익을 얻을 수 있는 노동집약적인 산업이었다. 그 조건만 갖춰진다면 사탕수수 농사로 인한 수익은 엄청났다.

16세기에 원주민이 급격하게 감소했다는 점을 고려해 볼 때, 설탕 생산을 위한 노동력은 흑인 노예들로 대체될 가능성이 컸다. 흑인 노예를 공급한 것은 네덜란드인이었다. 그들은 서반구 전체의 노예 무역을 독점하고 싶어 했다. 그들은 이미 지금의 뉴욕과 허드슨 강 입구에 무역 사무소를 설치해 극동 지역과의 무역을 독점하고 있었다.

흑인 노예가 유입되면서 카리브 해 지역의 인구 분포에 큰 변화가 일기 시작했다. 1643년에 바르바도스에는 3만 7,000명의 백인 거주자가 있었고, 흑인 노예의 수는 6,000명에 불과했다. 그러나 1660년에 이르러서는 흑인 노예의 수가 5만 명이 넘었다. 설탕의 등장과 더불어 프랑스 식민지였던 서인도제도의 과

들루프 섬과 마르티니크 섬이 새로운 중심지로 떠올랐다. 그리고 이곳에서도 역시 노예를 원했다.

복잡한 발달 과정이 진행되었다. 이전에 자리 잡고 있던 스페인 제국의 시장에, 점점 커져 가는 카리브의 대규모 노예 시장과 유럽 수입품 시장이 추가되었다. 그래서 스페인 제국은 경제적 독점권을 지켜 내기가 점점 더 어려워졌다. 서인도제도는 서구 열강들의 세력 경쟁의 각축장으로 변모했다. 이후로 오랫동안 그 지역에는 무질서가 난무했다.

카리브는 식민지 경계 지역들이 서로 만나는 곳이었기 때문에 해적 행위로 얻을 수 있는 수익은 엄청났다. 하지만 그처럼 광활한 해상에서 치안을 유지하는 것은 거의 불가능했다. 예를 들어 인도 대륙에서 스페인으로 가고 있던 수송선은 네덜란드의 한 해적단에게 습격당해 식민지에서 한 해 동안 긁어 모은 재산을 고스란히 강탈당했다.

카리브 해가 해적들이 출몰하는 전설적인 장소가 된 것은 놀랄 일이 아니다. 해적들의 전

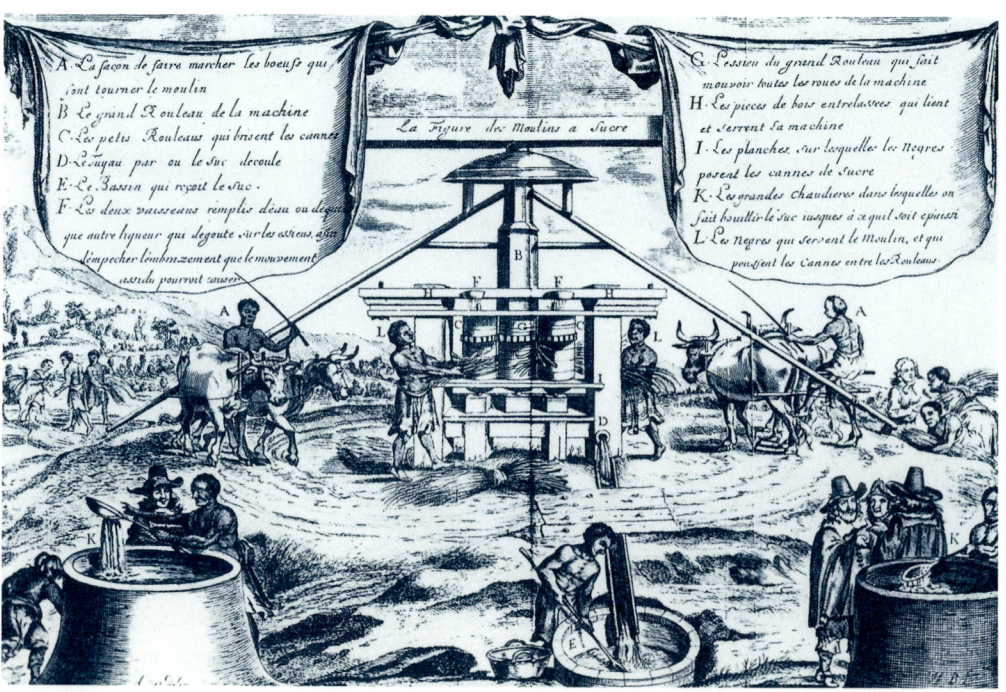

설탕은 신세계가 유럽과의 무역에서 가장 큰 이익을 남길 수 있었던 수출 품목 중 하나였다. 17세기에 설탕은 주요 상품이었고, 그 때문에 무역 상인들은 설탕 생산자들을 잡기 위해 심한 경쟁을 벌였다. 이 17세기 판화에서는 서인도제도에 있었던 설탕 제조 공장의 모습을 묘사하고 있다.

세계를 향한 유럽의 맹공격 157

1770년대 대서양 연안에서 이뤄진 영국의 삼각무역

18세기까지 영국은 노예 무역을 지배하면서 엄청난 부를 창출하는 삼각무역을 운용했다. 삼각무역의 한 예를 들어 보면 이렇다. 소형 병기와 각종 제조 상품, 증류주를 가득 실은 영국의 선박이 서아프리카 연안을 향해 항해해 간다. 그 후 그 배는 노예들을 가득 태우고 서인도제도로 향하고, 거기서 노예들은 경매를 통해 대농장 주인들에게 팔려 나간다. 마지막으로, 그 배는 아메리카에서 설탕, 담배 그 외에 유럽에서 구하기 어려운 상품들을 싣고 영국으로 돌아온다.

성기는 17세기 후반의 약 25년간이 이어졌다. 서구 열강들은 해적 문제를 해결하고자 했으나, 자신들에게 유리한 조건을 내세우면서 계속 다투기만 했다. 서로 간에 만족할 만한 합의점에 도달한다는 것은 쉬운 일이 아니었다.

그러는 동안, 18세기 내내 서인도제도는 노예 무역의 거대한 시장으로 변모했다. 시간이 흐르면서 그곳은 유럽, 아프리카, 멕시코 이외에 또 다른 지역의 경제와 연루되었다. 새롭게 부상한 북아메리카의 경제가 바로 그것이었다.

| 북아메리카로 향한 식민지 이주 |

식민지에 대한 전통적인 기준 때문에 북아메리카는 라틴아메리카나 카리브 해에 비해 오랫동안 유럽인의 관심을 끌지 못했다. 우선,

북아메리카에서는 귀금속이 발견되지 않았다. 북부에서 고급 모피를 얻을 수 있긴 했지만, 북아메리카 대륙은 유럽이 원하는 것들을 거의 갖고 있지 않은 것처럼 보였다.

그러나 남아메리카에 대한 스페인의 독점권을 생각해 볼 때, 이제 더 나아 갈 곳은 그곳밖에 없었다. 그래서 많은 국가들이 그런 생각을 재빨리 실천에 옮기기 시작했다.

스페인이 리오그란데 북부로 영토 확장 사업을 펼쳐 나간 것에 대해서는 그다지 관심을 주지 않아도 될 것 같다. 왜냐하면 그것은 정복이라기보다는 오히려 전도 활동에 가까웠기 때문이다. 반면에 스페인령 플로리다는 전략적인 중요성을 갖고 있었다. 왜냐하면 그곳은 북쪽의 유럽 세력으로부터 카리브 해의 스페인 세력을 보호하는 방어막을 제공해 줄 수 있었기 때문이었다. 다른 유럽 국가들이 관심을 보인 곳은 대서양 연안 지대였다. 아주 잠시였지만 네덜란드와 함께 스웨덴이

그곳에 자리를 잡았다.

스페인이 국토회복 운동의 일환으로 북쪽으로 계속 전도 사업을 확장시켜 나가고 싶어 하긴 했지만, 유럽 국가들이 북아메리카로 식민지 이주를 하게 된 동기는 다른 지역의 식민지 이주 동기와 별반 다르지 않았다.

16세기에 북아메리카에 탐험대를 보내 그곳의 가능성에 대해 면밀히 조사한 영국은 그곳에 스페인령 인도와 견줄 만한 광산들이 있을지도 모른다고 생각했다. 하지만 인구 증가의 압박 때문에 영국 정부가 이민을 부추겼다고 생각하는 이들도 있다. 어쨌든 탐험대의 보고 자료들을 통해 영국은 그 지역이 멕시코와는 달리 토착민 수가 매우 적고 기후도 온화한 거대한 대륙이라는 사실을 알게 되었다. 뿐만 아니라 그곳에서 아시아로 갈 수 있는 북서쪽 항로가 발견됨으로써 북아메리카는 갈망의 대상으로 탈바꿈했다.

유럽의 식민지 정착

1600년경에 많은 탐사 작업들이 실행되었으나, 실제적으로 버지니아 주의 로어노크 지역에 단 한 번 식민지 이주가 이루어졌을 뿐이었고, 그것마저 성공적이지 못했다. 더 많은 영토를 성공적으로 식민지화하기에는 영국은 아직 세력이 약했고, 프랑스는 내부적으로 너무 혼란스러웠다.

하지만 17세기에 접어들어 재정적 지원과 조직적인 체계가 보다 든든하게 뒷받침되면서 이주 정책은 훨씬 적극적으로 시도되기 시작했다. 식민지 대륙에서 경제성이 있는 품목들을 개발할 가능성이 커지고, 영국 내에서 여러 정치적인 변화가 일어나자 이민 붐이 일기 시작했다. 영국은 곧 해상 강국으로 변모하면서 북아메리카 대륙으로의 이주가 가속화되기 시작했다.

이러한 사실들은 대서양 연안 지역을 혁신

적으로 변모시켰다. 1600년에 소수의 인디언들이 살고 있던 미개척지는 그로부터 100년 후인 1700년에 문명의 중심지가 되었다. 많은 곳들에서 이주자들은 앨러게니 강을 건너 내륙 깊숙한 곳까지 밀고 들어갔다. 그러는 동안 프랑스인들은 세인트로렌스 강과 5대호를 따라 무역소들을 세우면서 정착해 살기 시작했다. 이 거대한 지역에는 약 50만 명의 백인들이 살았는데, 그들은 주로 영국과 프랑스 혈통이었다.

스페인은 북아메리카에 대한 자신들의 선점유권을 주장했지만, 영국은 '영토 없는 관행적 권리 요구는 효력이 없다'는 이유를 내세우면서 그들의 주장을 무시했다. 엘리자베스 시대의 탐험가들은 많은 연안들을 탐사했고, 북위 30도의 모든 영토들을 '버지니아'라고 명명함으로써 자신들의 여왕을 기렸다.

1606년에 제임스 1세는 런던의 버지니아 회사에게 식민지를 건설할 수 있는 특허를 내 주었다. 버지니아 회사가 흑인 노동력을 바탕으로 점차 번창하자 이주민들이 급격히 늘어났다. 그래서 영국 정부는 식민지 이주자들을 강압적으로 다루었고, 이주자들은 회

16세기의 이 판화는 서인도 제도, 북아메리카, 브라질로 가기 위해 포르투갈 리스본에서 출항을 준비하고 있는 무역선들의 모습을 보여 주고 있다.

세계를 향한 유럽의 맹공격 159

사와 영국 정부에 대항하여 자신들의 노동 환경 개선과 임금 인상 등을 요구했다.

하지만 1607년에 이미 아메리카에 영국 최초의 식민지 정착촌이 생겨났다. 그곳은 바로 지금의 버지니아 주에 있는 제임스타운이다. 그 지역에 이주한 영국인들은 초기에는 심한 고난을 겪었지만 차츰 번창하기 시작하여 1620년대에 이르러서는 안정된 경제적 토대를 이루었다.

제임스타운이 건설된 이후, 1608년에 프랑스 탐험가 사무엘 드 샹플랭은 퀘벡에 작은 요새를 지었다. 그 후 프랑스는 멀리 떨어져 있는 그 지역까지 힘겹게 식량을 날라다 줘야 했다. 그러나 그것을 출발점으로 하여 캐나다에서 프랑스 식민지 시대가 시작되었다.

1609년 네덜란드는 영국인 탐험가 헨리 허드슨에게 아시아로 갈 수 있는 북동 항로를 발견하라는 지시를 내렸다. 북동 항로를 발견하지 못한 그는 완전히 방향을 바꾸어 북서쪽 항로를 찾고자 대서양을 건넜다. 거기서 그는 아주 중요한 강을 발견했다. 그 강은 후일 그의 이름을 따 허드슨 강으로 불리게 된다. 헨리 허드슨의 탐사를 토대로 네덜란드는 그 지역에 네덜란드 식민지를 개발하기 시작했다. 그로부터 몇 년 후 그 강을 따라 맨해튼과 롱아일랜드에도 네덜란드 식민지들이 생겨났다.

영국의 성공적인 식민지 정착

영국인들은 북아메리카에서 주도적인 역할을 했고, 계속 그 위상을 유지했다. 그들은 두 가지 새로운 사실로 인해 번성했다.

하나는 과학 기술이었다. 과학 기술 덕분에, 100명이 넘는 영국인들이 한꺼번에 대서양을 건너갈 수 있었다. 그곳에서 그들은 자신들의 힘과 땀으로 농토를 개척하여 본국의 지원 없이 자급자족하는 식민지를 건설했다.

두 번째는 담배의 발견이었다. 담배는 처음에는 버지니아 그리고 이어서 메릴랜드의 주요 수출 품목이 되었다. 메릴랜드는 1634년부터 이주민들이 몰려들어 개척되기 시작했다. 보다 남쪽 지역은 기후나 토지가 유럽과 비슷했기 때문에 유럽식 농경 방법을 도입해 빠르게 식량 자급자족이 이루어졌다.

17세기 초에 북아메리카의 영국 식민지들은 대부분 좁고 긴 해협을 끼고 형성되었다. 이 해협에는 그때까지도 아직 식민화되지 않은 지역들이 많이 남아 있었다. 이 18세기 판화에 묘사된 것은 영국령 뉴욕의 모습이다.

이 지역은 모피 무역과 어업이 유력할 것이라는 예상 때문에 이주가 시작되었지만, 얼마 지나지 않아 잉여 농산물을 수출할 수 있을 정도가 되었다. 그것은 영국인들의 관심을 집중시켰다. 17세기 초에 인구 과잉으로 위기가 찾아올 거라는 예상 때문에 불안해하고 있던 영국인들에게 농사로 수익까지 올릴 수 있는 신대륙의 넓은 땅은 매력적이지 않을 수 없었다. 그리하여 1630년대에 2만 명이 넘는 영국인들이 바다를 건너 이주해 왔다.

영국 식민지의 또 하나의 특징은, 그 지역에 이주한 사람들이 주로 칼뱅파 개신교도들이었다는 사실이다. 물론 그들 역시 경제적인 이유로 이주해 오긴 했지만, 그보다는 그곳에서 영국 국교회와는 완전히 다른 자신들의 종교적 이상을 실현하고자 했다.

영국 국교회 계통의 청교도와 연합한 영국인들 중 1630년대에 매사추세츠로 건너간 사람들은 몇몇 소수 인원이 지배를 하는 신정주의적 과두정치에서부터 민주정치에 이르기까지 다양한 식민지 집단을 형성했다. 북부 식민지들은 생존과 신앙의 자유를 찾아 이주한 사람들이 주축을 이룬 반면, 남부는 영국의 신사계급이 번영과 출세를 위해 진출해 세운 식민지였다. 따라서 남부 이주민들은 영국의 사회적·정치적 관행에 순응하면서 진보적인 정책을 쉽게 포기했다.

17세기 중반, 영국이 입헌상의 문제로 혼란을 겪고 있던 시기에, 영국인들에게 식민지들은 왕권의 지배로부터 벗어날 수 있는 도피처로 여겨졌을 수도 있다. 그러나 아직까지는 그런 일이 일어나지는 않았다.

7년 전쟁의 연장선에 있었던 식민지 패권을 둘러싼 영국·프랑스 양국의 오랜 싸움은 1759년 영국이 퀘벡 전투에서 승리하면서 끝이 났다. 제임스 울프 장군이 이끄는 영국군은 이 판화에서 묘사한 것처럼 퀘벡 남서부 하류의 가파른 절벽을 기어 올라가 프랑스 진지를 공격했다.

1587년에 제작된 이 그림은 영국 최초로 북극 지방을 탐사했던 원정대의 모습을 재현하고 있다. 이누이 에스키모 족들이 총과 대포로 무장한 유럽인들의 침입을 저지하기 위해 불화살을 쏘고 있다.

캐나다의 기원

영국은 현재의 뉴욕 주에 해당하는 네덜란드 식민지를 빼앗았고, 그 후 1700년에 플로리다 북부에서 케네벡 강에 이르는 북아메리카 연안 지대에 열두 곳의 식민지를 갖게 되었다. 열세 번째 식민지인 조지아는 1732년에 편입되었다. 이곳에서는 약 40만 명의 백인이 살았고, 흑인 노예의 수는 백인의 10분 1 정도였다. 보다 북쪽에서는 여전히 영토 분쟁이 일어나고 있었고, 그 후 그곳은 프랑스 영토가 되었다.

프랑스 식민지에 거주하는 백인들의 수는 영국 식민지의 백인들보다 훨씬 적었다. 프랑스령 북아메리카의 백인들은 전부 합해서 1만 5,000명 정도에 불과했고 그마저 광대한 지역에 흩어져 있었기 때문에, 영국 식민지들처럼 대표자회의 같은 단체를 만들어 이주

자들의 이익과 세력을 확보하지 못했다.

그들 중 대부분은 사냥꾼, 전도사, 탐험가였다. 그들은 세인트로렌스 강변 그리고 5대호 지역과 그 너머까지 뿔뿔이 흩어져 살고 있었다. 프랑스의 식민지는 지도상으로는 거대한 지역을 차지하고 있었지만, 세인트로렌스 계곡과 퀘벡을 제외하고는 전략적으로 중요한 요새와 무역 사무소가 곳곳에 흩어져 있었을 뿐이었다.

프랑스 식민지 지역과 영국 식민지 지역 간의 차이점은 인구 밀도뿐만이 아니었다. 프랑스의 식민지 지역인 캐나다는 본국에서 철저하게 감독하고 있었다. 그동안 뉴 프랑스 회사가 다스려왔으나, 1663년 루이 14세는 뉴 프랑스 회사의 특허를 취소하고 캐나다를 직할 식민지로 삼기로 결정했다. 그리하여 캐나다는 마치 프랑스의 속주가 본국의 지배를 받는 것처럼 프랑스 왕이 파견한 프랑스 총독의 통치 하에 놓이게 되었다.

종교적인 자유는 없었다. 캐나다에서 프랑스 교회는 독점적이었고 선교사들은 헌신적으로 전도 활동을 펼쳤다. 프랑스 선교사들이 보여 준 용기 있고 장엄한 순교의 예들은 아주 유명하다.

프랑스 식민지 지역들에서는 행정적 책임을 분산시킬 수 있는 중세의 장원 제도가 그대로 유지되고 있었다. 그래서 프랑스 식민지의 사회 형태는 영국 식민지보다 훨씬 더 유럽적이었다.

초기 식민지의 사회생활

영국의 식민지들은 아주 다양했다. 그리고 그곳들로부터 장차 아메리카 합중국이 서서히 모습을 드러내게 된다.

영국은 대서양 연안 지방 거의 전역을 차지했는데 그들의 기후, 경제, 지형은 매우 다양했다. 그 지역들로 이주해 온 사람들 역시 매

우 다양한 동기를 가지고 있었고, 그에 따라 아주 다채로운 방식으로 식민지가 건설되었다. 그리고 얼마 지나지 않아 각자 민족적으로 변모했다. 1688년 이후 스코틀랜드, 아일랜드, 독일, 위그노, 스위스 등지에서 많은 수의 이민자들이 몰려들기 시작했기 때문이었다. 그러나 그 지역들에서는 이미 오랫동안 영어가 지배적으로 사용되고 있었고 영어를 사용하지 않는 이민자들의 수는 상대적으로 적었기 때문에, 앵글로색슨 문화가 그대로 유지될 수 있었다.

1700년에도 그 지역들에서는 실제적으로 종교적 자유가 허용되었다. 물론 특정 분파와 밀접한 연합을 이루고 있는 지역들도 있었다. 이처럼 다양한 종교가 공존하는 것은 식민지들을 하나의 사회로 통합하는 데 있어서 커다란 걸림돌이 되었다.

이 식민지들은 아메리카 내에 하나의 중심점을 갖고 있지 않았다. 그 지역 사람들은 영국 왕을 받들며 영국 문화를 그대로 재현하고 있었지만, 그럼에도 불구하고 아메리카 식민지들의 다양성은 부인할 수 없는 사실이었다. 캐나다의 빈틈없이 통제된 식민지 사회나 유럽 본국에서와는 달리, 영국 식민지들에서는 진보적인 사상을 실천할 기회가 열려 있었다.

1700년에 이미 식민지들 중 어떤 곳들은 왕의 지배에서 벗어나 독립할 수 있다면 어떤 희생이라도 감수하겠다는 결의를 보였다. 미합중국의 독립 정신의 역사는 바로 여기서 비롯된 것이 아닐까 하는 생각이 들기도 한다. 하지만 식민지에서 미합중국으로 발전해 나가는 미국의 역사를 그런 관점만으로 이해하려고 하는 것은 오해의 소지가 있다.

1620년에 케이프 코드에 상륙한 '필그림 파더스'*가 아메리카의 국민적 신화에 등장하고 중요한 비중을 차지하게 된 것은 18세기 말에 이르러서였다. 따라서 '독립 정신'이라는 개념이 싹트기 훨씬 이전에, 식민지 이주자들로 하여금 독립과 단결을 향해 나아가게 만든 다른 요인들이 있었다.

그중 하나가 초기 식민지 시대부터 이미 출현한, 대표제에 의한 대의정치의 전통이다. 18세기 초, 식민지 주민들이 다양한 계층과 민족으로 구성되어 있었음에도 불구하고 그들은 자신들의 의사를 대변할 수 있는 대표자 회의를 만들어 국왕이 임명한 총독에게 식민지 주민들의 요구 사항을 전달하게 했다.

어떤 식민지에서는 초기에 인디언과 맞서 싸우기 위해 서로 협력할 필요가 있었다. 하지만 프랑스와 전쟁을 하게 되면서 또 다른 이해관계가 발생했다. 프랑스인이 휴런족과 동맹을 맺어 영국 식민지 이주자들에 대항하자, 식민지들 사이에 공동체 의식이 형성되었다. 이에 맞서 영국인은 휴런족과 앙숙 관계에 있던 이로쿼이족을 불러들여 프랑스와 싸우게 했다.

식민지 경제와 정부

시장이 확대되고 상품이 다양해지면서 지역 간에 생산 품목이 분화되고 경제적인 성장이 서서히 차이가 나기 시작했다. 중부와 남부의 식민지들은 플랜테이션을 통해 쌀, 담배, 인디고 염료, 목재를 생산했다. 반면에 북쪽의 영국 식민지 지역에서는 당밀을 발효시켜 만든 럼주나 곡식을 이용한 증류주를 생산했고 조선업이 발달했다.

아메리카 이주자들 사이에서는 모국의 이익보다 서인도제도에 속한 식민지들의 이익을 포함해서 그들 자신의 이익을 위해 사업을 할 때 더욱 번창한다는 생각이 점점 더 뚜렷하게 자리 잡고 있었다.

아메리카 북부의 영국 식민지들은 본국에서 전반적으로 낮은 평가를 받고 있었고, 심

＊필그림 파더스
Pilgrim Fathers
메이플라워호를 타고 영국을 떠나 아메리카에 도착한 최초의 청교도들. 이들은 종교의 자유와 풍요로운 삶을 찾고자 했으며, 처음에는 '올드 카머스', 이후에는 '포어 파더스'로 불렸으며, '필그림 파더스'는 이들이 도착한 지 2세기 이후부터 쓰이게 되었다.

세계를 향한 유럽의 맹공격 163

지어 경멸당하기까지 했다. 그들은 주로 조선업에 종사했는데, 다른 식민지들뿐만 아니라 카리브 해 지역과도 무역에서 경쟁을 해야 했다. 그리고 대농장 식민지들과는 달리, 그 지역들에서 생산되는 것 중에서 영국 본국이 원하는 것은 아무것도 없었다. 게다가 그들은 대부분 종교적으로 영국 국교회를 반대하는 비국교도였다.

18세기에 영국령 아메리카는 엄청난 부를 축적했고 문화적으로도 크게 발전했다. 식민지 인구는 계속 증가하여, 18세기 중엽에는 1백만 명을 넘어섰다. 1760년대에 기록된 자료에 의하면, 아메리카 대륙이 서인도 제도나 영국 본토보다 훨씬 더 부유해질 것으로 내다보고 있었다.

1763년에 이르러, 필라델피아는 유럽의 도시들과 맞먹을 정도로 발전해 있었다. 그리고 1763년에 아주 큰 불안 요소가 사라지게 되었다. 영국이 정복한 캐나다가 평화협정에 의해 영국령이 된 것이다. 이로 말미암아 아메리카인들의 견해는 완전히 바뀌었다. 그들은 이제 제국 정부의 식민지 보호를 긍정적으로 받아들이면서 서부로 영토 확장을 진척시키기 시작했다.

대서양 연안의 평야는 이미 기존의 정착민들이 모두 차지하고 있었기 때문에 그들은 새로운 농토를 찾아 산을 넘고 강을 건너 오하이오와 북서쪽 깊숙한 곳까지 밀고 들어갔다. 1763년 이후로 프랑스인들과 충돌할 위험은 더 이상 없었다. 그러나 서부를 향한 대이동을 방해하는 다른 위험 요인이 남아 있었다.

영국 정부가 심각하게 고민해야 할 문제는 바로 인디언이었다. 개척민들이 서부로 이동하기 시작하면 인디언들이 반발할 가능성이 있었다. 그들에게 적개심을 불러일으키는 것은 위험천만한 일이었다. 하지만 이주자들의 서부 진출을 억눌러 인디언들과의 충돌을 일단 피한다 해도, 이후로 영국 군대들을 계속 주둔시켜 국경을 수비해야 했다.

고민 끝에 런던 정부는 서부 지역으로 영토를 확장하는 것을 제한하고, 국경 강화와 수비를 위해 식민지의 국방비 세금을 올리며, 그동안 눈감아 주었던 인디언들의 상업 활동을 더 이상 묵과하지 않겠다는 결정을 내렸다.

그러나 안타깝게도, 그런 결정은 오히려 상황을 극도로 악화시켰다. 그럼에도 그 마지막 몇 년 동안 런던의 식민지 정책 입안자들은 식민지와 영국 본토의 경제 현실을 전혀 고려하지 않았고, 식민지는 모국 경제에 종속되어야 한다는 과거의 고정관념을 그대로 밀어붙였다.

이 18세기 그림에서 볼 수 있듯이, 식민지들에서 들여오는 차, 커피, 초콜릿은 유럽의 많은 지역에서 기호 식품으로 유행했다. 1657년에는 한 프랑스인이 런던에서 최초의 초콜릿 상점을 열기도 했다.

164 근대 유럽의 형성

식민지 정책의 결과들

18세기 말, 신세계에 유럽인들의 이주가 시작된 이래로 약 250년이라는 세월이 흘렀다. 아메리카 대륙에서의 영토 확장이 유럽 역사에 미친 결과는 어마어마했다. 그러나 그 결과를 정의 내리기는 아주 어렵다. 어쨌든, 모든 식민지 세력들이 그때까지 그들의 식민지들로부터 경제적 이익을 끌어 낼 수 있었던 것만큼은 분명한 사실이다.

그러나 그 세력들은 다양한 방식으로 이익을 끌어냈다. 스페인으로의 은 유입이 가장 대표적인 예일 것이다. 그러나 아메리카 대륙에서 식민지 정책은 전반적으로 유럽 경제, 심지어 아시아의 경제에까지 영향을 미쳤다.

점점 증가하는 식민지 인구 역시 유럽의 수출품과 제조업을 활성화하는 데 큰 도움이 되었다. 이런 측면에서, 영국 식민지는 매우 큰 중요성을 가지고 있었다. 그것은 19세기와 20세기 초에 유럽에서 아메리카 대륙으로의 민족 이동이 절정을 이루었다는 사실로도 증명된다.

유럽의 해운업과 조선업의 엄청난 성장 역시 식민지 확장과 결코 무관하지 않다. 노예무역에 참여하든 하지 않든 간에 밀 무역, 본국과 식민지 간의 합법적인 수출입 그리고 새로운 소비 시장이 형성되면서 큰 호황을 누리게 된 어업은 조선업자들, 선주들, 선원에게 이익을 안겨다 주었다. 그로 인해 헤아릴 수 없는 어마어마한 이익이 창출되었다. 따라서 초기 영토확장주의 시대에 아메리카 대륙의 식민지들이 제국주의 열강들에게 미친 총체적인 결과를 평가하기는 매우 어렵다.

하지만 식민지 정책의 정치적 · 문화적 중요성에 대해서 정의 내리는 것은 그것보다는 쉽다. 전반적으로, 아메리카 대륙은 문화적으로 유럽화되었다. 이것은 다시 말해, 정치적으로 남아메리카 남단의 티에라델푸에고에서부터 허드슨 만까지, 아메리카 대륙에서 마침내 유럽의 법적 · 행정적 기준과 원칙에 근거한 일련의 독립적인 주들이 탄생하게 된다는 것을 의미한다.

그 각각의 주들은 식민지 세력에 직접적으로 의존하지 않을 뿐만 아니라 기독교화되었다. 그리고 장차 힌두교나 이슬람교가 아메리카에 유입되는데, 그 종교들은 기독교 문화에 대한 경쟁 종교가 아니라, 종교의 자유와 다양성을 입증하는 소수 집단으로 존재하게 된다.

영국이 식민지에 남겨 놓은 유산

좀 더 분명하게 말한다면 그 시대의 가장 심각한 정치적 문제는 아메리카가 남과 북으로 분리되었다는 사실이다. 과거의 역사 속에서도 그와 유사한 상황이 발생한 적이 있었다. 고대 그리스의 속주들은 북아메리카 연안 지대의 영국 식민지들과 거의 흡사한 주종관계에 의해 통치되었다. 그리고 그 속주들은 일단 기반을 잡고 안정이 되면 자기 존재를 인식하면서 정체성을 찾기 위해 진보하는 경향이 있었다.

스페인은 로마 제국이 속주를 관리했던 것보다 더 제국주의적으로 식민지를 관리했고 본국이 훨씬 더 큰 지배력을 행사했다. 그렇지만 영국령 북아메리카는 이미 자기 존재를 인식하면서 정체성을 추구해 나가고 있었다. 이러한 진보의 기본 형태는 장차 그 지역을 세계의 핵심 세력으로 만들었다. 하지만 북아메리카가 세계의 중심 세력이 되는 것은 아직 한참 후의 일이다. 어쨌든 그 진보는 분명히 아메리카 역사뿐만이 아니라 세계의 판도를 결정짓는 데에 결정적인 영향을 미쳤다.

북아메리카가 주요 경계선이 고정화되기 이전부터 두 가지의 큰 변화 요인이 이미 작용하고 있었다. 서부로의 대이동과 비앵글로

세계를 향한 유럽의 맹공격 165

18세기 영국령 아메리카 식민지의 경제적 자원들

북

모피, 목재, 어업

몬트리올

뉴햄프셔

샴페인 호

팰머스

노리치

목재, 양조업

포츠머스

모피, 목재, 농업

세일럼

보스턴

뉴욕

올버니

매사추세츠

로드아일랜드

스프링필드

팰머스

휴런 호

온타리오 호

나이애가라 요새

코네티컷

뉴런던

이리 호

뉴헤이븐

농업, 포경업, 양조업

포트 디트로이트
(디트로이트 요새)

뉴욕 농업

펜실베이니아

뉴저지

어업, 광업

필라델피아

트렌턴

피츠버그

요크

대서양

볼티모어

오하이오

윈체스터

메릴랜드

델라웨어

버지니아

프레드릭스버그

농업, 담배

샬로츠빌

리치먼드

피터즈버그

노포크

농업, 담배, 모피, 목축업

서포크

포트 치스웰
(치스웰 요새)

힐스보로

노스캐롤라이나

모피, 목재, 농업, 담배, 목축업

엘리자베스타운

포트 프린스
(프린스 요새)

윌밍턴

오거스타

사우스캐롤라이나

농업, 쌀, 인디고 염료, 목축업

조지타운

찰스타운

조지아

서배너

농업, 쌀, 인디고 염료, 목축업

플로리다

세인트오거스틴

0   320 km

범례

	해발 400m
	해발 1,000m

위의 지도는 영국 식민지들의 주력 산업과 생산 품목의 분포도이다.

1763년에 약 2백만 명의 주민들이 살고 있었을 만큼 18세기 동안 북아메리카에서는 폭발적인 인구 증가와 높은 출산율이 이뤄졌다. 이것은 광범위한 지역을 개발할 수 있는 원동력이 되었고, 경제성장에 활기를 불어넣었다.

18세기 초에 북아메리카 농업은 자급자족을 위한 영세 농업 수준이었다. 그러나 1750년대에 이르러 새롭게 개척된 거대한 땅들은 세계 시장으로 수출할 수 있는 환금 작물 경작을 가능하게 만들었다.

밀은 수출 농산물 중 대표적인 품목이었다. 그 외에도 영국령 아메리카의 13개 식민지들은 지역 특성에 맞춰 매우 다양한 경제를 발달시켜 나갔다. 영국 식민지들의 울창한 삼림지대와 계곡에서는 모피와 목재 산업이 발전했다. 그리고 목재 산업의 발달은 그 지역의 천연 항구와 연결되면서 조선 산업을 가능하게 만들었다. 어업과 포경업 역시 목재 산업과 맞먹는 중요한 수입원이었다. 펜실베이니아는 18세기 말에 가장 부유한 식민지들 중 하나가 되었다. 비옥한 델라웨어 밸리로 많은 이주자가 몰려들었기 때문이었다.

중부의 식민지들은 수출용 곡물과 밀가루 생산에 주력했다. 남부에서는 그때 이미 노예 노동력을 이용한 대농장이 일반화되어 있었다. 하지만 노스캐롤라이나는 거친 해안선 때문에 농산물 수출이 불가능했다. 따라서 그 지역은 자연스럽게 공업이 발전했고 특히 해군 군수품의 주요한 공급처가 되었다.

사우스캐롤라이나는 항해가 용이한 대서양 연안에서 쌀을 생산해 수출했다. 그리고 1742년부터는 경제 가치가 높은 인디고 염료의 원료 등을 재배하여 영국과 서인도제도에 수출하기 시작했다. 조지아와 캐롤라이나의 사업가들은 실크 생산을 시도하기도 했지만 이는 실패했다. 버지니아와 메릴랜드의 경제는 담배 산업에 전적으로 의존했다. 담배는 17세기 초에 들여와 재배하기 시작했다. 하지만 두 식민지 모두 1760년 영국의 항해조례 강화로 인해 경제적을 심각한 타격을 입었다. 이 항해조례 이후 식민지에서 생산한 담배는 오직 영국에만 수출할 수 있었기 때문이다.

1770년까지 북아메리카 식민지의 수출 총액은 연간 1백만 파운드를 웃돌았다. 이 수치는 1710년의 수출 총액의 거의 네 배에 해당하는 것이었다.

색슨 계통 이주자들의 대대적인 유입으로 인해 서로 다른 환경이 만들어졌다. 그러나 이러한 세력들은 영국이 그 대륙에 남겨 놓은 유산들 속으로 흡수되었다. 그리고 영국의 유산은 마치 비잔티움이 러시아에 그 자체의 흔적을 남긴 것처럼 미래의 미합중국에 그 흔적을 남겼다.

어떤 국가의 국민이든 그들은 자신의 기원을 부인하지 않는다. 그들은 단지 그 기원을 다양한 방식으로 바라볼 뿐이다. 하지만 때로는 제3자가 그들의 기원을 가장 정확하게 볼 수도 있다.

아메리카의 가장 중요한 기원을 지적한 것은 바로 19세기 말 독일의 정치가 비스마르크였다. "근대사에서 가장 결정적인 현상은 무엇이라고 생각하느냐"라는 물음에 그는 "북아메리카가 영어를 사용하고 있다는 사실"이라고 대답했다. 미국과 영국이 같은 언어를 사용한다는 사실은 20세기의 세계 판도를 짐작하게 해 준다.

5 | 새로운 모습의 세계 역사

1776년, 아메리카에서 식민지 반란이 일어났다. 그리고 이후로 수십 년 동안 일련의 반란이 계속되었다. 이 반란들은 아메리카 대륙에서 새로운 시대가 시작되었다는 것을 의미할 뿐만 아니라, 유럽이 패권을 장악하는 초기 단계를 전체적으로 살펴볼 수 있는 유용한 잣대이기도 하다.

세계의 다른 지역에서도 뭔가 새로운 변화의 물결이 일어나기 시작했다. 인도에서는 프랑스와 영국이 심각한 식민지 영토 경쟁을 벌이고 있었고, 불모지로 알려져 있던 오스트레일리아가 식민이 가능한 땅이라는 사실이 밝혀지면서 본격적인 식민지 이주가 시작되었다.

18세기 말에는 구시대가 끝나고 새로운 시대가 시작된다는 인식이 팽배해졌다. 이것은 과거 300년 동안 세계 역사가 변화되어 온 과정을 이해할 수 있는 소중한 열쇠가 된다.

대서양 유럽 국가들의 제국주의

16세기부터 18세기까지 유럽의 패권은 주로 무력을 앞세운 정복과 점령을 통해 이루어졌다. 그러한 정복과 점령은 유럽에 막대한 부를 안겨 주었다. 그리고 유럽은 그 부를 이용하여 다른 문명에 비해 더 빠르게 앞서 나갈 수 있었다.

또한 그런 정복과 점령을 통해 유럽 국가들은 기존과는 다른 형태의 영향력을 행사할 수 있는 정치 구조를 만들어 냈다. 그것은 비록 실제적인 국력은 아니었다 할지라도, 식민지 확장으로 지형적인 패권을 초기에 장악했던 몇몇 유럽 국가들이 이룬 업적이었다.

스페인의 세빌에 있는 '계약 사무소'는 1503년에 아프리카와 동양 무역, 해운에 관한 문제들을 처리하기 위해 건립되었다. 관리들은 수출입세, 입국세의 관리와 징수, 선원 양성 교육, 선단 구성을 비롯해서 해상 무역에 필요한 전반적인 업무를 관장했다. 관리들은 또한 무역 분쟁이 발생하면 중재 역할을 하기도 했다.

168 근대 유럽의 형성

이 판화의 제목은 '쿡 선장과 드 라 페루즈 탐사대의 발견'으로, 1798년에 제작된 것이다. 제임스 쿡이 죽자, 1785년에 드 라 페루즈 백작이 탐사대를 이끌었다. 영국의 밴쿠버 원정대는 1790년대에 뉴질랜드, 오스트레일리아, 오세아니아 그리고 북아메리카의 태평양 연안에서 쿡이 끝마치지 못한 탐사를 완성할 임무를 위임 받았다.

대서양 국가들은 지리상의 발견과 함께 다른 유럽 국가들과는 뚜렷이 구분되는 역사적 운명과 기회를 얻었다.

이러한 기회를 최초로 움켜쥔 나라는 스페인과 포르투갈이었다. 16세기에 식민지들을 기반으로 하여 강대국으로 군림했던 것은 이 두 국가뿐이었다. 스페인과 포르투갈은 1763년 파리 평화조약으로 7년 전쟁이 끝나기 전까지 오랫동안 우위를 차지했다. 그러나 파리 평화조약으로 말미암아 스페인과 포르투갈의 패권이 마침내 무너졌고, 새로운 세계 질서가 탄생되었다. 파리 평화조약은 거의 75년 동안 유럽의 패권을 주도해 왔던 프랑스를 누르고 대영제국이 그 지배권을 차지하게 되었다는 사실을 공식화한 것이었다.

하지만 싸움이 완전히 끝난 것은 아니었다. 그리고 이때까지만 해도 프랑스인들은 잃어버린 과거의 영광을 조만간 되찾을 수 있을 거라고 여전히 믿고 있었다. 그렇지만 그들의 바람과는 달리 대영제국은 순조롭게 유럽 최강의 제국으로 성장해 나갔다.

영국과 프랑스는 포르투갈과 스페인이 쇠퇴해 가던 시기에 식민지 제국을 건설했던 네덜란드마저 앞질러 나갔다. 그러나 스페인, 포르투갈, 네덜란드 연방은 여전히 중요한 식민지 영토들을 보유하고 있었고, 세계 지도에 자신들의 영역을 영원히 새겨 놓았다.

해외 식민지로 인한 외교상의 문제들

유럽의 식민지 5대 강대국은 18세기까지 그들이 이룬 해외 식민지 영토 확장에 의해 중앙유럽의 내륙 국가들이나 그 이전에 지중해 패권을 장악했던 국가들과 구분된다. 이 강대국들은 특별한 식민지와 해외 무역상의 여러 이권이 걸린 경쟁을 벌였고, 새로운 명분을 갖고 새로운 지역들을 장악했다.

다른 대부분의 국가들은 유럽 바깥의 문제가 얼마나 중요한지 뒤늦게 인식했다. 그리고 사실 이 다섯 나라 중 몇몇 나라들도 때때로 해외 문제의 중요성을 정확하게 알지 못할 때가 있었다.

스페인은 처음에는 이탈리아에서 합스부르크가를 위해, 그 후에는 오스만 제국에 맞서기 위해 그리고 마지막으로는 30년 전쟁에서 유럽의 패권을 장악하기 위해 완강하게 싸웠고, 그 과정에서 인도와 아시아 대륙에서 얻

16세기 황금 메달. 영국 엘리자베스 1세의 흉상이 새겨진 이 황금 메달은 1588년 영국 해군이 스페인 무적함대를 격파한 것을 기념하기 위해 제작한 것이다.

은 엄청난 재화를 낭비했다.

영국과 오랫동안 싸워 온 프랑스는 자체적으로 분열할 가능성을 항상 지니고 있었고, 북아메리카 대륙의 식민지 지배권을 위해 쓸데없이 국력을 낭비했다. 어쨌든 초기에 유럽 국가들은 유럽 바깥의 외교 문제가 자신들의 이권과 연관될 수 있다는 인식을 별로 하지 못했다.

스페인과 포르투갈이 스스로 만족할 정도로 영토를 확장하며 경계선을 분명히 긋고 나자, 다른 유럽 국가들이 관여할 부분은 거의 남지 않았다. 그러다 보니 플로리다로 이주해 간 프랑스 위그노 지역 사람들의 정착촌을 스페인이 파괴한 사건이나, 로어노크 섬으로 가는 보급선에 대해 스페인이 막연한 주장들을 내세우는 일이 벌어졌다. 이 때문에 유럽 외교관들은 협상은 하지 못한 채 늘 마음을 졸이기만 했다.

하지만 엘리자베스 1세의 지원을 받은 영국 해적들과 탐험가들이 스페인 선박과 정착지를 약탈하면서 상황은 바뀌기 시작했다. 그리고 얼마 지나지 않아 네덜란드인이 영국인과 합류했다. 이때부터 그다음 세기의 외교에서 중요한 부분을 차지하게 될 문제가 명백하게 드러났다. 루이 14세 시대에 프랑스의 한 장관이 말했듯이, '무역은 유럽 국가들 간의 전쟁과 평화에 있어서 영원한 분쟁의 원인'이었다.

통치자들은 부를 증가시킬 방법과 기회에 항상 관심을 기울였다. 이탈리아의 베네치아는 오랫동안 외교적 수단을 이용해 상업을 보호해 왔고, 영국은 협정을 통해 프랑스의 대표적인 섬유 생산지인 플랑드르 지역에 직물을 계속 수출할 수 있었다. 그리고 원정을 나가기만 하면 엄청난 재화와 이권을 가지고

돌아왔기 때문에, 국가들 간의 약육강식 논리가 일반화되었다. 즉 자국의 이익을 위해서는 다른 나라를 희생시켜도 된다는 논리였다. 하지만 유럽 국가들이 유럽 바깥에서 거둬들이는 부에 관심을 기울여 외교 정책으로 집중하기까지는 오랜 시간이 걸렸다.

해외로 영토를 확장하는 과정에서 국가들 간에 충돌을 피하기 위한 시도가 한 번 있었다. 1559년 프랑스와 스페인은 양국의 선박들이 서로 '경계선을 넘지 않는다'는 약속을 하면서, 그것과 관련하여 서로 간에 무력 충돌을 하지 않겠다는 결의를 하기도 했다. 이때 경계선은 아조레스 서쪽과 북회귀선 남쪽을 의미했다.

| 무역 전쟁 |

새로운 외교의 중요성이 역사의 전면으로 부각된 원인 중 하나는 점점 빈번해지는 스페인 제국과의 무역 갈등 때문이었다. 그 당시 사람들은 식민지를 소유한 국가가 식민지에서 엄청난 이권을 갖는 게 당연하다고 생각했다.

식민지 이주민들은 광물이나 천연자원을 개발하여 수출함으로써 경제적으로 본국과 무역 균형을 맞추고자 했다. 그리고 그런 과정에서 본국에 분명한 이익을 안겨 주었다. 자급자족을 하면서 식민지들이 자체적으로 운영되는 경우도 있었다. 하지만 국제 무역이 활발하게 이루어지는 지역은 본국이 직접 관리하기도 했다.

1600년까지 그러한 이권 문제들은 해군력

170 근대 유럽의 형성

에 의해 확실하게 처리될 수 있었다. 하지만 막강한 전력을 자랑하던 스페인 무적함대가 영국 해군에게 패배한 이후로 스페인 해군은 더 이상 식민지의 이권을 지켜 낼 수 없게 되었다.

펠리페 2세는 난관에 봉착했다. 인도에서의 무역권 상실, 발루아 가문과 엘리자베스 1세와의 싸움, 네덜란드 반란, 반종교개혁 등 이 모든 것들로 인해 스페인 왕실은 재정적으로 큰 곤란에 처했다. 그런 와중에 스페인 본국은 인도의 식민지 이주민들에게 필요한 물품과 해군력을 제공해 주어야만 그 지역의 지배권을 안전하게 유지할 수 있었다.

펠리페 2세가 선택한 결정은 제국의 식민지 이권을 지키려고 노력하면서, 그와 동시에 유럽 국가들의 정책을 따르는 것이었다. 하지만 그것은 16세기의 연락망과 관료제를 가지고 거대한 영토를 다스린다는 것이 얼마나 어려운 일인지 모르고 내린 결정이었다.

그렇긴 하지만 호송선이 호위하는 대규모 선단을 조직하여 정기적으로 출항하도록 하는 거대하고 복잡한 제도를 만들고, 정식으로 권한을 위임받은 몇몇 항구에서만 집중적으로 식민지 무역을 할 수 있게 하며, 작은 함대들로 이루어진 해안 경비대를 이용하여 치안을 유지하는 등 인도의 부를 독점하기 위해 스페인은 많은 고심을 했다.

스페인의 제국주의적 한계를 가장 먼저 깨

17세기 후반에 암스테르담은 유럽의 대표적인 무역 중심지였다. 그리고 대부분의 네덜란드 도시들은 부유한 상인이나 명망 높은 상인 가문의 후손이 통치했다. 1669년에 바르톨로메우스 반 데어 헬스트(1613~1670)가 그린 이 초상화의 주인공은 네덜란드 상인 다니엘 베른하르트이다.

새로운 모습의 세계 역사 **171**

t' Fort nieuw Amsterdam op de Manhatans.

1626년에 네덜란드 서인도 회사의 총독이었던 피터 미누이트는 인디언들로부터 맨해튼 섬을 사들여 식민 도시를 건설했다. 당시에 제작된 이 판화는 이곳의 전경을 묘사한 것이다. 이 지역은 1664년에 영국령이 되었다.

닫고 식민지 이권을 차지하기 위해 싸울 준비를 갖춘 것은 바로 네덜란드였다. 네덜란드 정부는 외교관들에게 유럽 바깥의 문제에 관심을 기울이고 외교술을 발휘하여 그 문제들을 해결해 나가라고 요구했다.

네덜란드인들은 무역에서 우위를 차지하는 것을 다른 어떤 것보다 우선시했다. 그런 노력은 17세기 초부터 동인도, 카리브 해, 브라질에서 분명하게 드러났다. 이 지역에서 그들은 세계 최고의 설탕 생산국으로 자리를 지키고 있던 스페인과 포르투갈에 맞서기 위해 해군력을 강화했다. 하지만 포르투갈은 네덜란드에게 유일하게 심각한 패배를 안겨주었다. 1654년에 포르투갈은 네덜란드 주둔군을 몰아내고 지배권을 되찾았다. 그리고 네덜란드는 그 이후로 그들의 지배권에 다시 도전해 오지 않았다.

영국과 네덜란드 간의 무역 전쟁

상업적 부의 추구는 17세기 영국 정부의 신교도들이 바라던 것이 아니었다. 영국은 16세기에 일어났던 네덜란드 반란을 지지한 국가였다. 그리고 크롬웰은 가톨릭 국가인 스페인에 대항하여 결성된 신교도 동맹의 지도자로서의 지위 이상은 바라지 않았다. 그러나 크롬웰은 곧 영국과 네덜란드 간에 벌어진 세 차례의 전쟁

(1652~1654, 1655~1667, 1672~1674) 중 첫 번째 전쟁을 시작했다.

1차 전쟁은 본질적으로 무역 전쟁이었다. 정권을 장악한 크롬웰은 1651년 항해법을 반포하고 영국으로 수출입 되는 상품은 영국 배나 식민지 소속선으로 운송하도록 강제했다. 이는 당시 영국을 최대 고객으로 삼았던 네덜란드 해운업자에게는 커다란 타격이었다. 하지만 크롬웰의 목표는 바로 그것을 견제하기 위한 것이었다. 크롬웰은 영국의 해운업을 장려하여 영국의 해상 무역권을 네덜란드와 맞먹는 위치에 올려놓으려고 했다.

이로써 영국과 네덜란드 사이에 긴장이 고조되었다. 인도에서의 무역 거점 확보를 위한 세력 다툼, 아프리카와 서인도제도에서의 노예 무역과 관련된 이권 다툼, 북아메리카에서의 네덜란드 식민지와 영국 식민지의 대립, 아시아의 몰루카 제도에 대한 지배권 다툼, 동인도제도 암보이나에서의 대립, 네덜란드인들의 일본인 학살 사건 등이 연이어 일어나 영국과 네덜란드의 관계는 급속도로 악화되었다.

네덜란드에게 부를 안겨다 주던 핵심 지역, 특히 네덜란드가 소유하고 있던 발트 해 지역의 운송업에서 영국이 타격을 입힘으로써 양국은 본격적으로 충돌했다. 하지만 크롬웰의 공화국은 막강한 함대를 보유하고 있었기 때문에 전쟁은 결국 영국 측의 승리로 끝이 났다.

영국이 남아메리카 가이아나 지역의 네덜란드 식민지를 강탈하자 네덜란드인들은 한층 더 분개했고, 그리하여 1665년에 2차 전쟁이 일어났다. 이 전쟁에서 네덜란드는 프랑스, 덴마크와 동맹을 맺고, 해전에서 승리를 거두었다. 그 결과 맺어진 강화조약에서 네덜란드는 영국인들의 수입을 제한할 수 있게 되었다. 하지만 네덜란드는 남아메리카 북부 수리

172 근대 유럽의 형성

남의 바베이도스를 유지하는 대신 남아메리카 북부 가이아나 지역의 식민지를 영국에게 그대로 내주었다. 이것은 1667년 브레다 협정을 통해 결정된 사항이었다. 이 협정은 유럽이 해외의 문제들을 통제하는 것과 관련된 많은 사항들을 결정한 최초의 다자 간 유럽 평화조약이었다. 이 협정에 의해, 프랑스는 서인도제도를 영국에게 내주는 대신, 경제적 가치도 없고 사람이 거주할 수도 없는 지역이긴 하지만 전략적 요충지인 캐나다 최동단에 있는 아카디아의 소유권을 얻게 되었다.

하지만 영국은 만족할 만한 성과를 거둔 셈이었다. 스페인으로부터 자메이카를 빼앗아 기존의 플랜테이션 식민지들에 추가시켰던 공화국 시대의 전통에 따라 카리브 해를 새로 획득했기 때문이다.

크롬웰의 정책은 의도적으로 제국주의 정책을 추진하려는 단호한 의지를 보여 주었다. 그것은 크롬웰 자신의 통찰력에서 비롯된 결단이었다. 되돌아 온 스튜어트 가문은 사실상 해운업과 식민지 무역을 보호하기 위한 '항해조례'* 체제를 대부분 그대로 유지했고, 자메이카에 계속 집착하면서 서인도의 새로운 중요성을 인정했다.

찰스 2세는 허드슨 만의 이름 따서 새로 설립한 회사인 허드슨 베이 상사에 북부와 서부의 모피 무역에서 프랑스인과 경쟁할 수 있는 특허권을 주었다. 찰스 2세와 그 뒤를 이은 부적격한 계승자 제임스 2세는 적어도 비록 몇 번 패배하긴 했지만 영국의 해군력을 유지했고, 그래서 오렌지 공 윌리엄은 프랑스 루이 14세와의 전쟁에서 그 해군력을 이용할 수 있었다.

영국과 프랑스의 충돌

1660년 이후 150년 동안 영국은 처음에는 새로운 영토 확장에 중점을 두었고 그 후로는 외교에 중점을 두면서 발전해 나갔다. 영국과 네덜란드 간의 3차 전쟁은 사실, 영국과 프랑스의 오랜 경쟁으로 점철된 이 시기와 별 상관이 없다. 이 전쟁은 아주 짧았고 실질적으로 중요한 결과를 전혀 낳지 않았다.

아메리카에서는 '윌리엄 왕의 전쟁'이라 불리기도 했던 아우크스부르크 동맹 전쟁은 많은 식민지 쟁탈전을 불러일으켰지만, 그 결과로 크게 달라진 것은 없었다. 그러나 스페인 계승 전쟁은 매우 달랐다. 그것은 프랑스 세력뿐만 아니라 스페인 제국의 운명을 결정 지은 근대 최초의 세계적 전쟁이었다.

이 전쟁이 끝났을 때, 영국은 프랑스로부터 아카디아를 비롯하여 서반구 지역을 얻었을 뿐만 아니라, 스페인 식민지에 노예를 공급할 수 있는 권한 그리고 1년마다 상품을 실은 선박을 보내 그 지역과 교역할 수 있는 권한을 얻어 냈다. 이후로 아카디아는 '새 스코틀랜드'라는 뜻의 노바스코샤로 불렸다.

세계적인 무력 충돌

스페인 계승 전쟁 이후 영국의 외교 정책에서 해외 문제는 점점 더 큰 비중을 차지했다. 1714년 하노버의 선제후 게오르그 1세가 대영제국의 왕, 조지 1세로 즉위하면서 왕조가 바뀌었음에도 유럽 내부의 문제는 해외 문제에 비해 그 중요성이 덜했다.

혼란스러운 시기가 몇 번 있었지만, 영국 정부의 정책은 항상 자국의 상업을 장려하고 확장시키는 데에 목적을 두고 확고하게 일관성을 유지했다. 그 정책은 전반적으로는 평화를 유지하고자 노력하면서 때로는 외교적 압력을 통해, 때로는 자국의 특권이나 전략적 이점을 유지하기 위한 싸움을 통해 확실한 성과를 거둘 수 있었다.

전쟁의 중요성은 점점 더 명확해졌다. 유럽의 두 강대국이 완전히 유럽 바깥의 문제만을

*항해조례
14~19세기 영국이 해외 무역에서 외국 선박을 물리치기 위해 반포한 조례를 통틀어 이르는 말. 수입하는 상품은 영국이나 산출국의 선박에만 실을 것 등을 규정했다.

새로운 모습의 세계 역사 **173**

＊젠킨스의 귀 전쟁
상선을 통해 장사를 하던 영국의 젠킨스라는 선장이 스페인 해안 경비대의 검문을 받다가 반항하여 귀가 잘리는 사건에서 비롯된 말. 이에 격분한 영국 의회가 전쟁을 선포했다.

＊엑스 라 샤펠 평화조약
라인 강 하류 아헨에서 체결된 네덜란드 전쟁 및 오스트리아 왕위계승 전쟁의 종결 조약. '아헨조약'이라고도 한다. 이 조약으로 인도의 마드라스를 영국에 반환하는 등의 규정이 명시되었고, 합스부르크가의 마리아 테레지아가 오스트리아 영토에 대한 소유권을 보장받았다.

가지고 처음 충돌한 것은 1739년이었다. 주로 카리브 해에 대한 스페인의 탐사권 때문에, 또는 스페인 측이 주장한 대로 1713년 위트레흐트 조약에 의해 보장된 무역 특권을 남용하는 영국에 맞서 스페인이 자국의 식민지들을 안전하게 지키기 위해 취한 조치들 때문에 1739년 영국 정부는 스페인과 전쟁에 돌입했다. 이 전쟁은 후일 '젠킨스의 귀 전쟁*'으로 알려졌다. 이 무력 충돌은 곧 오스트리아 계승 전쟁으로 이어지면서, 영국과 프랑스 간의 전쟁으로 확대되었다.

오스트리아 계승 전쟁이 끝나면서 1748년 엑스 라 샤펠 평화조약*이 맺어졌다. 하지만 이 조약에도 불구하고 영국과 프랑스의 대립은 완전히 끝나지 않았다. 두 경쟁국은 북아메리카에서 끊임없이 싸움을 계속했다.

북아메리카에서 프랑스는 그들의 요새를 이용해 아메리카 서부에서 영국 이주민들을 완전히 제거하려는 것처럼 보였다. 영국 정부는 이 위험에 맞서기 위해 아메리카에 최초로 정규군을 파병했지만 성공하지 못했다.

7년 전쟁이 일어나서야 비로소, 영국은 프랑스와의 오랜 결투에서 최종적으로 승리를 거둘 수 있는 기회를 잡았다. 7년 전쟁은 오스트리아 왕위 계승 전쟁의 패배를 보복하기 위해 오스트리아와 프로이센을 주축으로 유럽의 주요 강대국들이 참전한 대규모 전쟁이었다. 이 전쟁에서 프랑스는 오스트리아의 편에, 영국은 프로이센의 편에 서서 서로 대립했다. 이 전쟁은 유럽과 식민지에서 동시에 벌어졌다. 영국과 프랑스는 아메리카 대륙에서 벌어진 프랑스-인디언 전쟁에서도 충돌을 일으켰고 인도 등지에서도 계속 서로 맞섰다.

영국의 지원을 받은 프로이센이 최종적으로 승리를 거두면서 영국은 유럽에서 승리를 거두었다. 그리고 식민지 전쟁에서도 영국은 압도적으로 승리를 거두어 현재의 퀘벡과 온타리오를 차지하면서 북아메리카에서 프랑스 세력을 몰아냈다. 그리고 인도에서도 프랑스 세력을 몰아낸 영국은 이로써 대영제국의 기초를 닦았다.

| 대영제국의 시작 |

1763년의 파리 평화조약은 사실상 많은 영국인들의 기대와는 달리 프랑스와 스페인을 완전히 굴복시키지는 못했다. 그러나 그 조약은 실질적으로 북아메리카와 인도에서 프랑스의 세력을 제거했다.

프랑스는 캐나다와 설탕 생산지인 과들루프를 영국에 빼앗기지 않기 위해 안간힘을

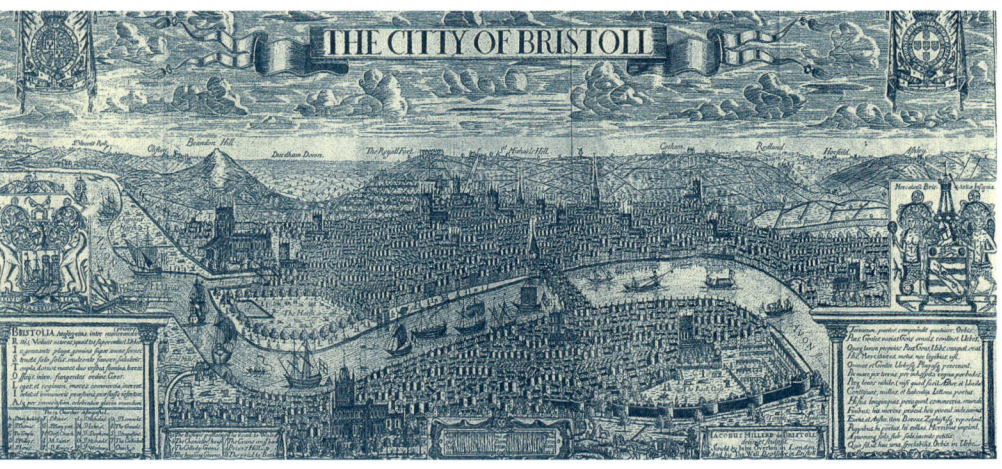

영국의 도시 브리스톨을 묘사한 17세기 판화. 브리스톨은 13세기 이래로 영국의 주요 항구 중 하나였다.

174 근대 유럽의 형성

썼다. 이 지역의 설탕 생산량이 증가하면서 쟁탈전은 한층 치열해졌고, 영국은 이미 카리브 해를 영국 깃발로 뒤덮으면서 그 지역을 거의 장악해 나가고 있었다.

그 결과는 거대한 영국 식민지 제국의 탄생이었다. 1763년까지 영국은 북아메리카 동부 전역과 서쪽으로 미시시피 강 입구에까지 이르는 해안 전역을 장악하고 있었다. 그리고 프랑스령이었던 캐나다까지 완전히 영국 지배 하에 둠으로써, 세인트로렌스에서부터 뉴올리언스에 이르는 미시시피 계곡에서 17세기에 프랑스의 위대한 탐험가들이 발견한 지역들을 차지하고 프랑스의 위협을 완전히 제거했다.

대서양에 위치한 바하마는 앤틸리스 제도의 작은 섬들에서부터 토바고 일대의 북쪽 섬들에 까지 이르는 곳으로, 카리브 해를 둘러싼 몇몇 섬을 제외한 넓은 지역이었다. 그 지역 내에서 자메이카, 온두라스, 벨리즈 연안은 영국령이었다.

1713년의 위트레흐트 평화조약에서 영국은 스페인에게 노예 무역의 독점권을 요구하고 스페인 제국에 노예를 공급한다는 계약까지 얻어 냈다. 당시 영국은 아프리카 황금 해안에 몇몇 개의 무역소를 가지고 있을 뿐이었지만 이들 무역소는 거대한 아프리카 노예 무역의 기반이 되었다. 또한 영국은 아시아에서 벵골의 영유권을 획득함으로써 인도 식민지 지배의 길을 걷기 시작했다.

상선

영국이 제국주의적 패권을 장악한 것은 강력

영국의 잘 정비된 항구들은 영국 경제 성장의 원동력이 되었다. 이 18세기 그림은 브리스톨 항구의 분주한 일상과 부두의 모습을 잘 보여주고 있다.

새로운 모습의 세계 역사 **175**

한 해군력 덕분이었다. 영국의 해군력이 막강한 힘을 자랑하기 시작한 것은 헨리 8세가 당시로서는 가장 강력한 함대를 조직하면서부터였다. 그레이트 헤리호에는 186문의 대포가 장착되어 있을 정도였다.

그러나 헨리 8세의 이러한 시도를 그의 계승자들은 계속 무시했고, 엘리자베스 1세에 이르러 점차 다시 거론되기 시작했다. 스페인 무적함대의 격파를 계기로 영국 해군의 기초가 다져졌다고 보는 견해가 많다. 하지만 이 전쟁을 계기로 영국 해군의 조직이나 세력이 크게 변한 것은 없었다. 엘리자베스 1세 시대의 해군 역시 왕권이나 상업적 투자자들로부터 재정적 도움을 거의 받을 수 없었기 때문에, 해군의 육성이라는 측면에서 엘리자베스 1세 역시 실제로 큰 업적을 남긴 것은 없었다.

게다가 스튜어트 왕조 초기에 해군에 대한 지원은 다시 사라지고 말았다. 왕실의 재정 상태로는 배들을 마련할 여유가 전혀 없었기 때문이었다. 그리고 사실 왕실이 세금을 부과한 이유 중 하나가 새로운 배를 만드는 비용을 마련하기 위해서였는데, 그것 때문에 의회는 노발대발했다.

장차 영국 해군으로서 자리 잡게 될 해군력에 대한 관심이 지속적으로 고조되기 시작한 것은 역설적이게도 크롬웰의 공화정시대에 이르러서였다. 크롬웰은 그 이전까지 네덜란드가 우수한 상선으로 해운권을 장악하면서 그와 아울러 막강한 해군력을 보유하게 되었다는 사실을 깊이 고려했다. 그리하여 그는 1651년 영국의 무역과 해운을 보호하기 위한 항해조례를 제정했다. 항해조례의 주 내용은 모든 수출과 수입은 영국 선박을 통해야 하며, 항구도 제한한다는 것이었다. 이 항해조례로 말미암아 영국과 네덜란드 간에 전쟁이 일어나게 되었다.

막강한 상선은 무역뿐만 아니라 군함과 해군력을 양성할 수 있는 자원을 제공해 주었다. 그리고 무역에서 얻어지는 관세는 전문화된 군함의 유지비로 이용되었다. 상선은 기본적으로 다른 국가들로 상품들을 실어 나르는 데 목적을 두었지만, 이때부터 영국은 항해조례에 반발하는 국가들의 위협에 대비하여 상선에 대포를 설치했다. 필요한 경우에는 발포를 하여 경쟁 상대를 제압하고 스페인령 아메리카 같은 무역지대로 밀고 들어갈 필요가 있다고 생각한 것이다.

해양 기술의 발달

유럽 각국은 무역 경쟁에서 승리하기 위해 선박과 무기의 성능을 꾸준히 향상시키고 전문화했다. 그러나 15세기부터 19세기까지 혁신적인 변화는 없었다. 돛과 직각으로 로프나 쇠사슬 등을 달고 배의 양쪽 가장자리에 대포를 장착하는 것은 당시의 기본적인 선박 구조였다. 그러나 각국은 독자적인 선박 설계로 좀 더 빠르고 전투력이 뛰어난 선박을 만들고자 노력했다. 선박의 우수성이 해상권의 우위에 결정적인 역할을 했기 때문이다.

프랑스는 18세기 동안 대영제국보다 성능이 뛰어난 선박을 만들었다. 16세기에 유럽

상업 항구는 16세기에 플리머스 사운드를 중심으로 발달하기 시작했다. 17세기 말에 그 항구 근처에 군사기지 데본포트가 세워졌고, 18세기에 이르러서는 이 그림에서 볼 수 있는 것처럼 거대한 군함 조선소가 건설되었다.

의 선박은 영국의 영향으로 인해 대형화하고 고속화했다. 배의 앞뒤 갑판의 높이 역시 이 시기에 계속 연구되었다.

배에 장착하는 대포 또한 17세기 초에 아주 높은 수준으로 발전했고, 그 이후로도 디자인이나 포탄의 무게, 발사 거리, 포술의 정확도가 빠르게 개선되었다. 18세기에 비약적으로 발전한 청동식 대포는 주로 두 가지가 사용되었다. 대구경 카로네이드포는 발사 거리가 짧다는 단점이 있긴 했지만, 높은 파괴력으로 기선을 제압할 수 있는 효과가 있었다. 그리고 소구경 대포는 발사 거리나 정확도 면에서 대구경 포보다 뛰어났다.

군함과 상선들 간의 기능과 디자인의 전문화는 18세기 중엽 이후로 빠르게 발전하기 시작했다. 그러나 기본적으로 상황은 크게 달라지지 않았다. 획기적으로 배의 구조를 개선하기에는 비용이 너무 많이 들었기 때문이다. 그래서 각 나라들은 이전의 구식 선박을 이용하거나 다른 나라의 선박을 노획해 구조를 바꿔 사용했다. 그것은 명백한 해적 행위였다. 하지만 그런 일이 당시에는 빈번하게 일어났을 뿐만 아니라, 합법적인 것으로 받아들여졌다.

영국, 네덜란드, 프랑스는 다양한 시기에 사나포선*들을 이용하여 상대국의 무역선들을 성공적으로 물리치곤 했다. 최초로 일어난 사나포선 전쟁은 프랑스가 윌리엄 왕 치하의 영국과 네덜란드에 맞서 싸운 것이었다. 하지만 프랑스는 이 전쟁에서 성공하지 못했다.

그 외에 17세기에 나타난 혁신적인 해양 기술은 주로 전술적이고 행정적인 것들이었다. 이 시기에 항해 신호가 공식화되었고, 영국 해군은 전략적인 전쟁 방법을 구사하기 시작했다. 신병 징집은 보다 중요한 일이 되었다. 영국에서는 강제 집징대가 나타났고, 프랑스는 바다에 인접한 지역에서 해군을 징집했

다. 이런 식으로 대함대에 인원이 배치되었다. 각국의 항해 기술이 거의 비슷한 수준인 데다, 대포를 이용한다 해도 그 손상 정도가 제한적이라는 점을 고려해 볼 때, 당시 싸움의 승패에서 결정적인 요인은 결국 병력 수라는 것이 명백했다.

영국의 해군력

17세기에 영국 해군이 두각을 나타내기 시작했고, 이후 약 200년 동안 영국의 해군력은 '해가 지지 않는 대영제국'을 지탱해 주었다.

네덜란드 공화국은 네덜란드 남부를 침략한 프랑스군을 가까스로 물리쳐 패전의 위기에서 벗어났다. 하지만 그로 인해 네덜란드의 경쟁력은 급격히 무너졌다.

영국 해군의 최대 적수는 프랑스였다. 여기서 주목해야 할 사실은 영국에서 윌리엄 왕의 통치가 끝나면서 프랑스의 중요한 거점이

*사나포선
정부로부터 적국의 선박을 공격할 수 있는 권한을 부여받은 민간 선박. 대개 상선이다. 사나포선의 선원은 보수를 받지 않는 대신, 나포한 화물이나 선박을 돈으로 환산해 분배 받을 수 있었다. 그러나 사실 사나포선은 해적선과 구별하기가 어려웠다.

17세기 동안 증권거래소들이 암스테르담, 런던, 파리, 함부르크, 프랑크푸르트에 세워졌다. 에마뉴엘 데 비테(1617~1692)가 그린 이 그림은 암스테르담 증권거래소의 모습이다.

이 18세기 그림에 묘사된 것처럼, 페루의 광산들에서 채굴된 귀금속 원석들은 유럽으로 옮겨져 유럽 경제에 막대한 영향을 미쳤다. 뿐만 아니라 식품, 가축, 농작물 등이 근대 초기에 유럽으로 서서히 유입되기 시작했다.

영국에게 넘어갔다는 것이다. 그 무렵 프랑스는 육지와 해상 중 어느 곳을 우위에 둘 것인지 고민하던 끝에 결국 육지에서의 패권을 선택했다. 그래서 윌리엄은 숙적 루이 14세와 싸워 프랑스 함대를 대파했다. 그 패배 이후 프랑스의 해군력은 과거의 영광스러웠던 시대를 다시는 재현하지 못했다. 하지만 프랑스 해군은 여전히 강력했다.

영국은 해양에서의 세력을 잃고 싶지 않았기 때문에 계속 해군력에 주의를 집중하고 있었다. 하지만 영국은 자국의 대군대들을 유지할 뿐만 아니라, 자국의 동맹들을 지켜야 했다. 거기에는 단순히 지원군들을 집결시키는 것 이상의 뭔가가 필요했다.

영국의 해상 전략은 또한 다른 국가들의 해군력과는 전혀 다른 방식으로 발전했다. 세계 최강의 군사력을 자랑하던 루이 14세의 해군이 영국에 패배한 것도 바로 그 때문이었다. 1692년, 영국이 프랑스 해군의 솔레이루아알 함대를 격파함으로써 프랑스 함대 사령관들의 명예를 실추시킨 이후 루이 14세의 함대는 완전히 패배했다.

이러한 영국의 승리는 적의 선박은 해역을 무사히 지나다닐 수 없게 하는 반면 자국의 선박은 안전하게 지나 다닐 수 있도록 하려면 해군력이 결정적으로 중요하다는 현실을 파악했기 때문에 이루어진 결과였다.

이 목적을 이루기 위한 열쇠는 적의 함대를 제압하는 것이었다. 적의 함대가 자리하고 있는 한 위험은 항상 있었다. 따라서 전투에서 적의 함대를 초기에 제압하는 것은 한 세기 동안 영국 해군 지휘관들의 최우선적인 과제이자 목표였다. 그래서 그 시기 동안 영국 해군은 변함없이 해상을 지배할 수 있었고, 선제공격은 영국 해군의 전통적인 전법이 되었다.

해군 전략은 제국주의적 영토 확장 사업을 직·간접적으로 부채질했다. 영토를 확장하기 위해서는 소함대들이 움직일 수 있는 거점들을 획득하는 것이 점점 더 필수적이 되었기 때문이다. 이것은 특히 대영제국의 형성에 매우 중요했다.

18세기 후반에 이르러 영국은 많은 식민지들을 잃기 시작할 조짐을 보였다. 그리고 이것은 1800년에도 여전히 무분별한 영토 확장보다는 무역소나 플랜테이션 농장, 주요 거점들을 확보하는 것, 해운업을 발전시키는 것이 유럽의 패권을 좌우한다는 사실을 한층 부각시켰다.

세계 경제의 도래

300년이 채 못 되는 기간 동안 제한된 형태의 제국주의가 세계 경제에 일대 혁신을 불러일으켰다.

1500년 이전에는 어느 정도 독립적으로 운영되는 수많은 경제 활동이 존재했고, 그중에는 무역과 관련된 활동도 있었다. 그러나 유럽 사람들은 아메리카와 아프리카의 존재를 거의 몰랐고, 오스트레일리아는 아예 알

려지지 않은 상태였다. 그리고 그 광대한 대륙들 자체 내에서의 교통이나 연락망도 극히 빈약했다. 아시아 역시 별로 다를 바 없었다.

하지만 1800년 무렵부터 전 세계가 하나로 연결되기 시작했다. 일본까지 그 연결망에 속해 있었다. 중앙아프리카는 여전히 불가사의하고 신비한 지역으로 남아 있었지만, 그래도 노예들과 아랍인들을 통해 연결되어 있었다.

이러한 연결망에서 놀라운 일이 벌어졌다. 그동안 이용되어 오던 유럽과 아시아 간의 무역로가 포르투갈이 해상을 지배하면서 이용하던 항로들로 바뀌었고, 아메리카에서 유럽으로 금과 은이 유입된 것이다. 특히 금과 은의 지속적인 유입이 없었더라면 유럽과 아시아 간의 교역은 일어나지 못했을 것이다. 왜냐하면 당시에 아시아가 유럽에서 수입하고 싶어 하는 생산품은 거의 없었기 때문이었다. 따라서 아메리카에서 유입되는 금과 은은 아시아와 교역을 할 수 있게 하는 대단

이 그림은 16세기 중국인들이 유럽으로 수출할 종이를 만들기 위해 죽순을 끓이는 모습을 묘사한 것이다. 유럽이 아시아와의 무역을 간절히 원했던 이유는 유럽의 상품을 아시아로 수출하기 위해서가 아니라 아시아의 발달된 상품들을 유럽으로 가져오기 위해서였다. 반면에 아시아인들은 무기와 군수품 그리고 은을 제외하고는 유럽에서 수입하고 싶은 상품이 별로 없었다.

히 중요한 가치를 지니고 있었을 것이다. 금과 은의 유입은 16세기 말과 17세기 초반 몇십 년 동안 절정을 이루었다.

풍부한 금과 은은 유럽과 아시아 그리고 아메리카를 경제적으로 연결시키면서 극적인 효과를 낳았다. 하지만 그것은 아프리카에서 카리브 해와 브라질로 이어지는 노예 무역의 경제적 파급 효과보다는 덜 폭발적이었다.

아프리카에서 아메리카로 노예를 실어 나른 수송선들은 유럽으로 되돌아 가는 길에 유럽에서 필요로 하는 식민지의 생산물들을 싣고 왔다. 처음에는 암스테르담, 이후에는 런던이 국제 항구로서 앤트워프를 능가했다. 그것은 주로 네덜란드와 영국 선박들이 식민지에서 들여온 상품들을 재수출하면서 그 지역들의 경제가 비약적으로 성장했기 때문이었다.

그리하여 재수출 무역을 위한 영업소들이 생기기 시작했고, 상업은 점차적으로 더욱 전문화되고 세분화되었다. 조선업, 섬유 그리고 이후로는 보험과 같은 금융업이 동시에 융성하면서 경제 전반에 엄청난 파급 효

◀ 16세기 초에 담배는 유럽의 약용 정원들에서 재배되었다. 하지만 1850년대에 이르러서는 북아메리카에서 유럽으로 수입된 담배 양이 유럽에서 생산된 양보다 훨씬 많았다. 담배를 묘사한 이 판화는 18세기 후반에 제작된 것이다.

새로운 모습의 세계 역사 **179**

과를 가져왔다.

18세기 후반기에 동양 무역은 네덜란드 대외 무역의 4분의 1을 차지했고, 그 기간에 런던 동인도 회사의 선박 보유 수량은 세 배로 증가했다. 더욱이 이 선박들은 선박의 구조를 획기적으로 개선해 적은 노동력으로 더 많은 상품들을 운송할 수 있었다.

유럽 사회에서 일어난 여러 가지 변화

유럽이 세계와 새롭게 접촉함으로써 얻은 물질적인 변화는 측정하기가 비교적 쉽다. 유럽의 식품 종류는 지금까지도 세계에서 가장 다채롭다. 그처럼 다채로운 음식 문화는 근대 초기에 이루어진 것이다. 담배, 커피, 차, 설탕의 유입만으로도 유럽인의 미각, 습관, 생활에 혁신이 일어났다. 감자는 주식으로 자리 잡으면서 유럽인의 생활양식과 음식 문화를 변모시켰다. 그리고 이 무렵 유럽에서 의약품에 마약은 첨가되기 시작했는데, 그런 마약은 대부분 아시아에서 유입된 것들이었다.

식민지를 개척하면서 유럽 사회에 나타난 여러 변화 가운데 정신적인 측면의 변화를 밝혀 내는 것은 사실 쉽지 않다. 특히 세계에 대한 새로운 지식이 유럽에 어떤 정신적 영향을 미쳤는지를 파악하는 것은 더더욱 어려운 일이다.

유럽인의 사고방식은 분명히 변모하고 있었다. 16세기에 이미 동양과 서양에서 지리상의 발견과 여행에 관한 수많은 책이 쏟아져 나온 것을 보더라도 그 사실을 알 수 있다.

동양에 관한 연구는 17세기에 일종의 과학으로 간주되었던 듯하다. 그러나 유럽인은 타민족의 인류학적 지식을 자기중심적인 잣대로 평가했다. 다시 말해, 유럽인은 그러한 지식을 식민지 확장에 이용하고자 했다. 이처럼 그릇된 지식은 인쇄술의 발달 덕분에 한층 광범위하게 퍼져 나갔다. 그러나 18세기 초에 이르러 지적인 차원에서 새로운 경향이 나타나기 시작했다.

기독교를 접하지 않았음에도 순수하고 도덕적이고 아름다운 삶을 살아가고 있는 원주민에 대한 묘사가 큰 반향을 불러일으켰다. 영국의 철학자 존 로크는 모든 인간이 공통적인 생각을 타고나는 게 아니라는 사실을 증명하기 위해 다른 대륙에서 증거를 찾았는데, 특히 중국에는 사회 제도의 상대성을 고찰할 수 있는 훌륭한 예가 많았다. 그리고 예수회의 여러 연구 덕분에 중국 문학이 널리 보급되면서 그동안 성서에 묘사된 대홍수의 날짜를 인류의 두 번째 기원으로 계산해 온 유럽의 전통이 터무니없는 것이었다는 사실이 드러났다.

뿐만 아니라 중국의 상품들을 보다 쉽게 이용할 수 있게 되었기 때문에, 18세기 유럽에서는 가구, 도자기, 의상 등에 있어서 동양적인 스타일이 열풍을 불러일으켰다. 이처럼 동양의 예술과 지성이 유럽에 보급됨으로써 유럽인은 다양한 기준들을 가진 다른 문화들을 새롭게 인식하게 되었고, 그것은 그들의 생활에 보다 깊고 뚜렷한 영향을 미쳤다.

차는 네덜란드의 동인도 회사가 1609년에 중국에서 유럽으로 처음 도입했다. 1646년에 영국의 동인도 회사 역시 차를 수입하기 시작했다. 차를 전문적으로 판매한 최초의 상점은 아마도 1713년 런던에서 문을 연 '트와이닝'이었을 것이다. 이 그림은 1764년에 제작된 것으로, 파리에 있는 탕플 궁전에서 영국 차를 즐기고 있는 프랑스 귀족들을 묘사하고 있다.

1793년에 제작된 이 수채화는 청나라 황제 건륭제와 그의 신하들이 최초로 중국을 방문한 영국 대사 매카트니 경을 위해 마련한 환영식장에 참석하는 모습을 묘사한 것이다.

그처럼 다양한 문화나 종교들 간의 비교를 통해 유럽인은 정신적 혼란을 겪기도 했지만, 자기중심적인 사고방식에서 어느 정도 벗어날 수 있었다. 하지만 그럼에도 불구하고 유럽이 다른 문화권보다 우월하다는 의식은 여전히 남아 있었다.

| 유럽이 세계에 미친 영향 |

유럽이 세계에 미친 영향을 몇 마디 말로 간단하게 요약하는 것은 세계가 유럽에 미친 영향을 간단하게 요약하는 것보다 훨씬 더 어렵다. 하지만 그중 어떤 측면들은 때때로 극명하게 드러나기도 한다.

전 세계 비유럽 국가들 중에서, 유럽이 영토 확장을 시작한 첫 단계에 유럽으로부터 물질적인 혜택을 받은 것처럼 보이는 국가는 하나도 없다는 사실은 정말로 놀라운 일이다. 물질적 혜택은커녕 오히려 그들은 유럽으로 인해 끔찍한 고통을 겪어야 했다. 하지만 그것은 유럽인에게만 전적으로 책임을 돌릴 수 있는 문제는 아니었다.

전염병에 대한 지식이 전혀 없던 시대에, 유럽인이 아메리카 대륙으로 옮겨 간 천연두나 그 외의 질병들로 인해 발생할 수 있는 결과를 예측하는 것은 불가능한 일이었다. 그러나 그로 인한 결과는 끔찍할 정도로 파괴적이었다. 16세기에 멕시코 인구가 4분의 3까지 감소했고, 카리브 해의 어떤 섬들은 주민 전체가 전염병으로 몰살되었다.

다른 한편으로, 그러한 급격한 인구 감소로 인해 노동력을 구하기가 훨씬 더 어려워졌기 때문에 유럽인은 전염병에서 살아남은 원주민을 더욱 가혹하게 착취했다. 바로 여기에서, 유럽이 근대 초기에 세계 전역에 미친 영향력은 거의 모든 경우 지배와 정복이라는 주된 동기에서 비롯되었다는 사실이 드러난다.

다양한 식민지 환경, 다양한 유럽 전통에 의해 억압과 착취의 정도 역시 지역에 따라 약간씩 달랐다. 그리고 모든 식민지 사회가 한결같이 극단적인 잔인성과 공포 속에 놓여 있었던 것은 아니었다. 그러나 대부분의 지역이 손상된 것만은 사실이다.

새로운 모습의 세계 역사 **181**

네덜란드 연합의 부와 화려한 17세기 문화는 적어도 향료 제도와 인도네시아라는 식민지의 자양분을 빨아들여 이룩한 것이었다. 북아메리카에서의 영토 확장이 앨러게니 산맥을 넘어 서부로 진출하기 오래전에, 버지니아에 최초로 이주한 영국인과 북아메리카 원주민은 처음에는 우호적인 관계를 유지했다. 하지만 그 관계는 얼마 지나지 않아 깨졌고, 결국 인디언 원주민에 대한 학살과 추방으로 이어졌다.

스페인령 아메리카의 원주민들은 스페인 왕과 정복자들 간의 식민지 세력 다툼 속에서 약간의 보호를 받기는 했지만, 결국 세력 균형이 깨어지면서 원주민 대다수가 부채 노예로 전락했다. 그리고 스페인 정복자들은 그들을 영원히 노예 상태에서 벗어나지 못하게 하기 위해 그들의 문화를 대대적으로 파괴했다. 남아프리카 호텐토트족의 운명과 오스트레일리아의 애보리지니들의 운명은 유럽 문화가 전파된 지역이 어떤 식으로 참혹하게 파괴되었는지에 관한 교훈을 되풀이해서 보여 주었다.

유럽인은 인도나 중국처럼 오랜 역사와 진보된 문명을 갖고 있던 위대한 나라에서조차 정복과 지배로 엄청난 파괴와 만행을 저질렀다. 그러나 유럽인의 지배 형태를 가장 극명하게 보여 준 것은 유럽인이 이주하여 정착한 식민지에서였다.

| 노예의 경제적 효용 |

많은 유럽 식민지의 번영은 오랫동안 아프리카 노예 무역에 의존한 결과였다. 18세기 이래로 많은 비평가들이 노예 제도를 비난해 왔다. 노예 제도는 백인이 흑인에게, 또는 유럽인이 비유럽인에게, 또는 자본가가 노동자에게 행한 잔인한 폭력이며, 인간이 인간에게 행한 비인도적인 행동 중에서 가장 추악한 것이었다. 그것은 유럽의 영토 확장과 아메리카 역사를 통해 증명된 분명한 사실이었다.

그러나 이 시기의 노예 제도는 신세계에서 아주 많은 것들을 형성하는 데 중요한 역할을 했기 때문에 비난의 화살은 곧 다른 시대의 다른 사회에서 행해진 노예 제도로 겨누어졌다. 따라서 유럽인이 당시에 저지른 잔인한 만행은 오히려 은폐되었다.

신세계의 정착 식민지들에서 노예 상인들은 19세기에 노예 제도가 폐지될 때까지 번창했다. 처음에는 카리브 해의 섬들에서, 그리고 그 후에는 아메리카 본토에서, 노예 상인들은 확실한 소비자들을 발견했다.

초기에 노예 무역을 장악했던 포르투갈인들은 곧 네덜란드인들에게 밀리기 시작했고, 결국에는 엘리자베스 1세의 '해적들'에게 내쫓겼다. 하지만 포르투갈인들은 노예 무역을 포기하지 않고 브라질로 방향을 돌렸다.

18세기 초에 네덜란드인은 서인도제도로 노예들을 정기적으로 확실하게 공급하기 위해 회사를 설립했다. 그러나 그들이 독점하던 노예 무역은 프랑스와 영국 노예선의 등장으로 타격을 입게 되었다. 프랑스와 영국의 노예 상인들은 아프리카의 '노예 해안'에 무역소들을 가지고 있었다. 그들은 노예 무역이 시작된 이후로 17세기 말까지 도합 9백만~1천만 명가량의 흑인 노예들을 서반구로 실어 날랐다.

18세기는 노예 무역이 가장 번성하던 시기였다. 그 당시 약 6백만 명의 흑인들이 강제로 수송되었다. 브리스톨과 낭트 같은 유럽의 항구는 노예 무역으로 엄청난 부를 누렸다. 흑인 노예를 합법적으로 혹사시키면서, 그 노동력을 이용해 새로운 땅이 빠르게 개척되었다.

보다 광범위한 새로운 농산물의 생산은 유

럽의 수요와 제조업, 무역 형태에 일대 변화를 가져왔다. 그리고 오늘날 우리는 당시의 노예 제도가 남겨 놓은 결과들을 안고 살아가고 있다.

잔인성과 파괴

육체적인 고통뿐만이 아니라 한순간에 낯선 대륙으로 끌려 온 흑인들이 느꼈을 심리적인 고통과 인간적인 비극은 오늘날 우리로서는 결코 가늠할 수 없다. 흑인 노예들은 노예선의 끔찍한 환경을 이겨 내고 살아남았다 하더라도 대부분 서인도의 대농장에서 불과 몇 년밖에 살지 못했다.

노예에 대한 잔혹한 행위를 알려주는 족쇄와 채찍질을 가하기 위한 형틀이 증거로 남아 있다. 하지만 다른 한편으로는 그 도구들이 동시대의 유럽 사회에서도 사용되던 것들이었으며 흑인 노예들에 대한 잔혹 행위는 집단적인 행위가 아니라 농장주들이 투자금을 빨리 회수하려는 이기심에서 개인적으로 저지른 것이라는 시각도 있다. 그러나 집단적인 노예 반란들이 증명하듯이 개인적이거나 일시적인 현상인 것만은 아니었다.

아프리카에 가해진 여러 피해 가운데 기록으로 남아 있지 않은 피해들에 대해서는 평가를 내리기가 더욱 어렵다. 그 피해의 규모나 정도를 대부분 추측에 의존해야 하기 때문이다. 일부 학자들이 아주 조심스럽게 제기하고 있듯이, 아프리카에서 발생된 인구 손실이 아메리카로부터 아프리카로 새로운 식품들이 유입된 것으로 조금은 보충되었을 수도 있을 것이다. 유럽이 노예사냥을 위해 아프리카와 접촉할 때 생겨난 새로운 식품들의 유입과 같은 결과가 실제로 아프리카의 인구 성장을 초래했을 수도 있다. 하지만 설사 이러한 가설이 정확한 것이라 해도, 유럽인에 의해 입은 상처와 그들이 옮겨 놓은 질

18세기 노예선의 평면도로, 노예선 안에 노예들을 최대한 얼마나 많이 채워 넣었는지를 알 수 있다. 이런 식으로 노예들을 빽빽하게 채워 넣은 채 출항한 노예선의 환경은 이루 말할 수 없이 끔찍했다. 그래서 선박이 목적지에 다다를 때쯤이면 노예 사망률이 무려 40%에 달했다.

1796년에 제작된 이 그림은 노예 상인들이 아프리카 세네갈의 고레 섬에서 두 흑인 노예들의 가격을 협상하는 장면을 묘사한 것이다.

병으로 인한 엄청난 피해를 감안한다면 식품 보급 따위로 그 피해를 상쇄시켰다는 말은 어불성설이라 할 것이다.

노예 무역을 지지한 유럽 국가들

스페인 성직자들은 아메리카 인디언들이 노예로 전락하지 않을까 우려했다. 그럼에도 아프리카 노예 무역에 대해서는 오랫동안 전혀 걱정하지 않았다는 사실은 주목할 만하다. 더욱이 노예 무역을 제한하는 것에 대해 반대했던 기독교인들이 있었다는 사실은 지금 생각해도 소름이 끼친다.

하지만 18세기에 접어들면서 프랑스와 영국에서 노예 제도의 부당함과 죄의식 문제가 제기되기 시작했다. 그것을 증명이라도 하듯, 노예 반대주의자들은 영국의 식민지 시에라리온에 프리타운을 건설하고 해방된 노예들을 그곳에 정착시켰다.

인도주의적 사상이 대중 속에 깊이 확산되자 노예 무역 폐지가 가져올 정치적·경제적 이익을 고려한 유럽 국가들은 대중의 정서에 편승하여 노예 무역과 노예 제도를 폐지하기

시작했다.

하지만 유럽 세계가 세력을 확장시켜 나가는 데 있어서 노예 제도는 부인할 수 없는 사회적·경제적 자산이었다. 뿐만 아니라 노예 제도는 인간에 대한 잔인한 무력의 지배와 물욕과 정복욕을 상징하는 엄청난 신화적 사실이 되었다. 그리고 슬프게도 노예 제도는 이 세계가 강자가 약자를 지배하는 사회라는 것을 극명하게 보여 주었다.

노예 무역과 가톨릭 선교사들

어떤 유럽인은 노예 무역이 비인간적이라는 사실을 인정했다. 하지만 그들은 자신들이 아무리 죄악을 저질렀다 해도, 기독교 전파를 비롯해서 자신들이 세계에 제공한 많은 혜택들에 비하면 그 죄악의 무게는 아무것도 아니라고 생각했다.

트리엔트 공의회를 소집한 것은 교황 바울 3세였다. 그는 칙령을 통해 다음과 같이 선언했다. "인디언들은 진실로 인간들이며…… 그들은 가톨릭 신앙을 이해할 수 있다. 뿐만 아니라, 우리의 정보에 의하면 그들은 가톨릭으로 개종하기를 간절히 원하고 있다." 이러한 낙관주의는 단지 반종교개혁 정신에서 비롯된 것만은 아니었다. 기독교를 전도하려는 의지는 스페인과 포르투갈이 해외에 영토를 확장하던 시기부터 있었기 때문이다.

예수회의 선교 사업은 1542년에 고아에서 시작되어, 인도양과 남동아시아 전역, 심지어 일본에까지 퍼져 나갔다. 다른 가톨릭 세력들과 마찬가지로, 프랑스인 역시 전도 사업을 강조했다. 심지어 프랑스는 경제적으로나 정치적으로 무관한 지역들까지도 전도 사업을 추진하고자 했다.

그럼에도 불구하고 16세기와 17세기에 전도 사업에 새로운 활력이 일어나게 되었다. 그 원인은 반종교개혁의 고무적인 영향 때문

노예들의 처우를 규정한 프랑스 법

조항(규정) 16 : 주인에게 매를 맞았다거나 노예 표시를 위해 낙인을 찍었다는 이유로 밤낮을 불문하고 노예들이 집회를 갖는 것을 용납하지 않는다. 그리고 만약 이를 반복해서 어겨 그 외 죄가 가중될 경우, 그 노예를 사형에 처할 수 있다. 사형은 재판관의 재량에 맡긴다. 설사 그 노예의 주인이 관리가 아니라 할지라도, 그리고 체포 판결이 없다 할지라도, 우리의 모든 신민들은 법을 어긴 노예에게 체벌을 가하고 감옥에 보낼 권리가 있다.

조항 33 : 주인이나 주인의 아내, 여주인 또는 여주인의 남편 또는 주인의 자식들에게 상처를 입히거나 피를 흘릴 정도로 구타한 노예는 사형에 처한다.

조항 38 : 법정에 보고 된 날짜로부터 한 달 동안 도망 중인 노예들은 귀를 자르고 한쪽 어깨에 낙인을 찍을 것이다. 그리고 그 노예가 보고 된 날짜로부터 그 죄를 다시 반복할 경우, 그 노예의 무릎 안쪽의 인대를 절단하고 나머지 어깨에 낙인을 찍을 것이다. 세 번째로 달아날 경우, 그 노예는 사형에 처한다.

조항 44 : 우리는 법에 의해 노예들을 동산으로 규정한다. 노예들은 개인 재산이며 따라서 임대차가 불가능하다. 그리고 노예들에 대한 장자 상속권이나 그 외에 상속의 우선순위를 증명하는 자료가 없을 경우, 노예들은 공동 상속자들에게 균등하게 배분된다. 그리고 노예들은 지주의 미망인이나 부양 가족의 연금 대상에서 제외되고, 봉토에 관한 권리나 법적 명령의 형식적 절차에서도 제외되며, 유언이나 유서의 타협이 있을 경우 5분의 4 세금 감면 혜택의 대상도 되지 아니한다.

1685년 3월, 베르사유, 『에게 해 섬들의 정책에 관한 법전』에서 발췌.
이장베르의 『프랑스 고대법 총서』 중에서.

인 것으로 불 수 있다. 적어도 외형적으로는 그 이전 시대보다 16세기에 이르러 더 넓은 지역들에서 더 많은 가톨릭 신도들이 생겨났다. 하지만 그 현상의 실제적인 의미를 평가하기는 쉽지 않다.

하지만 무방비 상태의 원주민을 로마 가톨릭 교회가 약간이라도 보호하려 노력한 것은 분명한 사실이다. 로마 가톨릭 교회의 신학자들은 초기 제국주의 이론에 따라 '신민들에 대한 '신탁통치'라는 개념으로 식민지 원주민들을 대해야 한다는 생각을 고수했다.

식민지의 개신교 선교사들

개신교는 전도 사업에 있어서도 그랬던 것처럼, 정착 식민지들의 원주민 문제에 있어서도 가톨릭교보다 한참 뒤처졌다. 네덜란드의 개신교 식민주의자들은 이 문제에 대해 거의 아무것도 하지 않았고, 영국의 아메리카 식민지 이주자들은 원주민을 개종시키는 데 실패했을 뿐만 아니라 북아메리카 원주민 일부를 노예로 만들었다. 그런 사실에 비추어 볼 때, 펜실베이니아의 퀘이커교도*들은 예외적으로 칭찬할 만한 업적을 남겼다고 할 수 있다.

앵글로색슨의 해외 전도 사업은 그다지 오래되지 않았다. 더욱이 세계에 복음을 전파한다는 명분을 갖고 전도 사업을 시작했을 때조차 그들은 애매모호한 태도를 취했다. 그 당시의 전도 사업은 또한 전통적인 가치 체계와 사상, 사회적 권위, 법적·도덕적 제도, 가족관계와 결혼 등 원주민의 관습을 위협하는 문명 파괴의 도구로 수출되었다. 선교사들은 자신들도 모르는 사이에 유럽이 세계를 정복하고 지배해 나가기 위한 도구로 이용되고 있었다.

유럽이 식민지에 이식한 것들

아마도 유럽인이 식민지로 가져간 것들 중에서 위협적인 결과를 낳지 않은 것은 거의 없을 것이다. 아니면 적어도 긍정적인 결과라 해도 부정적인 결과를 동시에 갖고 있지 않았던 것은 없을 것이다.

예를 들어, 아메리카 대륙으로 가져간 농작물들은 새로운 산업들을 육성시켰지만, 그로

＊퀘이커교도의 업적
개신교에서 비롯된 한 분파인 퀘이커교는 1650년대 이후 미국에서 적극적인 포교 활동을 했다. 특히 인디언과 우호적인 관계를 맺고, 흑인 노예 무역과 노예 제도를 반대했으며, 전쟁을 반대했던 것 등이 특징적이다.

새로운 모습의 세계 역사 **185**

유럽 식민지들에서의 기독교 전도 활동

19세기 초에 이르러 로마 가톨릭 전도단은 아시아와 아프리카의 프랑스, 스페인, 포르투갈령 식민지들에서 확고하게 자리를 잡았다. 개신교의 전도 사업은 이 시기까지 활동이 부진했으나, 영국의 식민지 확장과 복음주의 부흥운동의 영향으로 대영제국의 모든 지역에 개신교 전도단이 존재하게 되었다.

식민지에서의 유럽 전도단의 성과는 매우 다양했다. 이슬람교, 힌두교, 불교, 유교 신도들은 아프리카 지역의 원시 종교 신도들과는 달리 기독교 교리에 극도로 부정적인 반응을 보였다.

이 지도는 19세기 아프리카와 아시아에서의 식민지 전도 사업의 활동 지역을 나타낸다.

인해 노예에 대한 필요성이 더욱 커졌다. 커피와 설탕이 그 대표적인 생산물이었다.

또한 밀 재배를 하던 영국 정착민들은 더 넓은 경작지가 필요해지자 결국 인디언의 사냥터를 경작지로 만들기 위해 조상 대대로 물려받은 땅에서 평화롭게 살고 있던 인디언들을 무참하게 학살하고 내쫓았다.

식민지 정착 과정에서 이주자들이 벌인 이러한 행태에 따라 그 후손들의 삶이 결정되었

다. 밀농사 때문에 북아메리카는 결국 유럽 도시들을 위한 곡창 지대가 되었다. 뿐만 아니라, 오늘날 러시아와 아시아의 많은 국가들까지도 그 지역에 의지하고 있다.

지금도 여전히 번창하고 있는 포도주 산업은 17세기라는 이른 시기에 스페인 이주자들이 마데이라 제도와 남아메리카에 심어 놓은 포도나무들 때문이다. 바나나가 자메이카에, 커피가 자바에, 그리고 차나무가 실론에 심겨

지면서, 그 지역들의 미래가 결정되었다.

그런 모든 변화들은 19세기에 이르러 수요가 계속 변하면서 더욱 복잡해졌다. 산업화로 인해 면화 같은 품목에 대한 수요가 증가했고 때때로 식민지들에서 새로운 품목이 생겨났기 때문이다. 예를 들어 1760년에 영국은 250만 파운드의 면화를 수입했다. 그리고 1837년에 그 수치는 36억 파운드로 증가했다. 고무나무가 남아메리카에서 말레이 반도로 성공적으로 이식된 것도 미래를 위한 전략적 중요성을 계산한 일종의 포석이었다.

생태학적 변화

이제, 유럽이 패권을 장악하기 시작한 초기 몇 백 년 동안 미래를 위해 깔아 놓은 포석들에 어떤 의미가 숨겨져 있었는지, 그 결과들에 대해 살펴보기로 하자. 하지만 먼저 그 포석들 중 대부분은 처음부터 계획된 게 아니라 우발적인 성격을 띤 것이라는 사실을 다시 한 번 강조해야 할 필요가 있다.

유럽인이 식민지에 정착하면서 일으킨 혁신은 대부분 순수한 의도에서 출발한 것들이었다. 하지만 그 혁신은 뜻밖에도 엄청나게 파괴적인 결과를 불러왔다. 한 예를 들어보자. 1859년에 유럽인은 오스트레일리아에 수십 마리의 암수 토끼들을 들여왔다.

그런데 그 토끼들이 몇 십 년 만에 수백만 마리로 불어나 오스트레일리아의 많은 농촌 지역을 황폐화시켰다. 그와 유사한 예로, 버뮤다는 영국 두꺼비들 때문에 속을 태우게 되었다.

하지만 그보다 훨씬 더 심각한 것은 의도적인 동물 수입으로 인해 발생한 결과였다. 오스트레일리아에서 토끼가 급증하면서 막대한 피해가 발생하자, 그들은 즉시 토끼의 천적인 족제비를 영국에서 들여와 풀어 놓았다. 그 결과는 걷잡을 수 없을 정도의 피해를

불러왔다.

1800년경에는 유럽의 거의 모든 종류의 가축이 아메리카 대륙에 옮겨졌다. 그중 가장 중요한 것은 소와 말이었다. 이런 가축들은 버펄로 인디언의 생활을 완전히 뒤바꿔 놓았다. 그리고 냉동 선박이 등장한 이후로, 소와 말들은 남아메리카를 육류 수출지역으로 만들어 주었다. 오스트랄라시아* 역시, 영국인들이 스페인에서 수입한 양들을 들여놓음으로써 육류 수출지역이 되었다.

한편 유럽인에 의해 인종 간의 혼혈이 발생했다. 아메리카에서의 영국인과 마찬가지로, 네덜란드인은 오랫동안 인종 혼합을 용납하지 않았지만 라틴아메리카, 고아, 포르투갈령 아프리카에서는 인종 간 혼혈 현상이 심각했다. 반면에 영국령 아메리카에서는 인종 간의 결혼을 찾아보기 힘들었고, 따라서 피부색으로 인종을 정확하게 구분할 수 있었다. 그 지역에서 유색 피부는 곧 노예 신분을 의미했다. 그리고 법적으로 규정된 노예 신분에 대한 인종 차별은 아주 먼 미래에까지 정치, 경제, 사회, 문화 전반에 걸쳐 심각한 문제들을 낳았다.

*오스트랄라시아
오스트레일리아와 뉴질랜드, 뉴기니를 포함한 그 부근의 남태평양 제도 전체를 가리키는 말. 때로는 오세아니아와 같은 뜻으로 사용되기도 한다. 일반적으로는 오스트레일리아와 뉴질랜드를 가리킨다.

네덜란드의 동인도 회사는 아프리카 희망봉을 식민지라기보다는 일종의 전략적 요충지이자 상선들에 식량을 공급하는 중간 기지로 생각했다. 이 그림은 희망봉 북쪽에 정착한 네덜란드계 남아프리카 이주민 보어인의 농가를 묘사한 것이다.

새로운 모습의 세계 역사 187

18세기 중국 남부의 광둥 지방을 그린 그림. 이 그림에 보이는 유럽풍 건물들은 프랑스, 북아메리카, 영국, 네덜란드의 상업적 회사들이 당시 광둥 지역까지 이미 진출해 있었다는 것을 말해 준다.

새로운 모습의 세계 역사 **189**

18세기에 제작된 이 초상화의 주인공은 영국의 탐험가 제임스 쿡 선장이다. 쿡은 그의 최초의 항해에서 타히티를 떠나 뉴질랜드를 항해하면서 오스트레일리아 동부를 지도에 기록했다. 그는 1772년에 두 번째 항해를 시작하여, 네 개의 탐사 원정대와 함께 남위 60도 아래의 대서양과 태평양을 횡단했다. 그리고 세 번째 항해를 통해 베링 해협에서부터 캘리포니아까지의 지도를 완성했다. 이 마지막 여행에서 쿡은 그때까지 알려지지 않은 북서 항로를 발견하려 했으나, 1779년에 하와이에서 원주민에게 죽임을 당했다.

식민지 정부의 문제들

식민지의 인구가 기하급수적으로 증가하면서 미래의 새로운 지도가 모습을 드러내기 시작했다. 그리고 이런 인구 증가는 식민지 정부에 여러 가지 문제를 일으켰다.

영국령 식민지들에는 거의 언제나 의회 전통과 관행을 반영하는 형태의 대표제가 있었다. 그런 반면 프랑스, 포르투갈, 스페인령 식민지들은 본국의 중앙집권적이고 전제적인 통치체제에 의해 지배되고 있었다.

하지만 정부의 체제가 어떤 형태든 간에, 모든 제국주의 국가들에게 식민지는 본국의 이익을 위해 존재하는 곳일 뿐이었다. 따라서 그 국가들은 자국의 국민들이 정착한 식민지라 할지라도 식민지 이주자들의 이익보다는 본국의 이익을 우선했으며, 그 식민지를 독립적인 체제로 인정한다거나 본국의 이익을 희생하면서까지 이주자들의 이익을 보호하겠다는 생각은 절대 하지 않았다.

식민지에 관한 그러한 기본적 인식은 결국 식민지와 본국 간의 갈등을 불러일으켰다. 1763년에 이르러 영국령 북아메리카 식민지들에서 17세기 영국의 왕당파와 의회파의 싸움을 연상시킬 만한 징후들이 나타났다.

식민지 이주자들은 다른 국가들과 이해관계가 충돌할 경우, 그들의 본국이 공식적으로 그 국가들과 전쟁을 하지 않을 때조차 자신들의 이익을 지키기 위해 분명한 입장을 취하면서 싸움에 뛰어들었다.

그래서 심지어 네덜란드와 영국이 프랑스에 맞서 공식적으로 동맹을 맺었을 때도, 식민지 이주자들의 해군과 무역상들은 자신들의 이익을 위해 '동맹의 선을 넘어서' 서로 싸웠다.

그러나 18세기에 제국주의 정부가 심각하게 부딪힌 식민지 문제는 대체로 서반구의 식민지들이었다. 1800년대에도 여전히 제국주의 정부는 그 밖의 다른 지역들, 심지어 인도에서도 영토보다는 무역을 훨씬 더 중요시했다. 그리고 많은 지역들이 여전히 유럽 본국의 완전한 영향력 아래 놓여 있었다.

제국주의 정부들은 자국의 식민지 이주자들의 세력을 견제하려고 했다. 그래서 1789년에도 동인도 회사는 그 한 해 동안 광둥 지역으로 불과 21척의 선박밖에 보내지 않았다. 그리고 네덜란드의 식민지 이주자들 역시 자국의 견제 때문에 1년에 겨우 두 번 일본을 왕래할 수 있었다.

중앙아시아는 그 당시에도 여전히 칭기즈 칸 시대에 이용되던 육로를 통해서만 접근할 수 있었고, 러시아인은 내륙 지역에 대한 실질적인 영향력을 거의 행사하지 못하고 있었다. 아프리카는 악천후와 질병 때문에 접근이 불가능한 상태였다. 유럽의 패권이 확실하게 현실화되려면 아직도 많은 지리상의 발견과 탐험이 필요했다.

오스트레일리아에 도착한 유럽인들

태평양과 적도 주변의 '남양'에서는 상황이 훨씬 더 빠르게 진척되고 있었다. 1699년 영국의 탐험가이자 해적인 댐피어의 항해는 탐험의 한 세기를 열었고, 그리하여 최후로 남은 미지의 대륙인 오스트레일리아가 마침내 지도에 추가되었다.

북쪽으로는, 1730년에 베링 해협이 발견되었다. 1760년대와 1770년대의 루이 드 부갱빌과 제임스 쿡의 항해는 신세계 대륙에 타히티, 사모아, 오스트레일리아 동부, 하와이, 뉴질랜드를 추가시켰다. 제임스 쿡은 심지어 남극권까지 탐사했다. 1788년에 717명을 실은 최초의 죄수 수송선이 오스트레일리아의 뉴사우스웨일스에 도착했다.

아메리카가 독립하자, 영국은 그동안 방치해 두었던 오스트레일리아를 개발하기 시작

새로운 모습의 세계 역사 **191**

했다. 아메리카를 대신할 새로운 식민지를 만들기 위해서였다. 하지만 오스트레일리아가 이주민이 살 수 있는 대륙이라는 사실이 밝혀지면서 그곳은 유배지에서 자유 식민지로 전환되었다. 그리고 그보다 중요한 것은 몇 년 후 그곳에 최초의 양이 도착함으로써 그 국가의 미래를 보장해 줄 산업이 생성되었다는 사실이다.

동물들과 함께 모험가들과 건달들이 남태평양으로 왔고, 더불어 복음서도 그곳으로 왔다. 그리고 1797년에 최초의 선교사들이 타히티에 도착했다. 이로써 마침내 유럽 문명이 전 세계에서 사람이 살 수 있는 모든 지역들에 뿌리를 내리게 되었다.

마지막 발견들

새로운 땅을 발견하는 것은 17~18세기 유럽 열강들의 주요 관심사였다. 탐험대들이 점점 더 많아졌고, 흥미진진한 새로운 발견들이 수없이 이루어졌다. 부와 세력을 추구하고 기독교를 전파하려는 열정이 중요한 추진력으로 계속 작용하긴 했지만, 그 외에도 항로 발견과 지리 탐사와 같은 순수한 목적의 과학적 탐사들도 이 시기에 나타났다. 선도적인 탐험가들은 이전보다 더욱 전문적인 지식을 갖추고 있었고, 그들을 재정적으로 후원하는 독지가들도 많이 나타났다.

태평양은 이러한 대륙 발견 시도의 주요 목표 대상 중 하나였다. 1605년에 포르투갈의 해양 탐험가인 페드로 페르난데스 데 쿠이로스는 태평양 항해를 시작하여 뉴헤브리디스 제도를 발견했다. 스페인의 디에고 데 프라도스와 그의 동료 루이스 바에즈 데 토레스는 탐험을 계속하여 케이프 요크의 오스트레일리아 본토에 다다랐다. 1642년에는 아벨 타스만이 이끄는 네덜란드 원정대가 오스트레일리아 해안을 항해하여 태즈메이니아와 뉴질랜드를 발견했다. 또 다른 네덜란드의 탐험가 야콥 로베겐은 브라질로부터 세계일주 항해를 하여 1721년에 이스터 섬을 발견했다.

18세기 후반에 영국은 해양 지도를 보완하기 위해 오스트레일리아로 두 개의 탐험대를 보냈다. 존 바이런과 사무엘 월리스, 필립 캐터릿은 새롭게 발견한 섬들을 지도에 표시했다.

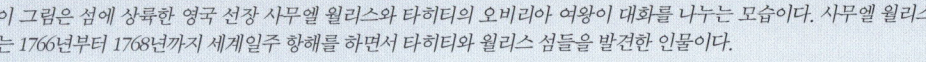

이 그림은 섬에 상륙한 영국 선장 사무엘 월리스와 타히티의 오비리아 여왕이 대화를 나누는 모습이다. 사무엘 월리스는 1766년부터 1768년까지 세계일주 항해를 하면서 타히티와 월리스 섬들을 발견한 인물이다.

흑인에게나 백인에게나 똑같이 평등한 재판을 약속하는 이 게시판은 1828년경 오스트레일리아의 '판 디에먼스 랜드(태즈메이니아의 옛 이름)'의 원주민들에게 발표된 것이다. 하지만 이런 약속에도 불구하고, 섬의 영국 총독이었던 조지 아서 경(1785~1854)은 실질적으로 반도 남동부에 '유색인 지역'을 만들어 원주민들의 활동 범위를 제한하려고 했다. 그러나 이 계획은 결국 실패로 돌아갔고, 19세기 후반기에 이르러 태즈메이니아의 원주민은 거의 사라졌다.

새로운 모습의 세계 역사 193

연대표(1490~1795년)

1492년
크리스토퍼
콜럼버스의 첫 항해

1500년
카브랄의 브라질 발견

1508년
캉브레 조약

1512년
라테란 공의회

1517년
포르투갈인들
광동에 도착

1521년
보름스 의회에서
루터가 이단자로
파문당함

1500년   **1510년**   **1520년**

1498년
바스코 다가마
콜카타 도착

한스 홀바인 유파가 그린 이 초상화의
주인공은 영국의 정치가이자
인문주의자이며 『유토피아』(1516)의
저자인 토마스 모어 경(1478~1535)이다.

토마스 모어 경

1519년
카를 5세가 신성 로마 제국
황제로 등극

1555년
아우크스부르크 종교화의

1563년
마지막 트리엔트 공의회 개최

1572년
성 바르톨로뮤 축일의 대학살

1560년   **1570년**   **1580년**

1558~1603년에 영국을 통치한 여왕
엘리자베스 1세는 자신의 이복 언니
메리 스튜어트와 카톨릭 지지자들의 탄압으로
생명을 부지하기 힘들 만큼 고통을 겪었지만,
왕위에 오른 뒤 스페인 무적함대를 물리치면서
후진국이었던 영국을 세계 최강의 대국으로 만들었다.

잉글랜드의 여왕 엘리자베스 1세

이 그림은 1580~1583년에 제작된
것으로, 대포를 탑재한 갈레온 선의
모습이다. 유럽인들은 이런 군함으로
이루어진 함대들을 소유함으로써
세계 전역에서 무역을 하고 식민지도
개척할 수 있게 되었다.

16세기 유럽의 갈레온 선

1619년
네덜란드인들이
바타비아 건설

1626년
네덜란드
뉴암스테르담 건설

1620년   **1630년**   **1640년**

1618년
30년 전쟁
시작

1630년
영국
보스턴 건설

1638년
포르투갈인들이 일본에서 쫓겨남

영국은 1642~1648년에 극심한
내전을 겪었다. 찰스 1세는 내전에서 패배한 후
반역죄로 기소되어 참수형을 당했다.

잉글랜드의 왕 찰스 1세

1644년
중국의
마지막 왕조인
청나라 시대
시작

1701년
스페인 왕위계승 전쟁 시작

1680년   **1690년**   **1700년**

1683년
폴란드의 얀 3세
빈에서 투르크인
격퇴

1688년
영국의 "명예혁명"

1757년에 플라시 전투가 끝난 후,
로버트 클라이브는 벵골의 장군 미르 자파르를 만났다.
플라시 전투의 승리로 영국은 벵골을 획득했고,
미르 자파르는 벵골의 태수가 되었다.

인도에서의 로버트 클라이브

1738년
빈 회의로 폴란드
계승전쟁 종결

1759년
영국
퀘벡 정복

1762~1796년
예카테리나 여자
러시아 통치

1740년   **1750년**   **1760년**

1748년
액스 라 샤펠 조약

1756-1763년
영국과 프랑스 간의 7년 전쟁

| 1529년 캉브레 평화조약 | 1531년 피사로의 페루 정복 | 1540년 예수회가 공식적으로 교황의 승인을 받음 | 1545년 최초의 트리엔트 종교회의 | 1547~1584년 러시아의 폭군 이반 4세의 통치 시기 |

1530년   **1540년**   **1550년**

영국의 헨리 8세(1491~1547)는
로마 카톨릭과의 종속 관계를
청산하고 영국 국교회를 만들어
수장이 되었다.

국왕 헨리 8세

성 바실리아 성당은 1555~1560년,
오랜 몽골 지배를 종식시킨 카잔의
승리 이후에 모스크바의
크렘린 외곽에 세워졌다.

모스크바, 성 바실리아 성당

| 1587년 버지니아 건설 | 1588년 영국이 스페인 무적함대를 물리침 | 1608년 퀘벡 건설 |

1590년   **1600년**   **1610년**

| 1598년 낭트 칙령 | 1602년 네덜란드의 동인도 회사가 설립된다 |

1648년 5월 15일 뮌스터 회의의
한 장면을 묘사한 그림이다.
이 강화 회의는 30년 전쟁을 종결짓기
위해 베스트팔렌 지방의 뮌스터와
오스나브뤼크에서 나누어 열렸다.

| 1660년 영국 찰스 2세의 복위 | 1666년 과학 아카데미 파리에 설립 |

1650년   **1660년**   **1670년**

| 1652년 영국과 네덜란드 간 최초의 전쟁 시작 | 1665년 2차 영국-네덜란드 전쟁 시작 | 1672년 3차 영국-네덜란드 전쟁 시작 |

프랑스 국왕 루이 14세
(1638~1715)는 자신을 유럽의
절대군주들이 따라야 할 전형이라고
생각했다. 그는 "국가는 곧 짐이며,
짐은 곧 국가이다"라고 공언했다.

프랑스의 루이 14세

| 1714년 위트레흐트 평화조약 | 1732년 영국 식민지 조지아 건설 |

1710년   **1720년**   **1730년**

| 1718년 뉴올리언스 건설 | 1720년 사부아 시칠리아 대신 사르디니아 확보 |

이 그림은 1772년에 실시된
1차 폴란드 분할을 상징하고 있다.
러시아, 프로이센, 오스트리아의
군주들이 폴란드 영토를 전리품으로
나누어 갖고 있다.

1차 폴란드 분할

| 1768년 제임스 쿡 첫 항해 | 1774~1793년 프랑스 루이 14세의 통치 기간 |

1770년   **1780년**   **1790년**

| 1764년 하그리브스 제니 방적기 발명 | 1769년 제임스 와트 증기기관으로 특허 획득 | 17773년 푸가초프가 러시아 농노 반란을 일으킴 | 1740~1786년 프로이센 프리드리히 2세의 통치 기간 |

색인

ㄱ

가톨릭 부부의 왕 86
개신교 37, 49, 54, 185
갤리선 101
계몽 전제주의 78, 148
골로프스킨 백작 113
공리주의 34
관등표 112
교권주의 155
국민국가 87
국제 무역 25
군주론 43
권리장전 73
근대 자본주의 23
금인칙서 89
길드 조직 22

ㄴ

나와브 144
남해포말 사건 23
낭트 칙령 59
네덜란드 동인도 회사 140
네르친스크 조약 109
노동집약적 노동 17
노예 무역 26, 182
노예선 183
노예 제도 182
뉴 프랑스 회사 162

ㄷ

대의정치 163
댐피어의 항해 191
동방문제 100
둠즈데이 북 13
뒤플렉스 145
디에고 데 알마그로 148
디에고 데 프라도스 192

ㄹ

레콩키스타 62, 148
로마노프 왕조 110
루이 14세 73, 75, 81, 96
루터주의 54

류리크 왕조 110
르네상스 국가 46
리바이어던 73, 74
리슐리외 추기경 71

ㅁ

마그나 카르타 48
마리아 테레지아 여제 81, 125
마키아벨리 42
마틴 루터 51
막시밀리안 1세 84
맬서스 14
메리 1세 58
메리 2세 75
면죄부 51
명예혁명 75
모하치 전투 100
몽테스키외 41
무굴 제국 142
무역 전쟁 170
미하일 로마노프 110
밀레 시스템 102

ㅂ

바르톨로메 데 라스 카사스 154
바스코 다가마 131
바울 3세 184
반종교개혁 60
발루아 가문 87
발보아 149
백년전쟁 87
버지니아 회사 159
법의 정신 41
베르사유 궁전 77, 96
베스트팔렌 조약 92, 94
보름스 의회 52
보야르 110
볼셰비키 혁명 110
부르봉 가문 87
부르봉 왕조 59
북방전쟁 114
브레다 협정 173
블랙홀 사건 146

블루 스타킹 41
비스마르크 167
빈 전투 104

ㅅ

사나포선 177
사무엘 드 샹플랭 160
사무엘 월리스 192
삼각무역 158
30년 전쟁 93
선제후 91
세인트조지 요새 142
수장령 57
슐레이만 100
술탄 91
스페인 왕위계승 전쟁 97
스펙테이터 41
시크교 144
신정정치 55

ㅇ

아라곤의 왕비 캐서린 58
아바스 왕조 103
아벨 타스만 192
아스테크 문명 149
아우크스부르크 동맹 전쟁 97, 173
아우크스부르크 종교화의 54
악바르 황제 143
안나 이바노프나 121
알렉산드로 라디시체프 122
앙리 4세 59
야콥 로베겐 192
얀 소비에스키 102, 104
에라스무스 49
에코미엔다 152
엑스 라 샤펠 평화조약 174
엘리자베스 1세 58, 66, 176
영국 국교회 57, 70
영국 국교회 기도서 58
영국 동인도 회사 142
영국 혁명 70
영국-네덜란드 무역 전쟁 172
예수회 61

예수회 선교 사업 184
예카테리나 여제 79, 122
엘리자베타 페트로브나 121
오스만 제국의 평화협정 126
오스트리아 왕위계승 전쟁 125
왕권신수설 68
왕조주의 85
요제프 2세 81
위그노 전쟁 59
위크레흐트 평화조약 98, 100
윌리엄 3세 75
유니테리언주의 70
이냐시오 데 로욜라 62
이반 4세 107
이반 대제(이반 3세) 106, 109
이탈리아 전쟁 90
인두세 102
인문주의 49
인쇄술 53
인클로저 운동 19
인플레이션 29
입헌군주제 75

ㅈ
장 칼뱅 55
장미전쟁 87
재세례파 54
절대군주제 45
제임스 1세 68
제임스 2세 73
제임스 쿡 169, 190
제임스타운 160
젠킨스의 귀 전쟁 174
젠트리, 신사계급 32
조지 1세 173
조합교회주의자 70
존 로크 180
종교 개혁 52, 60
종교 재판 62
중개무역 138
지도 갤러리 133

ㅊ
차리즘 111
찰스 1세 68
찰스 2세 73
청교도주의 69
추밀원 46
츠빙글리 55
침묵 공(오렌지 공) 윌리엄 65
7년 전쟁 145, 174
칠십사 옹호론 57

ㅋ
카를로스 1세(카를 5세) 62, 87, 89, 91
카를 6세 125
카를로비츠 평화조약 103
카페 왕조 41
칼뱅주의 54
코르테스 149
퀘벡 전투 161
퀘이커교도 185
크레올 152
크렘린 108
크롬웰 69, 172
크리스티나 여왕 105

ㅌ
토머스 모어 49
토머스 홉스 73
톤틴식 배당 23
튜더 왕조 56
트리엔트 공의회 60, 64

ㅍ
파리 평화조약 169, 174
80년 전쟁 64, 139
페닌슐라레스 152
페드로 페르난데스 데 쿠이로스 192
페르디난트 1세 88
펠리페 1세 86, 87
펠리페 2세 63, 91
펠리페 5세 98
폴란드 분할 127
퐁파두르 부인 41

표트르 대제 79, 112
푸가초프 반란 123
프랑수아 1세 89
프랑수아 부셰 41
프랑스 동인도 회사 146
프랑스-인디언 전쟁 174
프랜시스 드레이크 154
프롱드의 난 71
프리드리히 1세 80
프리드리히 2세 80, 124
프리드리히 빌헬름 124
플라시 전투 145, 146
플랜테이션 156
피레네 평화조약 93
피사로 150
피트 인도법 148
필그림 파더스 163

ㅎ
합스부르크 왕가 80
항해의 왕자 엔리케 136
항해조례 173, 176
향료 제도 137
허드슨 베이 상사 173
헨리 7세 87
헨리 8세 56, 59, 176
헨리 허드슨 160
호엔촐레른 가문 79, 124
환어음 22
후스파 52
후아나 86
흑사병 14, 17
흑인 노예 26, 182
흑토 지대 119
히메네스 52

도판 출처

도판 출처
이 책에 도판을 실을 수 있도록 허락해주신 다음의
기관과 개인에게 감사를 드립니다.

설명

AGE : A. G. E. Fotostock

AISA : Archivo Iconografico SA

AKG : AKG London

BAL : Bridgeman Art Library

BL : British Library, London

BM : British Museum, London

BN : Bibliothèque Nationale, Paris

BNM : Biblioteca Nacional, Madrid

BPK : Bildarchiv Preussischer Kulturbesitz, Berlin

DBP : Duncan Baird Publishers

ET : e. t. Archive

KM : Kunsthistorisches Museum, Vienna

MP : Museo del Prado, Madrid

NG : National Gallery, London

NMM : National Maritime Museum, London

NPG : National Portrait Gallery, London

ON : Osterreichischen Nationalbibliothek, Vienna

RMN Réunion des Musées Nationaux, Paris

SHMM : State Historical Museum, Moscow

SMPK : Staatliche Museen zu Berlin-Preussischer
 Kulturbesitz

V&A : By courtesy of the board of trustees of the
 Victoria and Albert Museum, London

WFA : Werner Forman Archive

3 BPK/SMPK/Gemäldegalerie, Berlin

9 Royal Geographic Society, London(Mr. 264 H.9)

10 BAL/Lauros-Giraudon/Musée du Ranquet,
 Clermont-Ferrand

11 MP

12 BAL/Koninklijk Kabinet von Schilderijen
 Mauritshuis, The Hague

13 BAL/Giraudon/Louvre, Paris

17 Scala/Museo di Firenze com' era, Florence

18 위 BAL/Národní Galerie, Prague

18 아래 BAL/BL(Add.24098, f.25v)

19 ET/Bibliothèque de L' Ecouen

20 위 NG

20 아래 KM

22 AISA/Musée Carnavalet, Paris

23 MP

24 BPK/Jörg P. Anders/Staatliche Museen zu
 Berlin

25 Oronoz/BNM

26 Museo de América, Madrid

27 AKG London/Staatliche Kupfersitch Kabinett,
 Dresden

28 ET/Frederiksborg Castle, Denmark

29 BAL/Science Museum, London

30 Scala/Pushkin Museum, Moscow

31 RMN/Gérard Blot/Louvre, Paris

32 BM

33 MP

34 RMN/Louvre, Paris

35 BAL/Guildhall Art Library, Corporation of
 London

36 MP

38 Oronoz/Musée des Beaux Arts, Rouen

39 BPK.SMPK/Gemäldegalerie, Berlin

40 BAL/Wallace Collections, London

42 RMN/Louvre, Paris

43 Scala/Palazzo Vecchio, Florence

44 Giraudon/Bibliothèque de L' Arsenal, Paris

45 ET/Musée de Versailles

46 Lauros-Giraudon/Archives Nationales, Paris

47 NG

48 NG

49 위 Scala/Galleria degli Uffizi, Florence

49 아래 RMN/Louvre, Paris

50 Scala/Galleria degli Uffizi, Florence

53 BAL/Giraudon/BN

54 BN

55 위 BAL/National Gallery of Scotland, Edinburgh

55 아래 Oronoz/Musée de l' Histoire, Geneva

56 BAL/Bible Society, London

57 Scala/Galleria Nazionale d' Arte Antica, Rome

58 위 NPG

58 아래 MP

59 Oronoz

61 RMN/Jean Schormans/Louvre, Paris

62 위 Oronoz/Catedral de Toledo

62 아래 Oronoz/Coleccion Uria, Azcoitia,
 Guipuzcoa

63 BAL/Index/Museo Lazaro Galdiano, Madrid

65 BAL/Roy Miles Gallery, London

66 AKG, London

67 NPG

69 위 BM

69 아래 BAL/The Trustees of the Weston Park
 Foundation

70 BAL/Giraudon/Château de Versailles

71 BAL/Philip Mould Historical Portraits Ltd,
 London

72 NG

73 RMN/Musée des Granges de Port Royal

74 AKG

75 BM

77 Oronoz/Embajada Francesa, Madrid

78 MP

79 위 ET/SHMM

79 아래 AISA

80 Oronoz

82 AISA

84 Oronoz/Academia de Bellas Artes de San
 Fernando, Madrid

86 Musées Royaux des Beaux-Arts de Belgique,
 Brussels

87 ON(Cod. 1875, f.41v)

88 MP

89 RMN/Hervé Lewandowski/Louvre, Paris

90 BAL/KM

91 Oronoz/Biblioteca del Monasterio de El
  Escorial, Madrid

92 NG

93 BN

95 ET/BN

96 AISA/Musée de Versailles

98 Oronoz/Biblioteca del Monasterio de El
  Escorial, Madrid

99 MP

100 BAL/BL(Add.33733, f.9)

101 Giraudon/BAL/NG

102 BN(Turk. 524, f.218v)

103 위 BAL/Stapleton Collection, London

103 아래 AISA/Historisches Museum der Stadt,
  Vienna

105 AISA/Musée de Versailles

106 위 AISA/Muzeum Narodowe, Warsaw

106 아래 AISA/Gallerie degli Uffizi, Florence

107 National Museum, Copenhagen/Niels
  Elswing

108 AISA

109 AISA/BN

110 V&A

112 TRIP/M. Jenkin

113 위 BAL/Tretyakov Gallery, Moscow

113 아래 BN

115 Novosti, London

116 BAL/Stapleton Collection, London

117 BAL/Private Collection

118 AISA/Tretyakov Gallery, Moscow

119 AISA/Tretyakov Gallery, Moscow

120 John Massey Stewart/Tretyakov Gallery,
  Moscow

121 위 ET/SHMM

121 아래 AISA

122 AISA/SHMM

123 Novosti, London

124 AISA

125 Lauros-Giraudon

126 OM

128 AKG

130 Oronoz/Musée des Beaux-Arts, Rouen

131 BN

132 BAL/NMM

133 BAL/Musei e Gallerie Pontificie, Vatican City

135 AKG

137 Oronoz/BNM

138 WFA/BM

139 AKG

141 BAL/Johnny Van Haeften Gallery, London

142 Rijksmuseum, Amsterdam

143 BAL/V&A

145 NPG

148 BNM(Ms 50, f. 371)

149 위 BNM(Ms 50, f. 484)

149 아래 Museo de América, Madrid

152 Oronoz/BNM

153 Oronoz/Archivo General de las Indias, Seville

154 NPG

155 BN

157 DBP

159 AISA/BNM

160 North Wind Picture Archives

161 BM

162 BM

164 ET

168 Museo Municipal, Madrid

169 BAL/National Library of Australia, Camberra

170 Michael Holford/BM

171 Museum Boymans-Van Beuningen, Rotterdam

172 North Wind Picture Archives

174 BAL/City of Bristol Museum and Art Gallery

175 BAL/City of Bristol Museum and Art Gallery

176 NMM

177 Museum Boymans-Van Beuningen,
  Rotterdam/Willem van der Vorm Foundation

178 BN

179 위 Oronoz/Biblioteca del Palacio Real, Madrid

179 아래 Oronoz/Biblioteca del Palacio Real,
  Madrid

180 RMN/Gérald Blot/Musée de Vesailles

181 BM

183 North Wind Picture Archives

184 AISA/Union des Arts Décoratifs, Paris

187 BM

188~189 Maritiem Museum, Rotterdam

190 NMM

192 BAL/BM

193 Tasmanian Museum & Art Gallery,
  Hobart

지도

지도판권 ⓒ1998 Debate pages 16, 104, 114

지도판권 ⓒ 1998 Helicon/Debate pages 60, 94,
134, 136, 147, 150, 158, 166, 186

문헌 판권

발행자는 이 책에 번역 내용과 판권 자료를 인쇄하
도록 허락해 주신 아래 분들에게 감사드립니다. 판
권 소유자를 찾기 위해 최선의 노력을 하였으나 만
일 빠진 분이 있다면 사과드리며, 알려주실 경우
장래의 재판에서 바로잡도록 하겠습니다.

p.43 extract from 『The Prince』 by Niccolò
Machiavelli, translated by George Bull(Penguin
Classics 1961, Revised edition 1975) copyright ⓒ
George Bull, 1961, 1975, 1981. Reproduced by
permission of Penguin Books Ltd.

히스토리카 세계사 6
- 근대 유럽의 형성

1판 1쇄 인쇄 | 2007. 10. 19
1판 1쇄 발행 | 2007. 10. 29

지은이 | J. M. 로버츠(J. M. Roberts)
옮긴이 | 윤미연
펴낸이 | 김영곤
펴낸곳 | (주)이끌리오
본부장 | 정성진
기획책임 | 김성수, 박효진
편집책임 | 한세정, 오원실
마케팅 | 주명석, 허준영, 이시몬
영　업 | 윤지환, 최창규, 서재필, 도건홍, 정민영
표지 디자인 | 씨디자인

등록번호 | 제16-1646
등록일자 | 2000.04.10

주소 | 경기도 파주시 교하읍 문발리 파주출판문화정보산업단지 518-3(413-756)
전화 | 031-955-2403
팩스 | 031-955-2422
이메일 | eclio@book21.co.kr
홈페이지 | http://www.eclio.co.kr

ISBN 978-89-5877-050-3 04900
ISBN 978-89-5877-055-8(세트)

값 28,000원

이 책 내용의 일부 또는 전부를 재사용하려면 반드시 (주)이끌리오의 동의를 얻어야 합니다.
잘못 만들어진 책은 구입하신 서점에서 교환해드립니다.